고린도전서 14장
회고적 읽기와 성령의 은사

고린도전서 14장 회고적 읽기와 성령의 은사

방언과 통역 & 예언과 분별

김성종 지음

'다른 방언으로 말하다'에 관한
초기 기독교의 회고적 이해

바울

추천서

교회사적으로 볼 때 모든 교파와 교단은 신앙 운동의 산물입니다. 오순절 교단도 강력한 성령 운동으로부터 시작되었습니다. 그리고 그 운동의 중심에는 성령 세례와 방언, 성령 충만의 신앙이 자리 잡고 있습니다. 사도행전 2장에 기록된 바와 같이 성령 세례와 방언은 언어와 인종과 문화와 세대를 뛰어 넘어 예수 그리스도를 전파하는 성령의 역사의 현장에 나타난 가장 강력한 표징이 되었고, 그 힘으로 오순절 교단은 세계 주요 교단들 중 가장 짧은 역사를 가지고 있음에도 불구하고 현재 세계에서 가장 크게 영향력을 끼치는 교단으로 성장할 수 있었습니다.

그런데 방언이 사도행전에 성령 세례 체험의 현장 곳곳에 나타나고 고린도전서에도 그 중요성이 매우 강조되고 있음에도 오순절 교단의 신학적 입장을 동의하지 않는 일부 신학자들은 방언이라는 은사에 대해서 부정적인 입장을 견지하고 있습니다. 전통적으로 방언을 부정적으로 이해하는 여러 근거 본문 중 하나가 바로 고린도전서 14장 21절 입니다.

오순절의 신앙인이자 신학자로서 이를 안타깝게 여긴 김성종 박사님께서 오랜 시간 기도하며 본문을 연구하셔서 고린도전서 14장 21절이 방언을 부정적으로 보는 구절이 아니라 오히려 방언의 주요한 역할을 설명하는 구절이라는 것을 신학적으로 입증하셨습니다.

한 사람의 오순절 신학자이자 목회자로서 김성종 박사님의 연구에 깊이 감사를 드리며 이 논문이 널리 읽혀져서 오순절 교단의 입지가 더욱 굳건하게 되고 오순절 신학이 보다 발전하게 되기를 바랍니다. 또한 이와 같은 연구가 계속 확장되고 발전되어서 오순절 교단이 뜨거운 성령의 열정뿐만이 아니라 냉철하고 분명한 성경적인 진리 위에 서 있다는 것이 확증되기를 진심으로 기대하며 기도하겠습니다.

여의도순복음교회
위임목사 이영훈

추천서

저는 김성종 박사가 한국에서 그의 박사 학위 논문을 책으로 출간하는 것을 지지합니다. 그는 2007년부터 2015년 사이 대부분의 기간동안 맨체스터에서 석사와 박사과정을 위해서 우리와 함께 했습니다. 그는 석사 과정의 모든 성서 교과목을 우수한 성적으로 완수하였습니다. 그런 뒤 그는 제 지도와 그리고 조지 브룩 교수(Prof. George Brooke)의 특별한 지도를 받으면서 박사(PhD)과정을 이수하였습니다. 그는 신약성서의 본문들을 필로(Philo)와 사해문서(the Dead Sea Scrolls)의 호다욧(Hodayot) 저자들과 같은 유대교와 그레꼬-로마 저자들과 비교 연구하면서 폭 넓은 전문지식을 발전시켰습니다. 그것은 고린도전서 14장과 방언에 관한 논문을 구성하는데 의미 있는 기여를 하였습니다. 그 논문에서, 특별히 방언이 신자들을 위한 것인지 아니면 불신자들을 위한 것인지에 관해서 바울 자신이 모순에 직면한 것처럼 보이는 문제의 본문들을 해결하기 위해서 그리고 관련된 본문들을 어떻게 읽을 것인지를 위해서, 그는 고린도전서 14장의 구조에 관한 가치 있는 새로운 주장을 하였습니다.

저는 그가 그 이후에 한국에서 추가적인 박사 논문 지도를 받으면서 이 주제에 관한 논문을 완성하여 박사 학위를 받은 것에 관해서 기쁘게 생각합니다. 저는 그의 그 간의 연구가 책으로 출간하게 된 것을 매우 기쁘게 생각합니다. 고린도전서 14장에 관한 그의 학문적 견해는 그 본문에 관심을 가진 사람들은 반드시 참고해야만 하는 것입니다. 저는 이 책의 출간을 위해서 추천을 하게 된 것을 기쁘게 생각합니다.

Peter Oakes
Professor of New Testment
Department of Religions and Theology
The University of Manchester

추천서

신약성서해석의 역사에서 가장 뜨거운 논쟁 가운데서 방언문제는 결코 누락될 수 없다. 실제로 방언문제는 예리한 칼날처럼 첨예함을 드러낸 것이 사실이다. 방언문제를 신학적으로 완벽하게 해결하기 위한 지속적인 탐구는 고린도전서 14장, 특히 21-22절에 집중되었다. 그렇지만 오랫동안 미해결로 남아 있었던 것이 사실이다. 연구자들의 현격한 입장 차이는 다양한 관점에서 연구하도록 관심을 증폭시켰다. 첫째, 바울이 이사야서의 본문을 인용한 이유(21절), 둘째, 방언이 목표하는 대상이 신자들인지 또는 불신자들인지(22절), 그리고 셋째, 21-22절의 원문의 번역에 관한 문제로 요약된다. 최소한 이 세 가지의 핵심 테제가 거뜬히 해명된다면 일치되지 않았던 바울의 방언문제가 종결될 가능성이 예상되었다. 그러한 기대가 본서의 출판을 통해 서서히 민낯을 드러낸다면 독자들은 놀라움을 금치 못할 것이다.

오랫동안 바울의 방언에 관하여 집중적으로 연구한 본서의 저자 김성종 박사는 새로운 연구방법을 적용하여 핵심을 꿰뚫는다. 바울의 방언에 관한 비판을 소극적 입장에서라도 방어하려고 노력한 그루뎀(Wayne Grudem)의 해석을 능가하는 성서학적 역량을 보여주는 김 박사는 원문에 대한 회고적 읽기방법을 정교하게 적용하여 21–22절을 새롭게 해석하는데 주력한다. 바꿔 말하면, 프뉴마티카(pneumatika)를 '신령한 것들'로 해석하기보다는 '성령의 은사'로 번역하는 주석적 대안을 제시한다. 표적이 되는 방언을 불신자들에게 말하는 케리그마적인 성령의 은사로 풀어냄으로써 현대방언연구의 획기적인 위업에 바싹 다가선다. 오순절신학의 입장을 견고하게 구축하여 주석적 토대를 명쾌하게 제공하는 저자의 해석은 고린도전서 14장에서 바울이 강조하는 성령의 은사와 방언을 결합하여 선행연구와는 전혀 다르게 해석함으로써 바울의 방언에 대한 새로운 지평을 활짝 열어놓은 쾌거로 평가할 수 있다. 바울연구자들이 오랫동안 해명하려고 시도한 방언해석의 전환점과 신기원을 마련한 본서가 바울이 강조하는 방언의 은사를 오순절신학의 관점에서 정교하게 설명해냄으로써 오순절계열의 교회는 물론 성령의 은사를 사모하는 모든 설교자와 성경연구자들에게 크게 기여할 것을 확신한다. 저자는 국내와 영국 맨체스터대학교(The University of Manchester)에서 수년간 석, 박사과정을 밟은 성서연구자로서 학문적 열정과 실력을 튼실하게 갖추고 있다. 학업의 모든 과정을 지켜본 추천자는 저자의 불타는 영성에 근거한 성서학적 탐구의지를 확인할 수 있었다. 사역의 현장과 성서연구의 지점에서 매우 요긴하게 활용될 본서의 출판을 진심으로 축하하며 독자들의 필독을 권해드리는 바이다.

윤철원
서울신학대학교 신학대학원 신약학 교수, 24대 한국신약학회 회장

서문

본 저서는 신약성경에서 두 번 언급되는 '다른 방언으로 말하다'(λαλεῖν ἑτέραις γλώσσαις)라는 독특하면서도 중요한 표현을 언어학적 방법에 기초한 회고적 읽기(Retrospective Reading)에 의해서 고린도전서 14:21-22을 해석하고 그리고 거기에서 한 걸음 더 나아가서 신약성경의 동시대 문헌들과의 비교연구를 통해서 그 표현을 위한 의미론(Semantics)을 고찰해 본 것이다. 그리고 그 새로운 증거에 근거해서 고린도전서 14장의 구조를 분석한 것이다.

본 저자는 2007년 여름부터 2015년 가을까지 맨체스터 대학(The University of Manchester) 성서학 석사와 박사과정에서 교수들의 강의와 에르하르트 세미나(Ehrhardt Seminar)에 참석하였고 그들과의 대화를 통해서 그 곳에서 '언어학(Linguistics)과 성경 원문 읽기,' '주석 방법,' '사해문서와 신약성경 연구,' '폼페이(Pompeii)에서 발견된 저택의 구조와 신약성경의 가정 교회 연구,' 그리고 '필로의 프뉴마티코스(πνευματικὸς/πνευματική)와 바울의 프뉴마티카(πνευματικά) 비교 연구'와 같은 새로운 성서신학(성경전서신학)의 방법들과 주제들을 수학(受學)하였다.

언어학자 페르디낭 드 소쉬르(Ferdinand de Saussure)는 신약성경의 원문 읽기 방법과 관련해서, 특히 고린도전서 연구에 많은 영향을 미쳤다. 안쏘니 씨셀튼(Anthony C. Thiselton)과 리차드 헤이스(Richard B. Hays)와 같은 학자들은 언어학적인 방법 위에서 회고적 읽기를 제안한다. 본 저서는 고린도전서 14:21–22을 회고적으로 읽고, 그리고 14장의 전체 구조에 그 회고적 읽기를 반영하면서 그 구조를 재구성한 것이다. 신약성경을 연구하는 성서학자들에게 의미론(Semantics)이 매우 중요하게 고려되었으면서도 그것에 관한 진지한 연구가 너무나 더디게 진행되었다. 스티븐 울만(Stephen Ullmann)이 여기에 대해서 적절한 답을 제시한다: '의미론이 현대 언어학에서 가장 최근에 등장했기 때문이다.' 이러한 이유에 의해서, 회고적 읽기와 의미론에 관한 연구가 중요하지만 일부 성서학자들에게는 새로울 수밖에 없었다. 이것은 방언 연구에 있어서도 예외가 아니었다. 구약성경에 무게를 두면서 신약성경을 읽는 기존의 전향적 읽기(Prospective Reading) 경향으로 인해서, 오순절 입장에서는 바울의 방언관을 긍정적으로 설명하는 데에 어려움이 있었다. 반면에 신약성경에 무게를 두면서 구약성경을 해석하는 회고적 읽기는 바울의 방언관에 관한 연구에 새로운 방향을 제시한다.

본 저자가 성서신학에서 방언 연구의 중요성과 그것을 위한 새로운 접근방법들을 알게 된 것은 맨체스터 대학교에서 성서학 석사 과정을 이수하면서 교수들의 주요 연구주제들을 알아가면서이다. 성서신학에서 방언 연구는 중요하다. 홀로코스트(Holocaust) 이후에 유대교와 기독교의 연속성을 중요하게 고려하는 최근의 성서학 분위기에서 방언 연구는 피해갈 수 없는 연구 주제이다. 하늘의 비밀을 말하는 은사로 여겨지는 방언이 AD 1세기 유대-기독교 세계 안에서 중요한 연결고리가 된다. 다시 말해서, 방언은 유대교와 기독교가 함께 공유한 세계관을 반영한다. 동시에 초기 기독교의 오순절적 방언 이해는 기독교 고유의 정체성에 관한 중요한 정보를 제공한다.

맨체스터 대학의 피터 오크스 교수(Prof. Peter Oakes)와 조지 브룩 교수(Ryland Prof. George J. Brooke)는 본 저자에게 신약성서가 말하는 방언을 사해문서와 필로와 같은 고대 문서들과 비교 연구하기 위한 언어학적인 방법들을 소개해주었다. 방언 연구를 위해서, 사해문서와 신약성서 사이의 관련성, 특별히 고린도전서 14:21과 호다욧 사이의 연관성에 관한 연구는 중요하다. 왜냐하면 '다른 방언으로 말하다'라는 표현은 신약성서와 사해문서 사이의 중요한 관련성을 보여줄 뿐만 아니라 게다가 그것이 초기 기독교 고유의 특성에 관한 유의미한 정보를 제공하기 때문이다. 한편으로는 '다른 방언으로 말하다'에 대한 초기 기독교의 회고적 이해는 호다욧의 저자들이 그 언어적 표현을 이해한 방식과 상충하는 것처럼 보인다. 마 10:20,25; 12:22-37; 막 3:22; 눅 11:14-26; 행 2:13; 고전 14:21-22을 다 함께 고려할 때, 호다욧은 초기 기독교의 영성과 그들의 적대자에 대한 몇 가지 중요한 정보를 제공한다. 다른 한편으로는 '다른 방언으로 말하다'라는 독특한 표현과 관련해서, 비록 고린도전서 14:21(또한 행 2:4)과 호다욧이 서로 다른 방향으로 발전했다고 할지라도, 그럼에도 불구하고 바울이 성령의 은사와 관련해서 중요하게 설명하는 '하나님의 집'과 '하나님의 밭'의 개념이 4Q500 1과 같은 사해문서가 설명하는 유대교적 세계관과 어느 정도 공유되었던 것으로 보인다. 그러므로 이러한 연결을 통해서, 사도 바울의 세계관이 그의 동시대 유대교 분파들(바리새파, 사두개파 그리고 에세네파) 사이에 서로 공유된 세계관으로부터 완전히 고립되었다기보다는 그들과 어느 정도 공유한 부분이 있었다는 것을 알 수 있다.

피터 오크스 교수는 고대 로마제국의 도시, 폼페이에서 발견된 공예사의 집(Craftworker Houses)이나 집합주택(Insula)을 신약성경의 가정 교회와 연결시키면서 성서고고학적으로 연구하였다. 사도 바울이 선교사로서 고린도에 처음 도착했을 때 아마도 어느 한 공예사의 집(행 18:3)이나 집합주택(예. 20:9)에 머물렀을 것이고, 천막업자로서 1층의 한 상점을 빌렸을 것이며 그리고 그 건물 거주자들과 상점을 방문하는 이들에게 복음을 전했을 것이다. 그런 다음 고린도교회의 예배를 위한 적절한 장소를 제공할 수 있는 적임자를 찾았을 것이다. 고린도교회는 그 곳에 다 같이 모여서 주의 성찬을 나누었고 그 때 온 교회가 다 같이 방언을 말하였을 것이다(고전 11:17f.; 14:23). 본 저자가 회고적 읽기에 기초해서 '다른 방언으로 말하다'를 새롭게 읽고 해석하며 그리고 어떻게 방언의 은사가 하나님의 건물/집을 세울 수 있는지를 설명하기 위해서는 고린도전서 14장의 구조를 새롭게 세우는 것이 필수적인 연구였다.

본 저서는 소쉬르에 의해서 소개되고 발전되어온 언어학적 방법에 기초해서 고린도전서 14장의 구조를 새롭게 이해하는데 도움을 준다. 고린도전서 14장에서 사도 바울이 율법을 인용하고 그것을 설명하는 21–22절이 중요하다. 그러나 안타깝게도, 바울의 성령의 은사에 관한 이해를 가장 잘 보여주는 그 구절이 가장 중요하면서도 난제로 여겨져 왔다.

'다른 방언으로 말하다'라는 이 중요한 표현을 오순절 입장에서 읽고 해석하는 것이 중요하다. 지금까지 상당수의 학자들은 고린도전서 14:21을 전향적으로 읽어왔고 그래서 그들은 고린도전서 14장에서 방언의 은사가 '교회를 세울 수 있다'(교회의 덕을 세울 수 있다)는 것에 부정적인 입장을 보였다. *The Greek New Testament*, 4th Revised Edition과 *Nestle-Aland Novum Testamentum Graece*, 28th Edition 역시 '다른 방언으로 말하다'라는 이 표현에 대한 기존의 전향적 읽기를 일부분 반영하고 있다. 웨인 그루뎀(Wayne Grudem)과 고든 피(Gordon Fee)를 비롯한 오순절 성서신학자들이 바울의 방언관을 수세적으로 방어하고자 하였지만 그것은 상당히 소극적인 방어로 평가된다. 왜냐하면 그들 역시 이 중요한 표현을 해당 본문 안에서 전향적으로 읽고 해석하는 것으로부터 완전히 자유롭지 못하였기 때문이다. 그럼에도 불구하고 결코 그들의 공헌이 평가절하 되서는 안 될 것이다.

고린도전서 14:21-22의 회고적 읽기는 방언에 관한 사도 바울의 오순절적 이해를 반영한다. 초기 기독교 공동체의 믿음을 반영하면서 구약성경을 해석하는 회고적 읽기는 오순절적 믿음을 반영한다. 오순절 성령 강림 사건에 기초를 두고 있는 초기 기독교의 믿음에 근거해서 '다른 방언으로 말하다'를 회고적으로 읽으면 고린도전서 14장의 구조를 새롭게 회고적으로 이해할 필요가 있다. 그 구조 안에서 바울의 성령론과 성령의 은사 개념을 가장 잘 담고 있는 헬라어 πνευματικά(성령의 은사)는 방언과 밀접한 관련성을 보여준다.

방언은 또한 오순절 교단뿐만 아니라 성령의 은사를 중요하게 여기는 모든 교회들을 위해서 중요하다. 지금까지 상당수 학자들은 전향적 읽기에 기초해서 '다른 방언으로 말하다'라는 표현을 부정적인 의미로 해석해왔다. 그래서 성령의 은사와 방언과 관련해서 신약신학과 목회 현장 사이에 괴리감이 형성되었다. 이에 저자는 본 저서가 이러한 연구의 간극을 메우기를 기대한다. 그리고 본 저서가 앞으로 성령의 은사에 관한 바울의 오순절적 이해를 위한 초석이 될 것으로 기대한다.

본 저자의 박사 논문 지도를 위해서 매 학기 방학과 안식년을 반납하면서까지 매 2주마다 한 번씩 만나서 고린도전서 14장의 언어학적인 읽기 방법과 구조 분석 그리고 방언 연구에 관해서 섬세한 지도를 해주신 지도 교수(Prof. Peter Oakes)에게 감사드린다. 특별히 본 저자의 논문을 최종 구술 시험(PhD viva)에 올려주시면서, 바울의 방언관에 관해서 부정적인 견해가 지배적인 학문적 분위기에서 바울의 방언관과 고린도전서 14장의 해석에 관한 새로운 지평을 열었다면서 함께 기뻐해주신 것에 감사드린다. 또한 본 저자에게 방언과 사해문서의 연관성에 관한 연구와 구조 분석에 관해서 지도해주시고 도움을 주신 조지 브룩 교수에게도 감사드린다. 본 저자의 박사 논문이 두 분의 교수 승인으로 최종 구술시험에 올라갔지만 그 곳에서 신약성경보다는 영지주의의 나그 함마디 문서(the Nag Hammadi Library)에서 말하는 하나님과 예수 그리고 천사의 언어를 더 중요하게 생각하는 학자에 의해서 반대에 부딪혔을 때(감사하게도 본 논문은 나중에 영국에서 박사 논문으로 등록이 되었다), 피터 오크스 교수와 조지 브룩 교수로부터 본 연구의 완성의 책임을 이어받아서 참 스승의 은혜와 사랑으로 지도해주신 서울신학대학교의 윤철원 교수님(24대 한국신약학 회장)께 감사드린다.

한국의 오순절 교단과 오순절적 성령의 은사를 강조하는 모든 교회들의 상징적인 중요성을 가진 여의도순복음교회의 조용기 원로 목사님과 이영훈 위임 목사님께 감사드리며, 특별히 본 저자의 오순절 신학과 교회의 스승이신 이영훈 목사님의 귀한 추천사에 감사드린다.

두 번의 박사과정을 포함한 오랜 유학 기간 동안 묵묵히 기도와 재정적으로 후원해주신 부모님께 감사드린다. 하나님의 집을 세우는 마음으로 본 저자의 학위를 위해서로 후원해주신 아버지의 재정적 도움이 없었다면 본 연구는 열매를 맺지 못했을 것이다. 수십 년 동안 매일 새벽기도를 하시면서 기도로 후원해주신 어머니 강원자

지역장님께 깊은 감사를 드린다. 끝으로 이 연구결과가 책으로 출간하게 된 기쁨을 아내 차이나 사모와 두 아들 진경이, 진성이와 함께 온전히 나누고자 한다.

본 저자는 박사학위는 하나이지만 박사 논문 두 개를 가지게 되는 특별한 경험을 통해서 오순절적 관점에서 방언 연구를 하는 것의 어려움을 직접 절감(切感)하였다. 고린도전서 14장에서 바울의 진의(眞意)는 '방언을 통해서 교회를 세울 수 있다'는 필자의 견해가 앞으로 한국교회와 신학에 조금이나마 도움이 될 수 있기를 기도하며 본 저서를 출간한다.

본 저자의 모교회(母敎會)인 여의도순복음교회에서 본 저자가 오순절 입장에서 방언을 연구한 것에 대해서 감사를 표해주신 것에 대해서 감사드리며 본 저자는 한국의 오순절 운동과 방언 운동에 큰 공헌을 하시고 여의도순복음교회를 세계의 가장 큰 단일 교회로 성장시키신 조용기 원로 목사님께 본 저서를 헌정한다. 그리고 피터 오크스 교수, 조지 브룩 교수 그리고 윤철원 교수 세 분 스승께서 희년의 은혜로 입혀주심으로 탄생할 수 있게 된 본 저서를 통해서, 필자는 그리스도 안에서 하나님께 영광을 돌린다.

2019년 4월 25일

김성종

약어

1차 문헌

2 Macc.: 2 Maccabees

Aesch.: Aeschylus

Pers: *Persae*

Jos.: Josephus

Ant: Antiquitates

Hdt.: Herodotus

Herm.: Hermes

S: *Similitudines*

P.Col.Zen: *Column of Zenon Papyri*

Philo.

Cher.: *De Cherubim*

Ebr.: *De Ebrietate*

Leg. All: *Legum Allegoriae* I-III

Migr.: *De Migratione Abrahami*

Poster. C.: *De Posteritate Caini*

Som.: *De somniis* I-II

Vit. Mos: *De Vita Mosis* I-II

Pir. Abo.: Pirke Aboth

Plat.: Plato

    Phaedr: Phaedrus

Soph.: Sophocles

    Aj: *Ajax*

2차 문헌

AB: Analecta Biblica

ABC: The Anchor Bible Commentary

ABD: The Anchor Bible Dictionary

AJPS: Asian Journal of Pentecostal Studies

BAGD: W. Bauer, W.F. Arndt, F.W. Gingrich, and F.W. Danker. 1979. *Greek-English Lexicon of the New Testament and Other Early Christian Literature*. 2d ed. Chicago.

BDF: F. Blass and A. Debrunner. 1961. *A Greek Grammar of the New Testament and Other Early Christian Literature*(R.W. Funk trans). Chicago.

BECNT: Baker Exegetical Commentary on the New Testament

Bib: Biblica

BNTC: Black's New Testament Commentary

CBQ: The Catholic Biblical Quarterly

CEC: A Critical and Exegetical Commentary

CNT: Commentaries on the New Testament

Comm: Commentator

CPNIVC: The College Press NIV Commentary

CTR: Criswell Theological Review

DPL: Dictionary of Paul and His Letters

EC: An Exegetical Commentary

ECNT: Exegetical Commentary on the New Testament

Ed: Editor

EDNT: Exegetical Dictionary of the New Testament

EKK: Evangelisch-Katholischer Kommentar zum Neuen Testament

GA: Georgia

H-CHCB: Hermeneia-A Critical and Historical Commentary on the Bible

IBCTP: Interpretation: a Bible Commentary for Teaching and Preaching

IVP: InterVarsity Press

IVP NTCS: InterVarsity Press New Testament Commentary Series

JPT: Journal of Pentecostal Theology

JSNT: Journal for the Study of the New Testament

JTS: Journal of Theological Studies

JThS: Journal of Theological Studies

JYT: Journal of Youngsan Theology

LXX: Septuagint

MANTC: MacArthur New Testament Commentary

MN: Minnesota

MNTC: Moffatt New Testament Commentary

NCBC: New Cambridge Bible Commentary

NIBC: New Infornatioual Biblical Studies

NICNT: The New International Commentary on the New Testament

NICOT: The New International Commentary on the Old Testament

NIGTC: New International Greek Testament Commentary

NovTSup: Supplements to Novum Testamentum

NRS: New Revised Standard Version

NTD: Neue Testament Deutsch

NTM: New Testament Monographs

NTS: New Testament Studies

OBC: The Oxford Bible Commentary

PNTC: The Pillar New Testament Commentary

SBeTh: Studia Biblical et Theologicas

SBLDS: Society of Biblical Literature Dissertation Series

SNTSMS: Society for New Testament Studies Monograph Series

SPCK: Society for Promoting Christian Knowledge

SPS: Sacra Pagina Series

TDNT: Theological Dictionary of the New Testament

TNTC: Tyndale New Testament Commentaries

WThJ: Westminster Theological Journal

목차

I

고린도전서 14장 서론

Ἀδελφοί,
μὴ παιδία γίνεσθε ταῖς φρεσὶν
ἀλλὰ τῇ κακίᾳ νηπιάζετε,
ταῖς δὲ φρεσὶν τέλειοι γίνεσθε.

연구동기

신약성서에서 방언에 관해서 가장 많은 지면을 할애해서 설명하고 있는 고린도전서 14장, 특히 20-25절과 관련하여 방언에 관한 많은 연구가 진행되었다. 다수의 주석가가 고린도전서 14:20-25에 논리적 모순이 있음을 지적하고 이 문제를 해결하려고 시도하였다. 그러나 기존의 해결책에는 고전 14:21-22의 통일성 있는 해석이 제시되지 못했다. 먼저, 고전 14:21에서 구약성서의 인용과 관련해서, 사 28:11 LXX와 고전 14:21-22 사이의 통일성 있는 읽기를 할 필요가 있다. 14:22에서 설명하는 방언과 예언에 관한 바울의 논지를 사 28:11 LXX와 고전 14:21 사이의 상호 텍스트성과 분리해서 읽고 해석하기 보다는, 그 본문들(사 28:11 LXX와 고전 14:21 그리고 14:22) 사이의 통일성 있는 해석이 요구된다. 그리고 만일 바울이 14:21에서 율법을 인용한 이유가 고린도교회의 방언 말하는 자들의 잘못된 방언 사용법을 교정하기 위한 것이고 대신에 고린도교회에게 예언의 은사를 권면하기 위한 것이라면, 14:22b와 14:24-25 사이에 모순이 없어야 할 것이다. 그런데 14:22b는 '예언은 불신자들을 위한 것이 아니라 신자들을 위한 것'(ἡ προφητεία οὐ τοῖς ἀπίστοις ἀλλὰ τοῖς πιστεύουσιν)이라고 말하는 반면에 14:24-25은 예언이 불신자들을 위한 것으로 묘사한다.

이러한 상황에서, 주석가들은 고전 14:1-19의 논지에 의해서 14:20-25을 해석하는 경향이 있었고 그리고 14:21-22을 심각한 수준으로 오역하면서 14:20-25의 통일성 있는 해석을 시도해왔다. 그래서 그들은 14:21에서 바울의 구약성서 인용 이유를 고린도교회의 어리석은 방언사용을 교정하기 위한 것이라고 가정하며 바울의 방언에 관한 부정적 관점으로 결론 내린다. 이와 관련해서 본 연구의 동기는 14:21-22을 새롭게 읽고 해석함으로써 바울의 방언관을 긍정적으로 설명하는데 주석적 기여를 하고자 하는 것이다.

연구목적

본 연구의 목적은 새로운 읽기 방법을 통한 고전 14:21-22을 새롭게 해석하여 고전 14장의 구조를 새롭게 제시하는 것이다.

본 저자가 제안하는 14:21-22의 읽기의 목적은 세 가지로 설명될 수 있다.

첫째, 고전 14:21-22의 통일성 있는 해석이다. 먼저 14:21-22의 통일성 있는 해석을 하려는 목적은, 기존의 주석가들은 14:21에서 바울이 구약성서를 인용한 이유를 설명하기 위해 다소 친-유대적 해석적 성향을 가지는 전향적 읽기를 사용해왔다. 이러한 읽기 방법에 의해서 14:20-25에서 바울의 방언관은 부정적으로 해석되었고, 그래서 23-25절에 의해서 21-22절을 해석하는 경향이 만들어졌다. 따라서 본 저술의 첫 번째 목적은 14:21의 바울의 구약성서 인용 이유를 기독교 공동체의 상황을 반영하는 회고적 읽기에 의해서 새롭게 해석하는 것이다.

그리고 14:21-22의 통일성 있는 해석을 위한 또 다른 목적은 14:22의 εἰς σημεῖόν εἰσιν을 새롭게 읽는 것이다. 기존의 주석가들은 14:20-25에서 바울의 방언관을 설명하기 위해서 중요한 본문인 22절의 εἰς σημεῖόν εἰσιν을 εἰσιν εἰς σημεῖόν으로 읽어왔다. 사실, 학자들 사이에서 21절의 전향적 해석과 22절의 εἰς σημεῖόν εἰσιν을 역순으로 읽는 경향과 그리고 23-25절을 사도 바울의 진의를 담고 있는 본문으로 이해하는 경향 속에서 학자들의 관심은 22절의 모순 문제를 해결하려는 다양한 시도로 모아졌다. 그러나 본 저자는 22절의 εἰς σημεῖόν εἰσιν을 εἰς σημεῖόν εἰσιν으로 새롭게 읽는다. 그래서 본 연구의 목적은 21-22절의 통일성 있는 읽기를 설명하고 고전 14:20-25에서 바울의 진의를 담고 있는 본문이 23-25절이 아니라 22절로 제안될 수 있음을 설명하는 것이다.

둘째, 고전 14:21-22의 새로운 읽기가 14장의 구조에 어떻게 영향을 미치는지를 설명할 것이다. 14:21-22에 대한 기존의 읽기 방법은 23-25절을 바울의 진의를 더 잘 보여준다고 가정하였고, 그리고 그것에 의해서 14장의 구조는 1-25절과 26-40절로 구분되는 경향이 있다. 이 기존의 구조에 의하면, 21절에서 바울이 구약성서를 인용한 이유가 1-19절에 근거해서 설명될 수 있고 게다가 20-25절에서 23-25절이 바울의 진의를 담고 있는 본문으로 제안된다. 그러나 본 저자가 제시하는 14:21-22의 새로운 읽기는 14장의 새로운 구조의 필요성을 제시한다.

왜냐하면 14:21-22의 새로운 읽기는 1-19절과는 다른 논조를 담고 있으면서 26절 이하와 통일성을 이루기 때문이다. 그래서 본 저자는 23-25절이 아니라 22절이 바울의 신의를 더 빈영히는 것으로 제안하고 그리고 14장의 전체적인 문맥적 상황 안에서 21-22절이 어떻게 위치하는지 그리고 그것에 의해서 14장의 구조가 어떻게 바뀔 수 있는지를 설명할 것이다. 게다가, 고린도교회의 은사 사용과 관련해서, 14장에서 23-25절이 바울의 진의를 담고 있는 본문이 아니라 고린도교회의 은사 사용에 대한 바울의 염려를 반영하는 구절이라면, 23-25절이 1-25절의 결론 구절의 역할을 하지 못하기 때문이다. 그래서 본 저자는 고전 14:21-22의 새로운 읽기에 의해서 14장의 구조가 어떻게 변화하는지 살펴볼 것이다.

연구방법

1. 회고적 읽기

현대 언어학에서 통시적 접근방법에 대조되는 공시적 접근방법이 소쉬르(Ferdinand de Saussure)에 의해서 소개되었고 많은 영향을 끼쳤다. 소쉬르는 자신의 저서, *Course in General Linguistics*에서 공시적 접근방법을 제안하고 그런 다음 통시적 접근방법을 위해서 전향적 통시적 방법보다는 회고적 통시적 방법을 제안한다.[1] 이것은 많은 학자들에 의해서 지지를 받았다. 특히, 신약성서 학자들 중에서, 소쉬르가 소개한 다양한 언어학적 접근방법을 씨셀튼(A. C. Thiselton)은 다음과 같이 분류한다: (1) 공시적 방법과 통시적 방법 사이의 대조; (2) 언어에 대한 구조적 접근방법; (3) 언어와 사상 사이의 상관관계에 관한 구조주의와 관습; 그리고 (4) 언어 체계와 실제 연설 사이의 대조.[2] 본 저서에서는 첫 번째와 두 번째 방법을 주로 사용할 것이다.

그리고 헤이스(R. B. Hays)는 바울서신에서 율법의 인용에 관한 상호 텍스트성의 연구를 위해서 전향적 읽기를 선호하는 롱게네커(R. Longenecker)에 반대하면서 '구약성서는 선 텍스트를 공동체의 상황

1 F. de Saussure, *Course in General Linguistics* (W. Baskin trans.; P. Miesel and H. Saussy eds) (New York: Columbia University Press, 2011), pp. 212-214.

2 A. C. Thiselton, 'Semantics and New Testament Interpretation', in *New Testament Interpretation*(I. H. Marshall ed) (Carlisle: Paternoster Press, revised 1979), pp. 79-80.

에 반영하면서 변형시키는, 후 텍스트에 의해서 해석되어야한다'고 주장 한다.[3]

최근에, 그는 이 주장을 복음서에서 구약성서의 인용에 관한 연구에서 재확인했다. 신약성서와 구약성서 사이의 상호 텍스트에 관한 읽기 방법에 관해서, 특히 예수의 삶, 죽음 그리고 부활의 관점에 의해서 구약성서를 읽는 것은 전향적 읽기보다는 회고적 읽기를 통해서만 가능함을 역설한다. 신약성서의 저자들, 특히 복음서 저자들이 구약성서, 특히 70인역을 인용할 때 이스라엘의 이야기에 대한 복음서 저자들의 회고적 재해석이 발견된다. 다시 말해서 신약성서 저자들이 예수의 십자가와 부활의 관점에 근거해서 구약성서의 이스라엘의 이야기를 재해석하게 되는 것은 전향적 해석이 아니라 회고적 해석을 통해서라고 주장한다.[4]

고전 14:21에서 바울의 구약성서 인용과 관련해서, 전향적 읽기 방법과 회고적 읽기 방법에 의한 결과는 상반될 수 있다. 본 저자는 이사야서 28:11 LXX과 고린도전서 14:21 사이의 상호 텍스트성을 위한 회고적 읽기를 선택할 것이다. 본 저자가 21절의 전향적 읽기를 선호하지 않는 이유는 21절의 전향적 읽기에 의하면 바울이 구약성서를 인용한 이유가 고린도교회의 방언 말하는 자들의 잘못된

3 R. B. Hays, 『바울서신에 나타난 구약의 반향』(이영욱 옮김) (서울: 여수룬, 2017), pp. 257, 287.

4 R. B. Hays, *Reading Backwards: Figural Christology and the Fourfold Gospel Witness* (Waco, Texas: Baylor University Press, 2014), pp. 93-109.

방언의 은사 사용법을 지적하고 그것을 교정하기 위한 것으로 설명되고 이것은 오순절적 입장에서 선호되지 않기 때문이다. 21절의 전향적 읽기에 근거해서 22절의 εἰς σημεῖόν εἰσιν을 순차적으로 읽을 때 방언의 은사가 하나님의 심판 혹은 저주의 성격을 가진다는 해석적 문제가 발생한다. 왜냐하면 바울의 설명에 의하면, 방언은 χαρίσματα에 포함되고(12:28) 그리고 τὰ χαρίσματα는 하나님의 은혜로 받은 것들로 설명되기 때문이다(2:12).

그리고 전향적 읽기에 의하면, 14:21에서 바울이 구약성서를 인용한 이유는 방언의 은사 대신에 예언의 은사를 권장하기 위한 것으로 해석된다. 이것은 1-19절에서 바울의 논지와 일치하는 것으로 보인다. 그래서 다수의 학자들은 24-25절을 바울의 진의가 가장 잘 반영된 본문으로 가정한다.[5] 그러나 이 해석은, 예언과 관련해서, 14:22b와 14:24-25 사이의 모순 문제를 만든다. 게다가, 14:24-25

5 G. D. Fee, *The First Epistle to the Corinthians* (Michigan: Eerdmans, 1987), pp. 652-688; A. C. Thiselton, *The First Epistle to the Corinthians: A Commentary on the Greek Text,* NIGTC (Carlisle: Paternoster, 2000), pp. 1074-1130; R. B. Hays, *First Corinthians,* IBCTP (Louisville: John Knox Press, 1977), pp. 233-252; D. E. Garland, *1 Corinthians* (Grand Rapids, Michigan: Baker Academic, 2003), pp. 644-654; T. D'Aquin, *Commentaire de la Première Épître aux Corinthiens* (Paris: Les Éditions du Cerf, 2002), pp. 65, 440-447; C. S. Keener, *1-2 Corinthians* (Cambridge: Cambridge University Press, 2005), pp. 111-121; R. F. Collins, *First Corinthians,* SPS (Collegeville, Minnesota: The Liturgical Press, 1999), pp. 504-511; W. Schrage, *Der erste Brief an die Korinther,* 3 Teilbd, EKK (Zürich: Benziger Verlag, 1999), pp. 406-414; J. Barclay, '1 Corinthians,' in *The Oxford Bible Commentary* (Barton, J. and Muddiman, J. eds.) (Oxford: Oxford University Press, 2001), p. 1129; S. J. Chester, 'Divine Madness? Speaking in Tongues in 1 Corinthians 14.23,' *JSNT* 27.4 (2005), pp. 417-446.

에서 바울이 설명하는 고린도교회의 예언을 통한 판단의 사용법은 4:3-5에서 설명되는 판단의 사용법과 모순된다.

반면에 공시적 이해에 근거한 14:21의 회고적 읽기는 '다른 방언으로 말하다'를 긍정적인 의미로 해석한다. 그리고 21절의 회고적 읽기는 22절의 εἰς σημεῖόν εἰσιν의 순차적 읽기와 모순되지 않는다. 21-22절의 새로운 읽기는 26절 이하와 통일성을 이룬다. 방언은 동료 신자의 통역은사의 도움을 받아서 표적이 될 수 있고 그래서 표적이 되는 방언은 불신자들에게 말하는 것이다. 예언은 신자들에게 분별을 받기 위해서 신자들에게 말하는 것이다. 본 저서가 제안하는 새로운 읽기에 의하면, 21-22절에서 바울의 논지는 교회의 연합을 이루기 위해서 은사를 사용하라는 것이다.

2. 언어학적 연구

제임스 바(J. Barr)는 키텔(G. Kittel)의 *Theological Dictionary of the New Testament*에서 설명되는 많은 글들을 비평하였다. 왜냐하면 그것이 주로 사용하는 단어에 대한 어원학적인 접근방법은 각각의 단어의 역사에 관한 정보를 제공할 뿐이지 해당 본문 안의 수백개의 단어들이 전달하는 의미와 그 문맥적 의미를 통해서 저자가 진술하고자 하는 것을 보여주지 못하기 때문이다.[6] 한편, 소쉬르는 통시적 접근방법 전체를 완전히 불필요한 것으로 간주하지는 않는다.

6 J. Barr, *The Semantics of Biblical Language* (Oxford: Oxford University, 1961), p. 109.

이것은 바울에게도 영향을 미쳤다.[7] 씨셀튼은 성서학을 위한 이러한 언어적 접근 방법의 사용 방법과 그것의 목적을 명료하게 설명한다. 만약 공시적 관점이 통시적 연구를 위한 전제 조건이 되어서 회고적 방법을 선택한다면, 그것에 근거해서 선 텍스트와 후 텍스트 사이의 상호 텍스트성에서 특정 헬라어 단어의 의미가 어떻게 변화하는지를 설명하는 것에 의미가 있다.[8]

그러나 상호 텍스트성의 연구를 통한 의미 변화(semantic change)를 찾는 것만으로는, 특별히 고전 14:21과 같이 헬라어로 기록된 구약성서를 인용하는 본문이 그 문맥에서 특정 단어를 어떻게 사용하는지와 관련해서, 해당 본문이 독자에게 전달하고자 하는 의미를 온전히 설명할 수 없다. 그것을 알기 위해서, 씨셀튼은 한 본문 안의 특정 단어에 관한 역사적이고 어원적인 연구를 하는 통시적 방법에 대조되는 방법으로, 언어에 대한 구조적 접근방법을 소개한다.

한 문맥적 상황에서 발견된 한 단어의 의미적 가치가 추가적인 문맥적 상황에서 그 의미 가치가 더해지고, 그리고 그러한 연속적 과정을 통해서 그 여러 문맥으로 구성된 더 큰 구조 안에서 그 전체적인 의미적 가치가 발견되는데, 이 방법을 통해서 저자가 진술하고자 하는 것이 설명될 수 있다.[9] 이런 측면에서 저자가 진술하고자 하는 것을 알기위한 언어학과 관련한 구조적 접근방법은 언어와 사상 사

---

7 Barr, *The Semantics of Biblical Language*, pp. 263-296.

8 Thiselton, 'Semantics and New Testament Interpretation,' p. 82.

9 Thiselton, 'Semantics and New Testament Interpretation,' pp. 82-85.

이의 관련성을 통해서 새롭게 발견되는 그 언어의 기능을 연구하는 구조주의와는 구별된다.

II

고린도전서 14장 연구사

Ἀδελφοί,
μὴ παιδία γίνεσθε ταῖς φρεσὶν
ἀλλὰ τῇ κακίᾳ νηπιάζετε,
ταῖς δὲ φρεσὶν τέλειοι γίνεσθε.

선행연구와 그 한계

일부 학자들은 14:21–22과 14:23–25 사이에 논리적 모순을 지적하였다.[10] 그들의 설명에 의하면, 그 모순으로 인해서 14:20–25에서

---

10 J. Héring, *The First Epistle of Saint Paul to the Corinthians* (London: The Epworth Press, 1962), p. 152; J. P. M. Sweet, 'A Sign for Unbelievers: Paul's Attitude to Glossolalia,' *NTS* 13.3 (1967), pp. 241-242; B. C. Johanson, Tongues, a Sign for Unbelievers? A Structural and Exegetical Study of 1 Corinthians XIV. 20-25,' *NTS* 25 (1979), p. 180; J. F. M. Smit, 'Tongues and Prophecy: Deciphering 1 Cor 14.22', *Bib* 75 (1994); Hays, *First Corinthians*, pp. 239-240; R. J. Gladstone, 'Sign Language in the Assembly: How are Tongues a Sign to the Unbeliever in 1 Cor 14:20-25?,' *AJPS* 2/2 (1999), pp. 177-180; Garland, *1 Corinthians*, pp. 648-650; S. J. Chester, *Conversion at Corinth: Perspectives on Conversion in Paul's Theology and the Corinthian Church* (London: T&T Clark, 2003), pp. 114-115. 그루뎀(W. Grudem)은 14:21에서 바울의 구약성서 인용을 전향적으로 읽으면서 그리고 14:22의 표적을 긍정적으로도 혹은 부정적으로도 해석될 수 있다고 가정하며 주석적 문제를 해결하려고 시도한다. 그러나 그는 전향적 읽기를 완전히 동의한 것이라기보다는 오히려 기존의 전향적 읽기에 의해서 방언이 부정적으로 설명되는 문제를 해결하려고 한 것이다. W. Grudem, 『신약성경이 가르치고 지금도 사용되는 예언의 은사』(김동수 · 김윤아 옮김) (서울: 솔로몬, 2013), pp. 171-184.

다음과 같은 주석적 문제가 발견된다.

첫째, 고전 12-14장 안에서 방언과 관련된 사도 바울의 주장에서 모순이 발견된다. 바울은 12:30b; 14:5a, 23에서 '모두가 방언을 말한다'(πάντας λαλεῖν γλώσσαις)라는 일관된 언어적 표현을 사용한다. 이러한 언어적 반복은, 특별히 12:30b와 14:23은 고린도교회가 한 자리에 다 같이 모였을 때, 그들이 종종 모두 다 함께 방언을 말했다는 상황을 제안한다(14:23). 14:5a가 '(그들이 모였을 때) 다 같이 방언을 말하는 것'을 설명하는 것처럼 보이지는 않는다.

하지만, 12:30b 과 14:5a 사이에서, 방언에 대한 바울의 관점에 불일치가 나타난다. 그는 12:30b에서 방언을 회의적으로 묘사하지만, 14:5a에서는 긍정적으로 묘사한다. 14:5a에서 비록 그가 예언이 방언보다 우월함을 언급하지만, 12-14장의 방언에 관한 논리의 흐름을 고려할 때, 그는 두 은사 그 모두를 아직까지는 긍정적으로 묘사하는 것처럼 보인다. 만약 14:5a에서 '다'(πάντας)가 없었다면, 이 본문은 방언에 대한 바울의 회의적인 태도를 보여주는 것으로 간주되었을 것이다. 12:30의 은사들의 서열에 대한 그의 설명에서, 방언이 상대적으로 낮게 위치 설정되어서 바울의 방언관이 다소 회의적으로 보일 수도 있지만, 14:5a에서는 그의 방언관이 상당히 긍정적으로 표현된다.

그런데 그가 결말에서 보여주는 모호한 태도는 독자를 혼란스럽게 만든다: '방언 말하기를 금하지 말라'(14:39b). 이런 상황에서, 12:30b; 14:5a,23에서의 언어적 반복에 나타나는 바울의 진의를 알기 위해서는, 14:23에서 바울의 진의가 어떻게 해석되는지가 중요하다.[11] 이러한 점에서 14:20–25이 14장의 전체 구조에서 어디에 위치하는지, 그리고 14:20–25이 어떤 구조를 가지는지 또 그 구조 안에서 14:23절이 어떻게 해석되는지가 바울의 방언관을 해석하는데 중요한 열쇠가 될 것이다.

둘째, 14:20–22에서 바울의 방언에 관한 논지에 변화가 생기는 것처럼 보인다. 존슨(L. T. Johnson)에 의하면, 바울의 방언관은 14:20–25에서 가장 잘 설명된다.[12] 14장에서, 19절까지는 바울의 논리를 이해하는 것이 비교적 어려워 보이지 않는다. 바울은 14:1–19

---

11 김동수는 12:30과 14:5a 사이에 방언에 대한 바울의 입장에서 모순이 나타난다고 지적한다. 그가 대부분의 학자들이 바울의 방언에 관한 이해가 부정적이었을 것이라고 가정하는 이유가 12:30b에 근거해서 그 두 구절들을(12:30b 와 14:5a) 해석하기 때문이라고 설명한다. 김동수, '바울의 방언관: 고전 12:30b과 14:5a를 중심으로,' 『신약논단』 13권 1호(2006), pp. 169-183. 그러나 더 중요한 것으로서, 대부분의 학자들이 바울의 방언관을 부정적으로 이해하는 이유는 14:21을 전향적으로 읽고 14:22의 'εἰς σημεῖόν εἰσιν+여격'을 역순으로 읽기 때문이고, 그래서 14:20-25을 기존의 구조(14:1-25) 안에 위치시키면서, 14:1-19의 논지에 의해서 14:21-25을 해석하기 때문이다. 그 기존의 구조 안에서 방언은 예언에 열등한 은사로 귀결된다: '예언은 유익하나 방언은 유익하지 않다.' 14:21-22의 해석과 관련해서, 김동수는, 그루뎀을 지지하면서, 전향적 읽기에 의해서 야기될 수 있는 방언에 대한 부정적인 해석, 즉 14:22의 방언의 표적을 불길한 성격의 것으로 해석하는 견해에 반대하면서 바울의 방언관을 옹호하는 해석을 시도한다. 그러나 본 저자는 여기에서 한 걸음 더 나아가서, 회고적 읽기를 통해서 바울의 방언관을 부정적으로 이해하는 견해에 도전한다. 결론적으로 말하자면, 본 저자는 14:21-22의 회고적 읽기를 통해서 14장의 새로운 구조(1-19절 그리고 20-40절)를 제안하고, 그리고 그 새로운 구조 안에서 바울의 구약성서 인용 이유를 새롭게 해석할 것이다. 고전 14장의 새롭게 읽기는 바울이 오순절적 관점에서 방언을 긍정적으로 설명하고 있음을 제안한다.

12 L. T. Johnson, 'Tongues, Gift of.,' *ABD* 6 (D. N. Freedman ed.) (London: Doubleday, 1992), p. 600.

에서 예언이 방언보다 우월한 이유를 설명한다. 이것은 14:4에서 간략하게 요약된다: '방언을 말하는 자는 자기의 덕을 세우고 예언하는 자는 교회의 덕을 세우나니'.[13] 이러한 바울의 논점은 13장의 사랑의 주제와도 조화를 이룬다. 그러나 14:20 이하에서는 독자들이 바울의 논지를 이해하는 것이 쉽지 않다. 왜냐하면 14:21–22의 바울의 논지에서 주께서 ,말씀하시는 알아들을 수 없는 방언이 믿지 않는 자들에게 부정적인 표적이 된다는 것이 쉽게 이해가 가지 않기 때문이다. 주께서 말씀하시는 표적을 부정적으로 해석하는 것이 옳은 것인가? 게다가, 22절에서 예언은 불신자들을 위한 은사가 아니라 신자들을 위한 은사라고 말하는데, 이것이 24–25과 모순된다. 사실, 14:21–22은 방언연구에 있어서 주석적 문제를 담고 있는 본문이다. 그에 더하여, 14:22은 14:23–25과 논리적 일관성을 보여주지 않는다. 스윗(J. P. M. Sweet)이 이러한 문제를 해결하기 위해서 시도하였지만, 그 역시 이 본문에서 명백한 바울의 주장을 밝히는 것이 어렵다는 것을 인정하였다.[14]

14:26 이하에서, 의심할 여지없이 1–19절의 논지와 다른 관점에서 사도 바울은 방언과 예언을 설명하고 있고 그리고 26–38에서 '예언이 방언보다 우월함'이 더 이상 언급되지 않는다. 그렇다면 14:20–25에서 바울의 논지는 무엇인가? 그는 14:21에서 사 28:11

13 NRS 는 δέ를 but으로 번역하였다.

14 Sweet, 'A Sign for Unbelievers: Paul's Attitude to Glossolalia,' pp. 242, 256.

을 인용하고 그 율법 인용에 근거해서 14:22에서 자신의 새로운 견해를 제시하는 것처럼 보인다. '방언은 믿는 자들을 위하지 아니하고 믿지 아니하는 자들을 위하는 표적이나 예언은 믿지 아니하는 자들을 위하지 않고 믿는 자들을 위함이니라'. 그런데, 바울의 이 견해는 14:23-25과 모순된다. 사도 바울이 14:1-19에서 공적인 예배를 위해서 방언사용의 부적절함을 설명하고, 심지어는 14:21에서 의도적으로 율법을 인용하면서까지, 그리고 알아들을 수 있는 성격을 가지고 있는 예언의 우월함을 역설하자마자, 14:22에서 그가 자신의 이전의 논리를 뒤엎는 주장을 제시한다는 것은 쉽게 이해가 되지 않는다. 토마스 다캥(Thosmas D'Aquin)[15]은 사도 바울이 율법을 언급할 때에는, 그것은 주로 그의 주장을 뒷받침하기 위한 목적을 가진다고 설명한다.[16] 씨셀튼에 의하면, 장 헤링(Jean Héring)은 이러한 문제를 직시하며 다음과 같이 말한다: '도대체 왜 방언 말하는 것이 불신자들을 위한 표적이 되고 예언은 신자들을 위한 표적이 되는가?'[17]

---

15 영어권에서는 토마스 아퀴나스(Thomas Aquinas)라고도 부른다.

16 D'Aquin, *Commentaire de la Première Épître aux Corinthiens*, p. 440. 그러나 그는 14:21에서 바울이 율법을 언급한 이유는 예언의 은사가 방언의 은사보다 더 우월함을 설명하기 위해서라고 말한다.

17 Thiselton, *The First Epistle to the Corinthians: a Commentary on the Greek Text*, p. 1122; Héring, *The First Epistle of Saint Paul to the Corinthians*, p. 152. 그러나 장 헤링의 질문과 관련해서, 씨셀튼은 명백한 이유와 설명 없이 콘첼만(H. Conzelmann)의 입장을 따른다. 콘첼만은 방언이 신자들을 위해서도 표적이 되고 예언은 불신자들에게도 효과가 있다고 말한다. 왜냐하면 방언의 알아들을 수 없는 성격과 예언의 선교적 효과 때문에 성령이 중요한 역할을 할 수 있기 때문이다. H. Conzelmann, *1 Corinthians: a Commentary on the First Epistle to the Corinthians* (H-CHCB; Philadelphia, Pa: Fortress Press, 1975), p. 242.

분명히, 14:22에서의 바울의 방언관은 14:1-19에서 설명되는 그의 이전의 견해와 다르다. 그 이전의 관점에 따르면, 방언은 자기 자신에게는 유익하고, 반면에 예언은 교회를 세운다(14:4). 이러한 점에서, 예언이 방언보다 우월한 것이다. 그런데, 아이러니컬하게도 앞에서 언급되었듯이, 대부분의 학자들은 14:20-25이 사도 바울의 방언관을 가장 잘 보여준다고 생각한다.[18] 따라서, 14:20-25의 통일성 문제를 해결하지 않고서는 주석가들이 바울의 방언관을 성공적으로 설명할 수 없을 것이다.

그러나 현대 독자들이 14:20-25에서의 바울의 진의를 파악하는 것이 쉽지 않다. 존슨 또한 이 본문이 가지고 있는 주석적 어려움을 인지하였다. 그리고 그는 바울이 고린도교회의 주장인 '방언이 명백한 믿음의 표적'이 아님을 보여줌으로써 방언 옹호자들의 신념을 전복시켰다고 주장하였다.[19] 그의 주장은 14:20-25 안에서의 14:22의 모순 문제를 제외한다면 완벽해 보일지도 모른다.

그렇다면 우리가 14:20-25을 어떻게 읽고 해석해야 하는가? 14:22만 없다면 논리는 분명해진다. 14:23-25에서 바울은 방언이 아니라 예언이 불신자들을 위해서 유익한 은사임을 설명하는 것으로 보인다. 왜냐하면 불신자들이 예언의 내용을 이해할 수 있고, 그래서 예언을 통해서 그들이 자신들의 죄를 하나님께 회개하게 되기

18 Johnson, 'Tongues, Gift of.,' p. 600.

19 Johnson, 'Tongues, Gift of.,' p. 600.

때문이다. 이와 같이, 알아들을 수 없는 은사인 방언은 공예배에서는 무익하다. 반면에 예언은 신자와 불신자 둘 다를 위한 표적이 된다. 이러한 주장은 13장의 사랑의 주제와도 조화를 잘 이루는 것처럼 보인다. 게다가, 이것은 14:20-25이 14:1-25의 구조 안에서 바울의 논지의 절정을 이루면서 왜 예언이 방언보다 우월한지를 잘 설명해주는 것처럼 보인다. 14:1-25의 전체적인 해석과 관련해서, 14:22만 제외한다면, 바울이 예언의 만능적 효용성을 역설한다는 것으로 해석하는 것이 가능하다.

본 연구의 의의

본 연구는 먼저 21절에서 바울의 구약성서 인용과 관련해서, 사 28:11 LXX와 고전 14:21 사이의 상호 텍스트성에 관한 선행연구에서 회고적 읽기의 부재가 있음을 지적할 것이다. 그런 다음 그 상호 텍스트성을 위한 전향적 읽기의 지배적인 경향에 의해서 22절의 모순문제를 해결하려고 한 것을 지적할 것이다.

첫째, 바울의 구약성서 인용과 관련한 상호 텍스트 읽기 방법에 관한 논의는 비교적 오래된 주제이지만, 그에 비해서 학자들 사이에서 많은 논의가 이루어지지 않은 영역 중의 하나이다. 특히, 고전 14:21에서 바울의 율법 인용과 관련해서 참고할 자료가 제한적이다. 구약성서와 신약성서, 특히 바울 서신 사이의 상호 텍스트성 해석에 있어서 그 해석적 방향은 전향적 해석과 회고적 해석 둘 다 가능하다. 1989년에 발행된 헤이스의 저서, 『바울서신에 나타난 구약의 반향』(*Echos of Scripture in the Letters of Paul*)이 현대 독자들을 위한 중요한 방향제시를 한다.[20] 먼저, 롱게네커는 역사적 시간 속에서 언어학적 발전과 진화와 관련해서 바울의 구약 인용 본문을 해석하는 전향적인 읽기를 제안한다: '바울은 구약성서를 무수히 인용하면서 구약이 원래 의미했던 바를 고수하였다. 혹, 바울이 구약의 의미를 확장시키더라도, 유대 사상인 "공동체 연대"와 "역사적 사실성", 그리고 기독교 사상인 "종말론적 성취"와 "메시아의 존재"를 전제한다면, 그가 구약을 확장하여 해석하는 이유를 이해할 수 있다.'[21] 그러나 헤이스는 롱게네커의 전향적 읽기를 선호하지 않는다. 왜냐하면 바울 서신 내에서, 바울이 필로와 같은 다른 고대의 저자들과는 대조적으로, 구약의 의미를 포착하기 위하여 특정한 해석적 방법론을 사용하였다는 근거가 나타나지 않기 때문이다. 그 대신에 바울은 체계적인 해석학에 의존하기보다는 구약 본문의 의미를(메타포적 통찰로) 직관적으로 이해하려고 하였다고 설명한다. 더 중요한 이유는, 바울에 의한 구약 해석은 케리그마가 형성되어지는 신학적 모판이기에, 그 모판을 제거한다면 기독교의 케리그마는 죽게 될 것이기

20 바울의 구약성서 인용에 관한 초기 논쟁에 관해서, Hays, 『바울서신에 나타난 구약의 반향』, pp. 31-43을 참조하라.

21 R. N. Longenecker, *Biblical Exegesis in the Apostolic Period* (Grand Rapids: Eerdmans, 1975), p. 121.

때문이다.[22] 그래서 그는 바울의 상호 텍스트 안에서, '어떤 식으로든 권위 있는 것으로 간주되었던 구약성서의 음성은, 선(先) 텍스트를 의존하고 변형시키는, 후(後) 텍스트를 통하여 울려왔다'고 주장한다.[23] 그는 이러한 방식으로 바울과 구약성서 사이의 상호 텍스트성을 위한 회고적 읽기 방식을 설명한다.[24]

최근에 일부 학자들에 의해서 다시 바울의 구약성서 인용에 관한 연구의 중요성이 소개되었다. 2006년에, 로즈너(Brian S. Rosner)와 브로디(Thomas L. Brodie)는 고린도전서와 구약성서 사이의 상호 텍스트성에 관한 새로운 영역의 연구를 개척하였다. 그러나 브로디의 스스로의 평가에 의하면, 그들의 연구는 고전 5–7장에 한정되면서 아직 초보적인 단계에 머물러 있다.[25] 로즈너와 브로디 이후에, 일부 학자들이 바울이 구약성서를 인용하는 상호 텍스트성의 해석을 위한 기본적인 방향을 제시하였다. 2012년에, 미첼 김(Mitchell Kim)은 한편으로는 바울의 분명한 의도가 숨어 있는 구약성서 인용법과 그의 율

---

22 Hays, 『바울서신에 나타난 구약의 반향』, pp. 36, 257, 287.

23 Hays, 『바울서신에 나타난 구약의 반향』, p. 43.

24 그는 바울 서신에서 율법 인용과 관련한 상호 텍스트 해석을 위한 회고적 읽기를, 자신의 최근의 저서 *Reading Backwards*에서 복음서에서 구약의 인용 해석과 관련해서 이 논의를 확장시킨다. 여기에서 그는 구약 성서의 이스라엘의 이야기에서 예수의 생애, 죽음 그리고 부활과 같은 초기 기독교의 케리그마적이고 기독론적 의미를 발견하는 것은 오직 회고적 읽기를 통해서만 가능하다고 역설한다. Hays, *Reading Backwards, pp. 93-109.*

25 Thomas L. Brodie, 'The Triple Intertextuality of the Epistles: An Introduction,' in *The Intertextuality of the Epistles: Explorations of Theology and Practice* (T. L. Brodie, D. R. MacDonald and S .E. Porter eds.), NTM, 16 (Sheffield: Sheffield Phoenix Press, 2006), p. 77을 참조하라.

법에 대한 존중 사이에 논리적 간극이 있음을 지적하면서도, 다른 한편으로는 성서학자들이 후자를 고려하면서 바울의 구약성서 인용의 의도를 더 면밀하게 설명할 필요성을 제시하였다.[26] 미첼 김의 입장과 반대로 그리고 그의 주장에 대한 신속한 답변으로서, 스티브 모이스(Steve Moyise)는 같은 해 2012년에 바울의 구약성서 인용을 읽을 때, 그의 율법에 대한 존중을 우선시하기보다는 저자 중심의 관점에서 읽는 방식을 제안했다.[27] 이러한 바울의 구약성서 인용과 관련한 상호 텍스트 해석에 관한 논쟁과 관련해서, 고전 14:21과 관련한 논의가 아직 초기 단계에 머물러 있다. 게다가, 대부분의 주석가들은 14:21에서 바울의 구약성서 인용을 설명하기 위해서, 비록 주석가들마다 다소 정도의 차이가 있더라도, 전향적 해석을 해왔고 그리고 헤이스가 바울서신과 70인역 사이의 상호 텍스트에 관한 해석을 위해서 회고적 읽기를 제안하지만, 고전 14:21에서 바울의 이사야서 인용과 관련해서만큼은 그 조차도 전향적 해석을 따른다. 따라서 본 연구는 사 28:11 LXX와 고전 14:21 사이의 상호 텍스트 해석을 위한 회고적 읽기의 연구 간극을 메우고자한다.

---

26 Mitchell Kim, 'Respect for Context and Authorial Intention: Setting the Epistemological Bar,' in *Paul and Scripture: Extending the Conversation* (C. D. Stanley ed.) (Atlanta: SBL, 2012), pp. 115-129. 그는 바울이 롬 9:26에서 호 2:23을 인용할 때 발견되는 인식론적인 간극을 독자 중심의 관점에서 설명하면서 바울의 의중이 그의 구약성서 인용법 안에 잠재적으로 내재한다고 제안한다.

27 S. Moyise, 'Latency and Respect for Context: A Response to Mitchell Kim,' in *Paul and Scripture: Extending the Conversation* (C. D. Stanley ed.) (Atlanta: SBL, 2012), pp. 131-139를 참조하라.

둘째, 고전 14:21과 관련한 전향적 읽기의 지배적인 경향에 의해서, 주석가들의 질문은 '왜 바울이 22절을 언급했는가?'로 집중된다. 여기에서 언급할 한 가지 중요한 사항이 있다. BDF는 22절의 εἰς σημεῖόν εἰσιν을 'εἰς+목적격 그리고 εἰμί+여격'의 순서로 읽지 않고 대신에 εἶναι εἰς σημεῖόν의 역순으로 읽는다.[28] 14:21의 전향적 읽기 경향과 BDF가 14:22의 εἰς σημεῖόν εἰσιν을 역순으로 읽는 것이 주석가들이 14:22을 해석하는데 상당히 영향을 미쳤을 것이다. 14:21-23의 바울의 논리적 구조에서 22절을 설명하기 위한 학자들의 의견은 크게 여섯 가지로 나뉠 수 있다.

첫째, 조한슨(B. C. Johanson)과 탈버트(C. H. Talbert)는 14:22을 바울의 수사학적 질문(rhetorical question)으로 이해한다. 그 안에서 고린도교회의 주장에 반대되는 바울의 내재적인 부정적인 방언관이 발견될 수 있다. 그렇다면 바울의 진의는 14:23-25에서 발견된다.[29] 하지만 이 이론은 씨셀튼에 의해서 반박된다. 바울의 방언관과 예언관에 관한 그의 설명은 학자들 사이에서 많은 설득력을 얻고 있다. 그는 14:22의 표적(σημεῖόν)이, 사랑의 결속력이나 하나님의 능력의 충만함과 관련해서, 신자들과 불신자들을 위해서 긍정적인 의미로 해석될 수 있다고 설명한다. 그럼에도 불구하고 그는 14:22에서 왜

28 BDF, § 145 (1).

29 Johanson, 'Tongues, A Sign for Unbelievers? A Structural and Exegetical Study of 1 Corinthians XIV. 20-25,' pp. 180-203; C. H. Talbert, *Reading Corinthians: A Literary and Theological Commentary on 1 and 2 Corinthians* (New York: Crossroad, 1987), pp. 87-88.

바울이 방언이 신자가 아니라 불신자를 위한 표적이라고 말했던 이유에 대해서는 답변하지 못한다.[30] 그 첫 번째 이론은 또한 갈란드(D. E. Garland)의 반대에도 직면하게 된다. 14:23의 접속사 οὖν이 '반론'(contradiction)이라기보다는 '논리적 귀결'의 의미를 가지고 있다는 점에서 주석적 문제를 가지고 있다.[31] 다시 말해서, 만약 고린도교회의 주장이 14:22에 반영되었고 14:23이 바울의 진의(眞意)를 보여주는 것이라면, 14:23은 οὖν 대신에 반의 접속사로 시작했어야만 했을 것이다.

둘째, 바렛트(C. K. Barrett), 라니어(D. E. Lanier) 그리고 토마스 다캥은 14:22의 방언의 표적을 부정적인 의미로 해석한다.[32] 이 이론에 의하면, 바울이 14:21에서 율법을 언급한 이유는 사도 바울이 고린도교회에게 방언의 사용에 관해서 경각심을 일깨워주기 위해서라는 것이다. 즉, 알아들을 수 없는 방언으로 말한 주의 말씀을 듣고서도 믿음에 결부시키지 않은 자들에게는 방언이 심판의 표적이 될 수 있고, 그래서 불신자들이 방언을 말하는 신자들에게 비난의 대상이 된다는 것이다(14:23-25). 토마스 다캥은 비록 신자들에게 수여된 방언이 알아들을 수 없는 주님의 말씀이라고 할지라도, 방언이 신자들이

30 Thiselton, *The First Epistle to the Corinthians*, pp. 1123-1125.

31 Garland, *1 Corinthians*, p. 649.

32 C. K. Barrett, *The First Epistle to the Corinthians*, BNTC (London: Adam & Charles Black, 1968), p. 323; D. E. Lanier 'With Stammering Lips and Another Tongue: 1 Cor 14.20-22 and Isa 28:11-12,' *CTR* 5:2 (1991), pp. 259-286; D'Aquin, *Commentaire de la Première Épître aux Corinthiens*, pp. 441-442.

아니라 불신자들을 위한 표적인 이유는 그들의 불신앙을 표면화하기 위한 기능을 하기 때문이라고 말한다.[33] 이 두 번째 이론은 첫 번째 이론보다 23절의 접속사 οὖν의 의미를 좀 더 충족시키는 해석처럼 보인다. 하지만, 이것은 성령의 은사인 방언이 다른 사람들에게 (불신자와 방언의 은사를 받지 못한 신자들) 부정적인 귀결을 가진다는 점에서 오순절적 입장에 있는 학자들에 의해서 받아들여지지 않는다. 그리고 씨셀튼은 여기에서 또 다른 주석적 문제를 제기한다. 그에 따르면, 22절의 'σημεῖον + 여격'과 관련한 표현들은 모두 적절함이나 유익함의 의미를 전달하는 반면에, 외부적인 관련성, 불이익 혹은 심판의 의미를 전달하지 않는다.[34]

셋째, 두 번째 이론과 상당히 다른 주장으로서, 고든 피, 그루뎀, 씨셀튼 그리고 갈란드와 같은 일부 학자들은 22의 방언의 표적을 부정적으로 해석하기 보다는 불신자들에 대한 심판의 표적의 기능을 하는 표적의 효과를 가지고 있다고 설명한다. 특히 그루뎀은 22절을 '그러므로 방언은 신자들에 대한 것이 아니라 불신자들에 대한 표적이다 … 그러나 예언은 불신자들에 대한 것이 아니라 신자들에 대한 표적이다'라고 번역한다.[35] 그의 번역은 방언과 표적을 부정적인 의미로서 직접적으로 연결시키지 않고자 하는 것이다. 그는 14:21에

---

33 D'Aquin, *Commentaire de la Première Épître aux Corinthiens*, p. 442.

34 Thiselton, *The First Epistle to the Corinthians*, p. 1123.

35 Grudem, '1 Cor 14.20-25: Prophecy and Tongues as Signs of God's Attitude,' *WThJ* 41 (1979), pp. 381-396.

대한 기존의 전향적 해석에 근거해서 야기되는 14:22의 방언이 부정적인 표적으로 해석되는 문제를 해결하려고 한 것이다. 글래드스톤(R. J. Gladstone)은 14:22의 τοῖς πιστεύουσιν/τοῖς ἀπίστοις를 '신자/불신자가 되게 하는'으로 번역할 것을 제안함으로써, 방언이 불신자가 되게 하는 표적의 효과를 설명하였다.[36] 갈란드는, 그루뎀이나 고든 피[37]와 비슷한 견지에서, 14:22의 방언의 표적을 소외(疏外)의 표적으로 해석한다. 이에 의거해서, 표적은 상황에 따라서 이중적 의미를 갖게 된다: 방언은 불신자를 위해서는 부정적인 의미를 가지고 신자들을 위해서는 긍정적인 의미를 가진다. 신자들에게는 방언이 부정적인 표적이 될 수 없다. 단지 불신자들과 관련해서, 그들이 방언의 의미를 이해할 수 없기 때문에, 방언이 부정적인 의미의 표적이 될 수 있다고 설명한다.[38] 그의 주장은 σημεῖον의 해석의 적용을 무맥적 상황에 맞추어서 좀 더 느슨하게 적용함으로써, 씨셀튼이 지적한 주석적 한계, 즉 22절의 'σημεῖον + 여격'에서 여격이 긍정적인 의미를 전달한다는 것과 알아들을 수 없는 방언이 불신자를 위한 표적이라는 것 사이의 괴리를 극복하고자 한 시도로 보인다.

그루뎀이나 글래드스톤의 해석은 기존의 전향적 읽기에 의해서 방

36 R. J. Gladstone, 'Sign Language in the Assembly: How are Tongues as Signs to the Unbelievers in 1 Cor 14.20-25,' *AJPS* 2 (1999), pp. 184-189.

37 이와 관련한 고든 피의 설명을 위해서, G. D. Fee, 『성령: 하나님의 능력 주시는 임재(상권)』 (박규태 역) (서울: 새물결플러스, 2013), pp. 447-451을 참조하라.

38 Garland, *1 Corinthians*, pp. 650-651. 또한 Grudem, '1 Cor 14.20-25: Prophecy and Tongues as Signs of God's Attitude,' pp. 381-396; Fee, *The First Epistle to the Corinthians*, p .683을 참조하라.

언을 부정적으로 해석하게 만드는 문제를 해결하기 위한 시도였다는 점에서 그 의의가 있다. 그래서 이 세 번째 견해가 14:21-22을 전향적 관점에서 해석할 때 가장 선호될 수 있는 견해들 중의 하나가 될 수도 있다. 게다가, 22절의 여격과 관련한 주석적 문제를 제기한 씨셀튼 역시 이 견해를 선호하는 것으로 보인다.[39] 그러나 이것 역시 씨셀튼 스스로가 지적한 그 주석적 한계를 극복하지는 못하였다. 그래서 본 저서의 목적은 고전 14:21에서 바울의 구약성서 인용의 의도를 초기 기독교의 관점을 반영시키는 회고적 읽기를 통해서 그래서 14:21-22의 새로운 읽기를 통해서 주석적 문제들을 해결하는 것이다.

넷째, 스미트(J. F. M. Smit)는 다소 다른 견지에서 이 문제를 해결하려고 하였다. 그는 14:22을 불신자들이 고린도교회의 방언을 하나님으로부터 수여된 성령의 은사라기보다는 이방신들로부터 수여된 '이교도의 마니아'(pagan mania)로 오해한 것이라고 주장한다.[40] 그러나 이 주장 역시 갈란드에 의해서 반박된다. 왜냐하면 사도 바울에게 있어서, 방언은 이교도의 유산이 아니기 때문이다.[41]

다섯째, 콘첼만과 헤이스는 14:22이 사도 바울의 논리적 실수일

39 Thiselton, *The First Epistle to the Corinthians*, pp. 1122-1126.

40 Smit, 'Tongues and Prophecy: Deciphering 1 Cor 14,22,' pp. 175-190. 또한 Chester, 'Divine Madness? Speaking in Tongues in 1 Corinthians 14.23,' pp. 417-446을 참조하라.

41 Garland, *1 Corinthians*, p. 650.

것이라는 가정 위에서 이 문제를 해결하려고 하였다.[42] 앞에서 언급한 바와 같이, 콘첼만은 방언은 신자들을 위해서도 표적이 되고 예언은 불신자들에게도 효과가 있다고 설명한다. 그렇다면, 14:22을 바울의 논리적 실수로 가정하는 것이 현재까지 가장 설득력 있는 설명인 것인가? 현대 주석가들과 성서 해석자들은 우리에게 주어진 이 본문을 위한 가장 타당한 해석을 찾기 위해서 모든 것을 그리고 충분히 고려했는가? 그의 설명은 여전히 설득력이 없어 보인다. 왜냐하면 14:22이 14:21의 율법에 근거한 사도 바울의 선언이고 14:23-25은 그것에 관한 설명이기 때문이다. 그러므로 14:23-25의 설명에 기초해서 14:22의 선언을 해석하는 것은 올바른 해석적 방법이 아닐 것이다.

여섯째, 최근에 14:20-25에서 발견되는 통일성 문제에 대한 새로운 변화를 주고자 하는 시도들이 있었다. 씨셀튼은 방언을 어린아이의 언어로 해석하는 전통적 견해에 반대하며, 방언이 바울과 고린도교회에 의해서 천사의 언어와 어느 정도 일치하는 것으로 이해되었을 것이라고 가정한다.[43] 이러한 그의 가정은, 고린도교회의 방언과 바울의 πνευματικά 개념과 관련해서 중요한 이슈로서, 고전 2:13b-16이 사도 바울의 실현된 종말론에 반대되는 것이고 '고린도에서의

42 Conzelmann, *1 Corinthians*, p. 242; Hays, *First Corinthians*, pp. 239-240.

43 A. C. Thiselton, 'The "Interpretation" of Tongues: A New Suggestion in the Light of Greek Usage in Philo and Josephus,' *JThS* (1979), p. 32; 또한 Hurd Jr., *The Origin of 1 Corinthians*, pp. 112-113을 참조하라.

바울의 대적자들의 어투'가 '어떠한 인간의 지도자도 필요 없다고 생각하는 초월적-영적 열광자들의 슬로건과 결합된' 것으로 이해되어야 한다는 퍼슨(B. A. Person)의 주장에 근거한다.[44] 다시 말하자면, 바울은 그 초월적-영적 열광주의자들의 실현된 종말론에 반대한 것으로 보이고 그래서 방언 자체를 어리석은 은사로 생각했다는 기존의 견해는 어느 정도 재고(再考) 할 부분이 있다는 것이다. 최근에 이러한 해석적 경향은 초기 기독교의 비밀의 현상을 고대 다양한 종교들(유대교, 기독교와 그리스-로마의 종교들)의 황홀경과 관련시키려는 노력으로 이어진다. 이에서 더 나아가서, 14:22과 14:23-25 사이의 모순을 해결하려는 노력과 함께, 체스터(S. J. Chester)는 고린도교회의 방언을 그리스-로마의 제의적 신적 감화와 관련해서 설명한다 (Plato, Phaedr. 244A-B). 그래서 22절의 해석과 관련해서, 그는 방언이 불신자들의 관심을 유도하는 은사였고(그래서 23절의 μαίνεσθε[미쳤다]가 긍정적인 의미로 해석될 수 있다) 복음에 관해서 말하는 예언은 불신자들을 기독교로 개종시키는 은사였다고 주장한다.[45] 그러나 이 이론은 여전히 고전 14:20-25의 구조적이고 주석적인 문제를 해결하

---

44 A. C. Thiselton, 'Realized Eschatology at Corinth,' in *Christianity at Corinth* (E. Adams and D. G. Horrell eds.) (London: Westminster John Knox Press, 2004), pp. 107-118; *The First Epistle to the Corinthians*, p. 252. 또한 B. A. Pearson, *The Pneumatikos-psychikos terminology in 1 Corinthians; A Study in the Theology of the Corinthian opponents of Paul and its Relation to Gnosticism* (SBLDS 12; Montana, 1973), p. 38을 참조하라.

45 Chester, 'Divine Madness? Speaking in Tongues in1 Corinthians 14.23,' pp. 417-446; cf. M. W. Meyer (ed.), *The Ancient Mysteries* (Philadelphia, Pennsylvania: University of Pennsylvania Press, 1987), pp. 225-227의 참고문헌을 참조하라.

지 못한다. 다시 말해서, 비록 방언과 관련해서 14:22a과 14:23 사이의 모순이 어느 정도 해소될 수 있는 것처럼 보인다고 할지라도, 그것은 14:21b과의 새로운 모순이 생기고(21b절의 '그들이 여전히 듣지 아니하리라'와 23절의 μαίνεσθε를 긍정적인 의미에서 '너희가 영감 받았다'로 해석하는 것 사이의 모순) 그리고, 또한 예언과 관련해서 14:22b와 14:24–25 사이의 모순은 여전히 해결해야 될 과제로 남게 된다. 게다가, 방언과 유대교와의 연속성의 문제와 관련해서, 카슨(D. A. Carson)은 고전 2:6–16에서 바울이 설명하는 '성령으로 비밀을 말하는 것'에서 그 비밀에는 불연속성과 함께 연속성이 공존한다고 주장한다. 즉, 바울의 언어는 단지 전문적 표현과 묵시적 양식을 반영하는 것이다.[46]

하지만, 바울이 설명하는 '오직 성령으로만'이라는 비밀과 계시의 불연속성은, 카슨과 샌더스(E. P. Sanders) 혹은 새관점 학파 학자들(New Perspective scholars) 사이의 논쟁인, 유대교와의 관련성의 문제로 논의를 확대하기보다는, 본 저서에서 주장되듯이, 먼저 고린도전서 안에서 성령의 은사의 사용법과 관련해서 통일성 있는 설명을 찾는 것이 선행되어야 할 것이다. 이 문제와 관련해서, 본 저자가 제시하는 결론을 미리 말하자면, 고린도전서 안에서 바울의 주장은 다음

46 D. A. Carson, 'Mystery and Fulfillment: a More Comprehensive Paradigm of Paul's Understanding of the Old and the New,' in *Justification and Variegated Nomism*, Vol, 2 (D. A. Carson, P. T. O'Brien, and M. A. Seifrid eds.) (Tübingen: Mohr Siebeck, 2004), pp. 413-425.

과 같다. 성령의 은사들(τὰ πνευματικά)은 오직 성령의 사람들에 의해서만(πνευματικοῖς) 판단될 수 있다(2:13-15; 14:22).

이와 같이, 학자들은 고전 14:22의 주석적 문제를 해결하기 위해서 다양한 견해를 제시하였다. 이 다양한 견해들 중에서 절충안(折衷案)을 찾아서 해결할 수도 있을 것이다.[47] 그러나 그들은 고전 14:21의 구약성서 인용과 관련한 상호 텍스트성을 위해서 전향적 읽기를 선택하였을 뿐만 아니라 또한 14:22의 εἰς σημεῖόν εἰσιν을 εἶναι εἰς σημεῖόν으로 읽는다.

그런데 기존의 해석은 그 전향적 읽기가 고전 14:21-22에 어떻게 언어학적으로 통일성 있는 해석에 영향을 미치는지 설명하지 않으면서 고전 14:20-25 안에서 22절의 모순만을 해결하려고 시도하였다. 비록 위에서 언급된 학자들 사이에서 14:20-25의 문맥상의 정황과 그에 따른 다소 견해의 차이가 발견된다 할지라도, 그들은 모두 다 이구동성으로 14:20-25에서 바울의 진의(眞意)를 예언의 우월성으로 해석하면서 14:1-19에서 설명되는 바울의 논지와 일치시킨다. 그래서 그들은 14:20-25을 14장의 첫 번째 파트의 마지막 단락에 포함시킨다. 그들은 그 첫 번째 파트(14:1-25)의 주제, 즉 방언보다 예언의 우월함에 의해서 14:20-25을 해석하면서, 14:23-25의 빛 안에서 14:21-22을 해석해야 한다고 주장한다.[48] 그래서 지금까

47 사실, 씨셀튼의 주석적 방법은 학자들의 다양한 견해들을 소개하고 그리고 그 중에서 절충안을 찾아서 해결하는 경향을 보인다.

48 Fee, *The First Epistle to the Corinthians, pp. 652-688;* Thiselton, *The First Epistle*

지 다수의 학자들은 14:20-25의 주제를 예언의 만능적 효용성(예언은 신자들과 불신자들 모두를 위한 은사)으로 가정해왔고 그리고 이러한 해석적 패러다임은 14:22b와 14:24-25의 모순에 대해서 관대한 해석적 입장을 취해왔다(14:22b는 '예언은 불신자들을 위한 것이 아니라 신자들을 위한 것이다'라고 말하는데 반해서 14:24-25은 예언을 불신자들을 위한 것으로 묘사한다).

그러한 관대한 태도는 결국 사 28:11 LXX와 고전 14:21 사이의 상호 텍스트를 위한 전향적 읽기가 14:21-22의 통일성 있는 읽기에 어떻게 연결되는지에 관한 설명의 부재 속에서 14:22의 주석적 문제들을 우회적(迂廻的)으로 해결하려는 경향을 만들었을 뿐만 아니라 또한 고린도교회가 다 같이 방언을 말하고 다 같이 예언을 말하는 것에 대한 문제를 제기하지 않게 되었다. 그리고 기존의 해석적 경향은 고린도교회의 모든 신자가 예언을 말하면서 책망과 판단을 하게 되면, 불신자가 모든 신자에게 판단을 받게 되고 심지어 그 마음의 숨은 일들까지 드러날 정도로 판단 받는 것에 관한 문제가 생긴다. 과연 이러한 방식의 불신자 복음화가 바울의 ἀγάπη와 그의 복음의 개념과 일치하는 것인가?

---

to the Corinthians, pp. 1074-1130; Hays, *First Corinthians*, pp. 233-252; Garland, *1 Corinthians*, pp. 644-654; D'Aquin, *Commentaire de la Première Épître aux Corinthiens*, pp. 65, 440-447; Keener, *1-2 Corinthians*, pp. 111-121; Collins, *First Corinthians*, pp. 504-511; Schrage, *Der erste Brief an die Korinther*, pp. 406-414; Barclay, '1 Corinthians,' p. 1129; Chester, 'Divine Madness? Speaking in Tongues in 1 Corinthians 14.23,' pp. 417-446.

고린도교회의 판단의 문제와 관련해서, 14:24–25에서 묘사되는 고린도교회의 예언 사용은 4:3–5에서 설명되는 바울의 권고와 모순된다. 4:3–5에서 바울이 '주께서 오시기까지 아무 것도 판단하지 말라' 그리고 '주께서 오시기까지 마음의 감춰진 것이 드러날 정도까지는 판단하지 말라'고 권고한 것이 14:24–25에서 묘사되는 고린도교회의 예언 사용법과 모순된다. 게다가, 14:23–25의 다 같이 방언을 말하고 다 같이 예언을 말하는 것이 14:26–31에서 바울이 제시하는 방언과 예언의 사용법과 모순된다. 이와 같이 기존의 해석적 경향은 예언과 관련한 또 다른 주석적 문제를 야기한다. 그러나 본 저자는 14:21–22의 회고적 읽기를 통해서 21–22절의 통일성 있는 읽기를 설명할 것이다. 그리고 그 21–22절의 통일성 있는 새로운 읽기가 26절 이하와 통일성을 이루기 때문에, 그것에 근거해서 14장의 새로운 구조를 제안할 것이다. 이것을 위해서 본 저서는 다음 III장에서 14:21의 회고적 읽기와 14:22의 εἰς σημεῖόν εἰσιν의 새로운 번역을 설명할 것이다.

III

고린도전서 14장 회고적 읽기

Ἀδελφοί,
μὴ παιδία γίνεσθε ταῖς φρεσὶν
ἀλλὰ τῇ κακίᾳ νηπιάζετε,
ταῖς δὲ φρεσὶν τέλειοι γίνεσθε.

본 저자는 본 장에서 14:21의 읽기 방법과 관련해서, 통시적 이해를 소개할 것이다. 21절의 통시적 이해를 위해서 전향적 읽기보다는 회고적 읽기가 더 타당한 이유를 설명하고 그리고 그 읽기에 의한 '다른 방언으로 말하다'의 공시적 의미에 관해서 살펴볼 것이다. 그리고 14:22을 새롭게 번역할 것이다.

고전 14:21의 전향적 읽기와 회고적 읽기

1. 전향적 읽기(사 28:11, 3 Hodayot 그리고 고전 14:21)

본 저자는 최근에(2016년) 사 28:11 LXX, 3 Hodayot(혹은 1QH[a], 이후부터는 הדית을 '호다욧' 혹은 1QH[a]로 표기한다) 그리고 고전 14:21 사

이의 상호 텍스트성에 관한 연구를 하였다.[49] 지금까지 대부분의 주석가들은 고전 14:21의 구약성서의 인용 문제와 관련한 상호 텍스트성을 위해서 사해문서 안에서, 특히 찬양 시편인 호다욧의 중요성을 간과하였다. 바울이 사 28:11 LXX과 관련해서 호다욧의 존재와 그 내용 혹은 그것과 관련한 유대적 전통을 알지 못했다고 가정하는 것이 어렵다.[50] 만일 그렇다면, 고전 14:21의 율법 인용 문제와 관련해서 1QH[a]는 중요하다. 왜냐하면 1QH[a]는 사 28:11을 매우 중요하게 다루고 있기 때문이다. 그렇다면 호다욧에서 발견된 사 28:11의 인용에 관한 고찰이, 특별히 다른 방언에 관한 의미변화(semantic change)와 관련해서, 고전 14:21의 전향적 읽기와 회고적 읽기에 어떻게 영향을 미칠 수 있는지 살펴보는 것이 중요하다.

בלעגי שפה ובלשון אחרת (더듬는 입술과 다른 방언으로) 사 28:11

לועג שפה ולשון אחרת (더듬는 입술과 다른 방언으로)
1QH[a] 12:16-17

ערול שפה ולשון אחרת (할례 받지 않은 입술과 이상한(weird)[51]

---

49 S. Kim, '1 Cor 14:21, and its Intertexts of Is 28:11 and 3 *Hodayot*', *JYT* 37 (2016), pp. 137-158.

50 비록 호다욧과 고전 14:21 사이의 상호 텍스트성이 주석가들의 관심을 받지는 못했지만, 최근에 상당수의 학자들은 사해문서가 바울에게 영향을 미쳤을 것이라고 가정한다. 이것에 관해서는, S. F. Noll, 'Qumran and Paul,' in *DPL*(G. F. Hawthorne, R. P. Martin, and D. G. Reid eds.) (Le*i*ce*s*ter, England: IVP, 1993), pp. 777-783을 참조하라.

51 אחרת를 '이상한'(weird)로 번역하는 것은 *The Dead Sea Scrolls Study Edition*

방언으로) 1QH[a] 10:18–19

1QH[a] 12:16–17은 사 28:11의 '더듬는 입술과 다른 방언'을 수정 없이 그대로 인용한다. 그리고 호다욧 필사자는 1QH[a] 10:18–19에서 사 28:11의 '더듬는 입술과 다른 방언'을 '할례 받지 않은 입술과 다른 방언'(ערול שפה ולשון אחרת)으로 변형시킨다. 고대 유대-기독교 세계 안에서 '다른 방언'에 대한 적어도 두 가지 언어학적 해석 전통이 있었고 서로 상반된 방향으로 발전하였을 것이다. 먼저, 이사야-호다욧의 상호 텍스트성은 유대 전승 안에서 '입술'과 '혀'(방언)의 병치를 보여준다. 그 병치 구조에서 '더듬는 입술'이(사 28:11; 1QH[a] 12:16–17) '할례 받지 않은 입술'(10:18–19)로 언어학적 변태(linguistic metamorphosis)가 발생한다.

호다욧에서 '할례 받지 않은 입술과 다른 방언'의 병치 본문이(10:18–19) '더듬는 입술과 다른 방언'(12:16–17)보다 먼저 위치된다. 호다욧에서 12:16–17의 '더듬는 입술'과 10:18–19의 '할례 받지 않은 입술'은 26:12의 '신실한 입술'과 상반된 개념을 가진다. 홀름-닐센(S. Holm-Nielsen)에 의하면, 10:7('당신은 내 입술의 무할례에 혀의 응답을 주시나이다')에서 '혀의 응답'(מענה לשון)이라는 어구가 호다욧에서 자주 사용되는데(7:10, 13; 11:34; 16:6; 17:17), 이것은 의도적으로 잠 16:1을 인용한 것으로서 이 어구가 후기 유대 문헌에서 자주 사용된

(edited by F. G. Martínez and E. J. C. Tigchelaar)로부터 인용된 것이다.

표현이었다는 것을 말해준다.[52]

그는 또한 사 28:11이 1QH[a] 10:18–19과 12:16–17에서 직접 인용되었음을 지적하면서, 그 두 호다욧에서 '더듬는 입술과 다른 방언' 그리고 '할례 받지 않은 입술과 다른 방언'은 사 28:11의 문맥적 상황과 상응하는 것으로서 거짓 예언자들에게 주어진 하나님의 응답으로 이해되었다고 설명한다.[53]

따라서 호다욧에서, '신실한 입술'(1QH[a] 26:12)에 상반된 개념을 가지는 '더듬는 입술'(12: 16–17)이 '할례 받지 않은 입술'(10:18–19)로의 언어학적 변태가 발생하면서 '다른 방언'을 부정적인 의미로 해석한다. 이것을 통해서, 호다욧에서 '다른 방언'과 짝을 이루는 단어인 '입술'의 언어학적 변태를 통해서 그 부정적 의미가 강화됨을 알 수 있다. 이러한 형식을 통해서, 호다욧에서 '다른 방언'이 쿰란 공동체의 지혜 교사의 적대자를 지칭하는 '벨리알(사탄)의 회중의 언어'라는 부정적인 의미변화(semantic change)가 발생한다(참조. 1QS 5:25-26; 1QH[a] 14:20-21).

이러한 것을 고려할 때, 사 28:11, 3 호다욧(1QH[a] 10:18–19;

52 S. Holm-Nielsen, *Hodayot: Psalms from Qumran* (Aarhus: Universitetsforlaget I Aarhus, 1960), p. 37.

53 Holm-Nielsen, *Hodayot: Psalms from Qumran*, pp. 77, 88. Julie A. Hughes 또한 S. Holm-Nielsen의 주장을 지지하면서, 12:16-17의 문맥적 상황이 사 28장과 일치한다고 말한다. J. A. Hughes, *Scriptural Allusions and Exegesis in the Hodayot* (Leiden: Brill, 2006), pp. 111-113.

12:16–17; 26:12–16) 그리고 고전 14:21의 상호 텍스트성을 위한 전향적 읽기는 고전 14:21의 '다른 방언'과 '다른 입술'을 부정적인 의미로 해석하게 된다.

쥴리 휴스(Julie A. Hughes)가 설명하듯이, 사 28:11의 문맥적 상황에서 '다른 방언'은 술 취한 제사장들과 예언자들에게 주어진 하나님의 심판의 의미를 가진다.[54] 사 28:11의 인용과 관련해서, 다수의 주석가들은 고전 14:21의 문맥적 상황이 사 28장의 문맥적 상황과 어느 정도 상응한다고 가정하면서 14:21을 전향적으로 읽는다. 그래서 그들은 바울의 진의를 담고 있는 본문은 14:21–22이 아니라 14:23–25이라고 주장한다. 이 기존의 이론에 의하면, 바울이 율법을 인용한 이유는 방언의 은사에 지나치게 탐닉되어 있던 고린도교회의 잘못된 방언사용을 교정하기 위한 것이다.[55] 이러한 이유로 인해서 그들은 바울이 방언의 은사를 자신의 πνευματικά의 범주 안에 포함시키기를 꺼려했을 것이라고 가정한다.

그러나 이 가정은 앞에서 설명한 바와 같이, 14:20–25의 문맥에서 14:22의 모순을 야기한다. 그리고 이러한 전향적 해석은 헤이스가 지적한 바와 같이, 지양되어야 할 것이다. 왜냐하면 진정한 상

---

54 Hughes, *Scriptural Allusions and Exegesis in the Hodayot*, p. 113.

55 Collins, *First Corinthians*, pp. 504-511; Fee, *The First Epistle to the Corinthians*, pp. 680-688; Thiselton, *The First Epistle to the Corinthians*, pp. 1118-1130; Schrage, *Der erste Brief an die Korinther*, pp. 406-414; Hays, *First Corinthians*, pp. 239-240; Barclay, '1 Corinthians,' p. 1129; Chester, 'Divine Madness? Speaking in Tongues in 1 Corinthians 14.23,' pp. 417-446.

호 텍스트 해석은 본문에 대한 역사적인 연구나 학문적인 문예 분석에 달려 있는 것이 아니라 바울의 독자인 믿음의 교회 공동체를 위한 말씀으로 계시되는 성령의 사역을 통해서 구약성서가 복음을 드러내는 것이기 때문이다.[56] 게다가, '다른 방언'을 위한 호다욧의 증거는 고전 14:21과의 상호 텍스트로 고려될 때, 독자를 방언에 관한 지나치게 부정적인 해석으로 인도한다. 그렇다면 다음 장에서는 전향적 읽기와 상반되는, 기독교 공동체의 믿음에 더 적합한 회고적 읽기에 관하여 살펴볼 것이다.

2. 회고적 읽기(사 28:11 LXX와 고전 14:21)

앞에서 설명한 바와 같이, 회고적 읽기는 기독교 공동체 안에서 확인된 믿음을 반영하는 해석 방법이다. 그렇다면 먼저 고전 14:21의 '다른 방언'에 어떤 그리고 어떻게 초기 기독교 공동체의 신앙이 반영되었는지를 가정하자면, 첫째, 호다욧에서 '벨리알의 언어'라는 매우 부정적인 의미로 표현된 '다른 방언'이 그와는 정 반대로 초기 기독교 공동체에는 최상의 의미로서 성령의 언어를 지칭한다(행 2:4). '다른 방언으로 말하다'(λαλεῖν ἑτέραις γλώσσαις)라는 표현이 믿음의 공동체에게는 분명히 오순절적 성령의 언어로 이해되었을 것이고 그것에 의해서 사 28:11 LXX와 신약성서의 방언 본문들(고전 14:21과 행 2:4)의 상호 텍스트성을 회고적으로 읽고 해석하였을 것이다.

---

56 Hays, 『바울서신에 나타난 구약의 반향』, p. 251.

둘째, 포브스(C. Forbes)는 사 28:11의 '다른 방언'이 초기 기독교의 방언 현상을 가리키는 것은 아니지만 그 둘 사이의 연결성이 있음을 지적하면서 거기에서부터 '다른 방언'의 용어가 파생되었다고 설명한다.[57] 포브스의 주장은 설득력이 있어 보인다. 왜냐하면 그는 초기 기독교의 방언과 필적할만한 것이 그레꼬-로마 종교 제의에서 발견되지 않는다는 가정 위에서, 다른 학자들과 달리 기독교 방언을 천사의 언어와 관련해서 이해하는 것에 동의하지 않고 대신에 바울의 경우에 방언과 통역 사이의 긴밀한 관련성이 강조되었다고 주장하기 때문이다.[58]

그는 '다른 방언'의 용어가 초기 기독교에서 보편적으로 설명되는 신앙에서 파생되었다고 가정함으로써, 바울과 누가 사이에 발견되는 방언에 관한 통일성을 '학습을 통하지 않고 얻게 된 사람의 언어를 말하는 능력'으로 설명하고 그 용어를 초기 기독교의 전문 용어로 제안한다.[59] 이와 같은 포브스의 주장은 '다른 방언으로 말하다'라는 표현에 대한 회고적 읽기의 정당성을 지지한다. 그렇다면 '다른 방언으로 말하다'와 관련한 이러한 회고적 읽기가 고전 14:21과 어떤

---

57 C. Forbes, *Prophecy and Inspired Speech in Early Christianity and its Hellenistic Environment* (WUNT 2.75; Tübingen: Mohr Siebeck, 1995), p. 46, n. 6.

58 Forbes, *Prophecy and Inspired Speech in Early Christianity and its Hellenistic Environment*, passim.

59 Forbes, *Prophecy and Inspired Speech in Early Christianity and its Hellenistic Environment*, pp. 71-74, 100, 316-321. 그가 말하는 '사람의 언어'는 바울이 설명하는 방언을 천사의 언어와 관련해서 해석하는 최근의 경향에 반대하는 표현이다. 게다가, 그는 방언과 통역 사이의 긴밀한 관련성에 집중한다.

상관관계를 가지는지를 살펴보고자 한다.

첫째, 사 28:11 LXX와 고전 14:21-22 사이의 언어학적 통일성을 통한 '다른 방언'의 의미 변화가 발생한다. 바울의 동시대에 '다른 방언'에 관한 적어도 두 종류의 전통이 있었을 것이다. 하나는 사 28:11과 2 호다욧(1QH[a] 12:16-17와 10:18-19)의 상호 텍스트성이 보여주는 전통, 그리고 다른 하나는 사 28:11 LXX과 고전 14:21의 상호 텍스트성이 보여주는 전통. 이사야-호다욧 사이의 상호 텍스트성에 반영된 호다욧 서기관(들)의 '다른 방언' 해석에 상반되게, 바울은 사 28:11 LXX와 고전 14:21-22 사이의 정교한 언어학적 통일성을 보여줌으로써 '다른 방언'이 '이 백성에게' 말하는 것이라는 그의 논지를 잘 표현한다. 사 28:11 LXX와 고전 14:21 사이에 언어학적 통일성을 이루는 τῷ λαῷ τούτῳ는 2 호다욧에서는 발견되지 않는 표현이다.[60]

둘째, 갈란드는 고전 14:21의 구약성서 인용과 관련해서 호다욧을 고려하지 않고 오직 70인역과 마소라 본문을 고려하면서 고전 14:21과 사 28:11 사이의 9가지 차이점들을 나열한다. 그는 그 차이점들이 바울의 율법 인용 의도를 잘 보여준다고 설명한다. 그는 그

60 S. Kim, '1 Cor 14:21, and its Intertexts of Is 28:11 and 3 *Hodayot*', pp. 150-153을 참조하라. 본 저자는 위 논문에서, 불신자들이 신자들의 방언에 대해서 μαίνεσθε라고 부정적으로 반응하는 고린도교회의 상황에서(고전 14:23) 그리고 그 불신자들 중에 호다욧 전통을 알고 있는 엘리트 불신자들이 포함되었을 경우, 사 28:11 LXX와 고전 14:21 사이의 τῷ λαῷ τούτῳ를 통한 언어학적 통일성이 가지는 의미에 대해서 논하였다.

바울의 율법 인용 의도를 전향적으로 해석한다.[61] 그러나 본 저자는 고전 14:21과, 그리고 사 28:11과 2 호다욧의 상호 텍스트 사이의 차이점들에 관하여 논한다.

그리고 그 차이점들은 바울의 구약성서 인용 의도를 잘 반영한다고 가정한다. 그리고 그 차이점들은 회고적 읽기를 반영한다. 이사야-호다욧 상호 텍스트의 a(할례 받지 않은/더듬는) - b(입술) - b'(방언) - a'(이상한)의 배열과 정반대로, 바울은 고전 14:21에서 a'b'(ἑτερογλώσσοις) - b(χείλεσιν) - a(ἑτέρων)의 새로운 언어 배열을 보여준다. 바울의 언어적 배열에서 '다른 방언'이 강조된다. 그것의 샌드위치 배열에서 '이상한'이 '혀'와 '입술'을 감싸게 만든다. 그리고 이사야-호다욧에서 '더듬는/할례 받지 않은 입술'이 강조되면서 그것이 뒤따라 나오는 '다른 방언'의 의미에 영향을 미친 것과 상반되게, 고전 14:21에서는 '다른 방언'(ἑτερογλώσσοις)이 먼저 위치되고 그 뒤에 언급되는 '입술'은 '더듬는 입술'(사 28:11의 φαυλισμὸν χειλέων)에서 '다른 사람들의 입술'(고전 14:21의 χείλεσιν ἑτέρων)로의 언어변태가 발생한다.

이와 같이 고전 14:21에서는 '다른'(ἕτερος)을 통한 언어학적 통일

61 Garland, *1 Corinthians*, pp. 645-648. 갈란드에 의하면, 스탠리(C. Stanley)는 그 차이점들이 바울이 70인역 전통의 개정본을 인용하였기 때문인지 아니면 완전히 다른 번역을 인용하였기 때문인지 결정하기가 어렵다고 말한다. C. D. Stanley, *Paul and the Language of Scripture: Citation Technique in the Pauline Epistles and Contemporary Literature*, SNTSMS 74 (Cambridge: Cambridge University Press, 1992), pp. 198-201.

성을 갖게 된다(또한 행 2:4의 '다른 방언'). 그러므로 공시적 이해에 기초해서 '다른 방언'이 강조되는 것은 그 은사를 성령의 은사로 포함시키는 것이다.

이것은 분명 오순절적 성령의 언어라는 의미변화(semantic change)로 해석될 수 있을 것이다. 사 28:11과 2 호다욧의 상호 텍스트성에 반영된 전통과 다른 방향으로 발전된 고전 14:21의 '다른 방언'의 의미 변화는 바울의 회고적 읽기를 반영한다. 해리스빌(Harrisville)은 바울이 70인역도 마소라 본문도 따르지 않고 그리고 그의 구약성서 인용문과 아퀼라(Aquila)가 제시한 번역문(주후 100년경) 사이에 일치점이 있다고 제안한다(예를 들면, ἑτερογλώσσος라는 복합명사를 사용한 점, 이사야서 원문의 순서를 바꿔 '방언'과 '입술'로 기록한 점 그리고 χείλεσιν ἑτέρων의 동일한 표현).[62]

그런데 중요한 것은 아퀼라 버전이 고린도전서보다 이후의 것이라는 것이다. 그리고 고전 14:21과 아퀼라 버전 사이에서 발견되는 그 일치점들은 사 28:11과 2 호다욧의 상호 텍스트를 반영하는 전통보다는 고전 14:21의 회고적 읽기를 반영하는 표현들이다. 이 증거가 바울의 동시대에 '다른 방언'에 관한 적어도 두 가지 전통이 있었다는 것을 말해준다.

셋째, 고전 14장에서 '다른 방언'의 의미 변화를 통한 문맥적 의미

---

62 R. A. Harrisville, 'Speaking in Tongues: A Lexicographical Study,' *CBQ* 38 (1976), pp. 42-45. 해리스빌은 바울과 아퀼라 둘 다 지금은 전해지지 않는 소실된 그리스어 본문에 의존했을 가능성을 제시한다.

는 바울이 방언의 은사를 자신의 πνευματικά 개념 안에 포함시키는 것이다.

예를 들면, 사 28:11 LXX의 διὰ γλώσσης ἑτέρας는 고전 14:21에서 ἐν ἑτερογλώσσοις로 변형된다. 사 28:11 LXX의 διὰ γλώσσης ἑτέρας는 28:7에서 부정적인 의미로 사용된 διὰ τὸ σικερα(독주로 말미암아)와 διὰ τὸν οἶνον(포도주로 말미암아)에 일치하는 대구적 표현이다. 그런데 바울은 사 28:11 LXX의 διὰ φαυλισμὸν χειλέων διὰ γλώσσης ἑτέρας를 고전 14:21에서 ἐν ἑτερογλώσσοις καὶ ἐν χείλεσιν ἑτέρων로 변형시킨다. 사 28:11 LXX의 διὰ γλώσσης ἑτέρας를 먼저 사 28장의 문맥적 상황에서 살펴보아야 하듯이, 고전 14:21의 ἐν ἑτερογλώσσοις 역시 14장의 문맥적 상황에서 설명해야 할 것이다.

14:21의 ἐν ἑτερογλώσσοις는 완전히 새로운 의미로서, 14:6의 교회의 덕을 세우는 은사들인 ἢ ἐν ἀποκαλύψει ἢ ἐν γνώσει ἢ ἐν προφητείᾳ ἢ [ἐν] διδαχῇ와 평행한 대구적 표현이다. BDF에 따르면, 'ἐν + 여격'은 손이나 입과 같은 신체 일부에 대한 히브리적 수사학 표현이다. 이것은 헬라어 문법만으로는 표현할 수 없는 인격적 주체의 의미를 어느 정도 반영한다.[63] 게다가, 사 28:11 LXX에서는 λαλέω 동사가 3인칭 복수형(λαλήσουσιν)으로 사용되었지만, 고전 14:21에서는 1인칭 단수(λαλήσω)로 사용되면서 '다른 방언'에 새로운 이해가 반영된다. 이것을 고려할 때, 고전 14:21의 ἐν

63 BDF, § 195 (1).

ἑτερογλώσσοις καὶ ἐν χείλεσιν ἑτέρων λαλήσω λέγει κύριος의 표현을 통해서 우리는 바울이 지식(ἐν γνώσει), 예언(ἐν προφητείᾳ) 그리고 가르치는 은사([ἐν] διδαχῇ)에 성령의 인격적 주체의 의미를 부여하듯이, 방언의 은사에도 동일한 의미를 부여하면서 방언을 그의 πνευματικά의 범주 안에 포함시키고 있음을 알 수 있다.

넷째, 전향적 읽기에 의하면, 고전 14:21의 '그들이 여전히 듣지 아니하리라'는 표현은 이사야의 시대에 알아들을 수 없는 예언적 언어가 심판의 의미를 가지듯이, 알아들을 수 없는 방언의 은사가 불신자를 회개하게 만들 수 없기 때문에, 이것은 바울의 부정적인 논지를 보여주는 것으로 이해되었다.[64]

그러나 사 28:11 LXX와 고전 14:21 사이의 상호 텍스트성에 관한 회고적 읽기는 바울과 바울의 교회 공동체 독자들이, '다른 방언으로 말하다'에서 λαλέω 동사를 1인칭 단수로 사용한 것을 고려할 때, 방언의 알아들을 수 없는 성격 때문에 그 은사를 부정적으로 회고하였다기보다는 오히려 방언 통역의 필요성을 강조하는 것으로 회고하였을 것으로 보인다(예언자가 다른 사람의 말을 통역해주는 것에 관해서 Vit. Mos. 1:286의 ἐνθουσιῶν διερμηνεύοι τὰ ἑτέρου; 통역이 주는 유익에 대해서 Leg. All. 3:87을 보라).

64 예를 들면, *Garland, 1 Corinthians*, p. 648을 보라.

3. '다른 방언으로 말하다'에 대한 공시적 이해

앞에서 고전 14:21의 상호 텍스트성에 관해서 통시적 접근방법으로서 전향적 읽기와 회고적 읽기에 관하여 논의하였다. 그래서 고전 14:21을 위한 통시적 방법으로서 전향적 읽기의 부적합성을 설명하였고 대신에 회고적 읽기를 제안하였다.

그렇다면 이제 여기에서는 사 28:11 LXX의 '다른 방언'과 초기 기독교의 그것 사이의 회고적 읽기와 관련한 공시적 이해를 살펴볼 것이다. 상호 텍스트성을 위한 회고적 읽기에서 중요한 것은 기독교 공동체 신앙의 반영이다. 그래서 기독교 공동체의 회고가 상호 텍스트성에 어떻게 반영되었는지가 중요하다.

사 28:11의 '다른 방언'에 관한 기독교의 인용이 고전 14:21뿐만 아니라 행 2:4에서 공시적으로 발견된다. 고전 14:21과 행 2:4의 λαλεῖν ἑτέραις γλώσσαις에서 사 28:11이 인용되는 방법은 본 연구를 위해서 중요한 정보를 제공한다. 행 2:4의 λαλεῖν ἑτέραις γλώσσαις가 고전 14:21의 회고적 읽기를 위한 본 연구에 도움을 줄 수 있다. 그 이유는 먼저, 초기 기독교 안에서 행 2:4의 '다른 방언으로 말하다'와 고전 14장의 그것 사이의 연결을 의심하는 학자는 거의 없다. 게다가, 대부분의 주석가들은 고전 14:21뿐만 아니라 행 2:4도 초기 기독교의 '다른 방언'의 표현을 위해서 사 28:11로부터 인용하였다고 가정한다.

그래서 그들은 행 2:4의 λαλεῖν ἑτέραις γλώσσαις와 고린도전서의 λαλεῖν γλώσσαις 사이의 연결성을 고려하면서, 행 2:4의 ἑτέραις γλώσσαις가 사 28:11 LXX로부터 빌려온 누가의 언어학적 표현이라고 가정한다.[65] 여기에서 학자들의 논쟁은 행 2:4의 '다른 방언으로 말하다'가 '다른 언어'로 말하는 기적을 가리키는지 아니면 제자들의 (알아들을 수 없는) '방언'을 각각 난 곳 언어로 듣게 된 기적을 의미하는지와 관련해서, 주로 그것의 언어적 특성에 관한 것이다. 포브스 역시 사 28:11의 '다른 방언'이 초기 기독교의 방언 현상을 가리키는 것은 아니지만, 그 둘(사 28:11의 '다른 방언'과 초기 기독교의 '다른 방언') 사이의 연결성이 있음을 지적하면서, 이사야에서부터 초기 기독교의 '다른 방언'의 용어가 파생되었다고 설명한다.[66]

여기에서 우리의 관심은 고전 14:21의 회고적 읽기에 관한 것이다. 오순절 성령 사건을 기록하고 있는 행 2:4에 사 28:11에 대한 회고적 해석이 담겨 있을 것은 의심할 수 없는 사실이다. 왜냐하면 사 28:11의 알아들을 수 없는 다른 방언이 다소 부정적으로 묘사된 것에 반해서 행 2:4에서는 그것이 기독교의 오순절 성령의 언어로 묘사되기 때문이다. 포브스는 초기 기독교의 방언과 필적할만한 것이

65 K. Haacker, 'ἕτερος,' in *EDNT*, vol. 2 (H. Balz and G. Schneider eds.) (Grand Rapids, Michigan: Eerdmans, 1991), p. 66; C. S. Keener, *Acts*, EC vol. 1: Introduction and 1:1-2:47 (Grand Rapids, Michigan: Baker Academic, 2012), pp. 821-823; E. J. Schnabel, *Acts*, ECNT (Grand Rapids, Michigan: Zondervan, 2012), p. 115; B. Witherington, III, *The Acts of the Apostles: A Socio-Rhetorical Commentary* (Grand Rapids, Michigan: Eerdmans, 1998), p. 133; D. E. Haenchen, 『사도행전』(I), 국제성서주석 (이선희, 박경미 역) (서울: 한국신학연구소, 1987), p. 272 등을 참조하라.

66 Forbes, *Prophecy and Inspired Speech in Early Christianity and its Hellenistic Environment*, p. 46, n. 6.

그레꼬-로마 종교 제의에서 발견되지 않는다는 가정 위에서 그리고 기독교 방언을 천사의 언어와 관련해서 이해하는 일부 학자들에 반대하면서, 바울의 경우에 방언과 통역 사이의 긴밀한 관련성이 강조되었다고 주장한다.[67]

초기 기독교의 '다른 방언'에 대한 그의 회고적 해석은 중요하다. 앞에서 이미 설명한 바와 같이, 그는 '다른 방언'의 용어가 초기 기독교에서 보편적으로 설명되는 신앙에서 파생되었다고 가정함으로써, 바울과 누가 사이에 발견되는 방언에 관한 통일성을 '학습을 통하지 않고 얻게 된 사람의 언어를 말하는 능력'으로 설명하고 그 용어를 초기 기독교의 전문 용어로 제안한다.[68]

그렇다면 여기에서 우리는 먼저 행 2:4에 반영된 회고적 읽기가 고전 14:21의 회고적 읽기에 어떤 도움을 줄 수 있는지를 살펴볼 것이다. 그것에 대한 답변은 '다른 방언'에 관한 기독교적 회고적 읽기는 '그것을 성령의 언어로 설명 한다'로 설명될 수 있다.

행 2장에서 오순절 성령과 방언 말함 사이의 언어학적 관련성이 발견된다. 누가는 사도행전에서 성령에 대한 다양한 표현을 사용한다: τὸ πνεῦμα, τὸ πνεῦμα τὸ ἅγιον, τὸ πνεῦμα κυρίου 그리고 τὸ πνεῦμα Ἰησοῦ (1:16; 2:4; 5:32; 8:18, 29; 10:19, 44; 11:12, 15; 13:2;

67 Forbes, *Prophecy and Inspired Speech in Early Christianity and its Hellenistic Environment*, passim.

68 Forbes, *Prophecy and Inspired Speech in Early Christianity and its Hellenistic Environment*, pp. 71-74, 100, 316-321.

16:7; 19:6; 20:23, 28; 21:11; 28:25). 이 중에서 동사 λαλέω와 함께 사용된 경우는 2:4; 10:44–46과 19:6이다. 행 2:4뿐만 아니라 10:44–46과 19:6에서도 오순절 성령을 가리키는 πνεύματος ἁγίου, τὸ πνεῦμα 그리고 τὸ πνεῦμα τὸ ἅγιον은 방언 말함과 직접적 관련성을 가진다.

흥미로운 것은, 오순절 성령과 동사 λαλέω가 함께 언급된 경우 중에서 유일하게 예언이 언급된 19:6에서, 동사 λαλεῖν은 명사형 방언과만 연결되고 동사 '예언하다'와는 직접적 연결성을 가지지 않는다(ἐλάλουν τε γλώσσαις καὶ ἐπροφήτευον). 행 2:4에서와 같이, 고전 14:21에서 바울 역시 그것을 성령의 언어로 묘사하고 있다. 사 28:11 LXX의 λαλέω 동사가 3인칭 복수로 사용된 것에 반해서(λαλήσουσιν), 고전 14:21에서는 1인칭 단수로 사용되면서 '성령의 언어'로 의미변화(semantic change)가 발생한다. 게다가, 최근에 마빈 메이어(Marvin W. Meyer)와 카슨과(D. A. Carson) 같은 일부 학자들은 14:2의 방언으로 말하는 비밀들(λαλεῖ μυστήρια)이 복음을 가리키는 것이라고 주장한다.[69]

이들의 주장은 '다른 방언'을 초기 기독교의 전문 용어로 제안하는 포브스와 함께 초기 기독교의 방언에 관한 친-기독교적인 입장

69 Meyer (ed.), *The Ancient Mysteries*, pp. 252-254; D. A. Carson, 'Mystery and Fulfillment: Toward a More Comprehensive Paradigm of Paul's Understanding of the Old and the New,' in *Justification and Variegated Nomism*, Vol, 2 (D. A. Carson, P. T. O'Brien, and M. A. Seifrid eds.) (Tübingen: Mohr Siebeck, 2004), pp. 413-425.

을 보여준다. 그렇다면 이제 우리는 좀 더 구체적인 질문을 해야 할 것이다. 행 2:4의 알아들을 수 있는 언어로 묘사하는 '다른 방언'이 어떻게 고전 14:21의 (알아들을 수 없는) '다른 방언'의 회고적 읽기에 연결이 되는가? 사 28:11 LXX와 고전 14:21 사이의 상호 텍스트의 회고적 읽기와 관련해서, 행 2:4의 '다른 방언으로 말하다'(λαλεῖν ἑτέραις γλώσσαις)가 고전 14:21의 회고적 읽기에 긍정적인 기여를 하지 않는다고 주장하는 학자들이 있다.

그 학자들은, 행 2:4의 λαλεῖν ἑτέραις γλώσσαις의 언어적 특성에 관심을 가지면서, 제자들의 오순절적 성령의 언어를 알아들을 수 있는 예언적 감동에 의한 것으로 이해하고, 그래서 오순절 성령과 초기 기독교의 방언 사이의 직접적인 연결성은 중요하게 고려하지 않는다. 던(J. D. G. Dunn)은 누가가 초기 기독교 안의 방언에 열정적이었던 집단에 공감하였을 것이라고 간주하는 것은 편향된 해석이라고 말한다.

그래서 비록 누가가 행 2:4에서 λαλεῖν ἑτέραις γλώσσαις의 표현을 사용하고 있지만, 누가의 의도는 방언과 성령 충만 사이의 직접적이고 항시적(恒時的) 연관성을 설명하는 것이 아니라 그 둘 사이의 간헐적 연관성 속에서 초기 기독교의 성령의 임재를 설명하는 것이라고 주장한다.[70]

---

70 J. D. G. Dunn, *Jesus and the Spirit* (London: SCM Press, 1975), pp. 190-91. 그 외에도 Dunn, *Jesus and the Spirit*, pp. 170-172; J. A. Fitzmyer, *The Acts of the Apostles, AB* (New York: Doubleday, 1998), p. 250을 참조하라.

던의 주장은 일부 학자들의 지지를 받았는데, 그 중에서 키너(C. S. Keener)는 행 2장의 알아들을 수 있는 방언 말함을 예언적 성령의 감동에 의한 언어로 이해한다.[71] 슈나벨(E. J. Schnabel) 역시 누가가 행 2:33-36에서 베드로의 입을 통해서 제자들의 오순절 방언 말함을 예언적 관점에서 설명한다고 주장한다.[72]

이러한 해석은 바울의 πνευματικά를 예언적 유형의 은사로 이해하면서 바울의 πνευματικά를 행 2장의 성령 세례와 평행한 개념으로 설명하는 최근의 경향에 일치하는 것이다. 슈바이처(E. Schweizer)는 바울의 πνευματικός를 다른 은사들보다 더 큰 범주로 이해하고 예언(προφήτης)을 그것의 특별한 유형으로 가정한다.[73] 엘리스(E. E. Ellis)는 슈바이처를 지지하면서, 바울의 은사 개념을 가장 잘 설명해 주는 πνευματικά 혹은 πνευματικοὶ를 χαρίσματα보다 더 한정적인 범주에 해당하는 것으로서 이해한다.

그리고 πνευματικά가 주로 예언적 유형의 은사들을 지칭하고 방언은 그것의 하위 그룹으로 예언의 범주 안에 속한다고 주장한다.[74] 게다가 윌리엄 멘지스와 로버트 멘지스(William W. Menzies and Robert

71 Keener, Acts, pp. 823-824, 827. 그는 누가의 다문화적 관점을 소개하면서, 제자들의 방언을 언어의 기적으로 이해하기 보다는 제자들이 이미 알고 있었을 링구아 프랑카(lingua franca)로 해석한다.

72 Schnabel, *Acts*, p. 115.

73 E. Schweizer, 'πνεῦμα, πνευματικός' in *TDNT*, vol. 6 (Kittel, G. ed.) (Grand Rapids, Michigan: 1968)p. 423.

74 E. E. Ellis, *Prophecy & Hermeneutic in Early Christianity* (Tübingen: J. C. B. Mohr, 1978), pp. 24-30.

P. Menzies)는 바울의 πνευματικά의 개념에 대한 엘리스의 전반적인 가정을 지지하면서 행 2장의 성령 세례와 바울의 πνευματικά 개념 사이의 중요한 교차점을 설명한다.[75]

그래서 그들은 바울의 πνευματικά와 누가의 오순절 방언 말함 둘 다 구원과 구별되는 성령 세례로서 지칭하지만 그것들을 예언적 유형의 은사들로 특징짓는다.[76]

이와 같이 바울과 누가 사이에 방언과 관련한 유사한 통사적 표현(λαλεῖν ἑτέραις γλώσσαις와 λαλεῖν γλώσσαις)이 발견되고 게다가, 사도 바울의 πνευματικά를 예언적 유형의 은사로 가정하는 경향으로 인해서, 행 2장의 방언 논쟁이 언어적 성격(알아들을 수 있음)에 관한 논의로 모아졌다. 그것에 의하면, 고린도교회의 알아들을 수 없는 방언이 오순절 성령 세례와 평행한 개념으로 이해될 수 있는 바울의 πνευματικά의 범주에 포함될 수 있는 가능성이 요원(遼遠)해진다. 다시 말하자면, 누가는 행 2장에서 '다른 방언'을 오순절 성령 세례와 연결시키는 반면에, 바울은 고전 14장에서 '다른 방언'을 πνευματικά에 직접적으로 연결시키지 않는다. 그러나 이 가정은 사 28:11 LXX와 고전 14:21 사이의 상호 텍스트를 위한 친-유대적 성향의 전향적 읽기에 의한 것임을 이미 설명하였다.

그리고 본 저술의 목표는 회고적 읽기에 의해서, 고전 14:21의 다

---

75 W. W. Menzies & R. P. Menzies, *Spirit and Power: Foundations of Pentecostal Experience* (Grand Rapids, Michigan: Zondervan, 2000), pp. 192-195.

76 Menzies & Menzies, *Spirit and Power*, pp. 194-197.

른 방언이 어떻게 새롭게 해석될 수 있는지에 관해서 살펴보는 것이다.[77] 이것에 관한 구체적인 논의와 답변은 본 연구가 제안하는 14:21–22의 새로운 읽기를 통해서 가능할 것이다. 다음 장에서는 14:21–22의 통일성이라는 새로운 읽기와 관련해서, 22절의 의미변화에 대한 논의로 이어질 것이다.

고전 14:22의 새로운 번역

1. 'εἰς σημεῖόν εἰσιν + 여격'의 새로운 읽기

우리는 앞에서 고전 14:21의 회고적 읽기와 그리고 그것과 관련해서 '다른 방언'에 관한 공시적 이해에 관해서 살펴보았다. 그리고 그 읽기 방법을 통해서, 14:21의 '다른 방언으로 말하다'가 긍정적으

77 비록 '다른 방언으로 말하다'라는 특별한 표현과 관련해서, 그 의미 변화가 호다욧과 고전 14:21이 서로 다른 방향으로 발전했다고 할지라도, 그럼에도 불구하고 호다욧이 초기 기독교의 방언 이해에 관해서 중요한 정보를 제공하는 것은 분명하다. 이 새로운 증거가 보여주는 고전 14:21의 '다른 방언으로 말하다'에 대한 바울의 이해가 바리새파, 에세네파 그리고 사두개파와 같은 유대교 분파들 사이에서 공유된 가치관으로부터 고립되어서 발전했다기보다는 그것이 호다욧과 다른 방향으로 발전하면서 초기 기독교 고유의 특성을 보여준다고 이해해야할 것이다. 그리고 바울이 성령의 은사를 '하나님의 밭'의 개념 안에서 설명하는 것이 그의 동시대의 유대교와 공유한 세계관일 가능성이 고려되어야 할 것이다. 특별히 '하나님의 집'과 '하나님의 밭(포도원)'과 관련한 사해문서의 구약 인용과 신약의 구약 인용이 어느 정도 공유된 개념을 보여준다는 것에 관해서, George Brooke, '4Q 500 1 and the Use of Scripture' in *The Dead Sea Scrolls and the New Testament* (Minneapolis, MN: Fortress Press, 2005), pp. 235-260을 참조하라.

로 의미가 변할 수 있음을 설명하였다. 그렇다면 본B절에서는 고전 14:21의 공시적 읽기에 근거한 회고적 읽기가 14:22의 순차적 읽기에 어떻게 연결되고 그리고 그것에 따라서 어떻게 14:22의 문맥적 의미변화(meaning change)가 발생하는지를 살펴볼 것이다.

바울은 14:21에서 율법을 인용하고 14:22에서 그가 인용한 그 율법에 근거해서 올바른 은사 사용을 위한 지도 원칙을 말한다. 그렇다면 14:22의 εἰς σημεῖόν εἰσιν을 어떻게 읽고 번역할 것인지가 중요하다. 센프트(C. Senft)는 '모든 것은 그 의미가 모호한 εἶναι εἰς σημεῖον을 어떻게 해석하는지에 달려 있다'라고 지적한다.[78] 그런데 BDF는 22절의 εἰς σημεῖόν εἰσιν을 'εἰς + 목적격 그리고 εἰμί + 여격'과 같이 순차적으로 읽지 않고 대신에 εἶναι εἰς σημεῖόν의 순서로 역순으로 읽는다.[79] 게다가, BDF는 '목적격을 가지는 εἰς는 때로는 서술적 주격과 관련해서 서술적 목적격으로 사용된다. 비록 헬라어가 이러한 사용법에 유사한 예를 가진다고 할지라도, 이것은 셈어적인 영향이 틀림없을 것이다'라고 말하면서 그 관용구를 거꾸로 읽는다.[80]

이와 같이 BDF는 εἰς σημεῖόν εἰσιν을 역순으로 읽는다. 이것에 근거해서 EDNT에서 발즈(H. Balz)는 '여격과 함께 사용되는 εἰμί는 소유의 의미를 지칭할 수 있지만(예, 요 18:39), 또한 "(일이) 발생하다"

---

78 C. Senft, *La Première Épitre de Saint Paul Aux Corinthiens* (Lausanne: Delachaux & Niestlé, 1979), p. 179.

79 BDF, § 145 (1).

80 BDF, § 145, 157 (5). 반면에 바렛트는 14:22의 εἶναι εἰς를 셈어적인 서술적 사용으로 이해하지 않는다. Barrett, *The First Epistle to the Corinthians*, p. 323.

로도 번역될 수 있다'고 설명한다(마 16:22; cf. 18:8; 고전 9:16).[81] 이와 같이, 이러한 역순으로 읽기는 'εἰς+목적격'이 가지는 서술적 주격의 의미를 잃게 만든다. 그래서 표적이 되는 방언이 불신자들에게 말하는 것이라는 의미가 퇴색된다. 어쨌든, BDF는 σημεῖόν을 εἰσιν 뒤에 위치시키면서 εἶναι εἰς를 '~구실을 하다'로 해석한다.[82]

그리고 스미트는 이러한 BDF의 역순으로 읽기에 의존한다.[83] εἰς σημεῖόν εἰσιν을 역순으로 읽는 이러한 해석적 경향에 근거해서, NRSV는 그것을 '~을 위한 표적'으로 해석한다. 샌드네스(K. O. Sandnes),[84] 슈라게(W. Schrage),[85] 그리고 토마스 다캥[86] 또한 NRSV의 번역을 따른다. 이와 유사하게, KJV와 일부 학자들은(장 헤링[87], 카슨[88], 가일스파이[89] 그리고 스미트[90]) 그것을 부정적인 심판의 의미로서 '~에게

81 H. Balz, 'εἰμί,' in *EDNT*, vol. 1 (H. Balz and G. Schneider eds.) (Grand Rapids, Michigan: Eerdmans, 1990), pp. 392-393.

82 BDF, § 145 (1).

83 Smit, 'Tongues and Prophecy: Deciphering 1 Cor 14,22,' p. 175.

84 K. O. Sandnes, 'Prophecy: A Sign for Believers (1 Cor 14,20-25),' *Bib* 77 (1996), pp. 1-15.

85 Schrage, *Der erste Brief an die Korinther*, p. 376.

86 D'Aquin, *Commentaire de la Première Épître aux Corinthiens*, p. 438.

87 Héring, *The First Epistle of Saint Paul to the Corinthians*, p. 151.

88 D. A. Carson, *Showing the Spirit: A Theological Exposition of 1 Corinthians 12-14* (Grand Rapids, Michigan: Baker Books, 1987), p. 113.

89 T. W. Gillespie, *The First Theologians: A Study in Early Christian Prophecy* (Grand Rapids, Michigan: Eerdmans, 1994), p. 158.

90 Smit, 'Tongues and Prophecy: Deciphering 1 Cor 14,22,' pp.175-190.

표적이다'로 번역한다[91].

그리고 앞에서 언급했듯이, 글래드스톤은 '~이 되게 하는 표적이다'로 부정적인 의미로 번역한다. 심지어 바울서신의 율법 인용 본문을 위한 회고적 읽기를 제안하는 헤이스조차도 이 본문에서는 εἰς σημεῖόν εἰσιν을 역순으로 읽으면서 '방언은 믿지 않는 자들을 위한 표적이다'라고 번역한다. 이러한 εἰς σημεῖόν εἰσιν의 거꾸로 읽기는 고전 14:22을 바울의 논리적 모순으로 가정하게 하면서 23-25을 바울의 진의를 담고 있는 본문으로 가정하게 만들었다. 그러나 본 저자는 22절의 εἰς σημεῖόν εἰσιν을 'εἰς+목적격+εἰσιν+여격'의 순차적 읽기를 선택하면서 이 관용구를 긍정적인 의미로 해석한다. 그리고 21절과 22절의 언어적 통일성을 통해서 '방언 + 여격'이 강조됨을 제안한다. 그렇다면 22절의 εἰς σημεῖόν εἰσιν의 순차적 읽기를 위한 근거는 다음과 같다.

첫째, 22절의 εἰς σημεῖόν εἰσιν에서 'εἰς+목적격'은 εἰμί 동사 앞에 위치하면서 서술적 주격(predicative nominative)의 의미로서 기능한다.

둘째, 만일 이 관용구를 역순으로 읽어야 한다면 그래서 αἱ γλῶσσαι εἰσιν εἰς σημεῖον으로 읽는다면, '표적'이 단수형 σημεῖόν이 아니라 복수형 σημεῖα로 사용되어야 더 자연스러울 것이다. 예를 들면, 창 1:14과 눅 21:25에서 εἰμί 동사가 3인칭 복수형으로 사용될 경우, 그 뒤에 εἰς σημεῖα가 뒤이어 나오든 혹은 εἰς가 생략된 형태로서

---

91 Gladstone, 'Sign Language in the Assembly,' p. 185.

σημεῖα로 사용되든 상관없이, εἰμί 동사가 σημεῖα와 성과 수에 일치되어 사용된다(창 1:14의 ἔστωσαν εἰς σημεῖα; 눅 21:25의 ἔσονται σημεῖα). 게다가, 바울은 고린도전서의 앞부분에서 표적을 위해서 복수형 σημεῖα를 사용한다(1:22). 그리고 바울은 살후 3:17에서, 단수형 σημεῖον을 위해서 단수형 ἐστιν을 사용한다(ὅ ἐστιν σημεῖον). 그래서 BDF를 따라서 그 관용구를 역순으로 읽어야 한다면, σημεῖόν이 아니라(αἱ γλῶσσαι εἰσιν εἰς σημεῖον) 복수형 σημεῖα로 사용되어야 한다(αἱ γλῶσσαι εἰσιν εἰς σημεῖα). 따라서 고전 14:22의 αἱ γλῶσσαι εἰς σημεῖόν εἰσιν을 αἱ γλῶσσαι εἰσιν εἰς σημεῖόν의 역순으로 읽는 것이 어색하고 대신에 순차적으로 읽는 것이 더 타당해 보인다.

셋째, 21절의 바울의 율법의 인용법과 22절에서 그것에 근거한 그의 선언적 주장 사이에 중요한 언어학적 규칙과 통일성이 발견된다. 그것에 의해서 'εἰμί+여격'이 가지는 소유의 의미가 강조된다. 사 28:11 LXX와 고전 14:21 사이에 'λαλέω + τῷ λαῷ τούτῳ'의 동일한 언어학적 표현이 발견된다. 그리고 14:22절의 헬라어 ὥστε가 14:21절의 'ἐν ἑτερογλώσσοις … λαλήσω + 여격(τῷ λαῷ τούτῳ)'을 14:22절의 'αἱ γλῶσσαι εἰς σημεῖόν εἰσιν + 여격(τοῖς ἀπίστοις)'에 연결시키기 때문에 21절은 22절과 언어학적인 평행을 가진다.[92] 이러한 방식으

---

92 사 28:11 LXX와 고전 14:21-22 사이의 언어학적 평행에 관한 더 자세한 설명을 위해서, S. Kim, '1 Cor 14:21, and its Intertexts of Is 28:11 and 3 *Hodayot*', pp. 137-158을 참조하라. 본 저자는 위 논문에서 3 호다욧과 고전 14:21을 비교하면서 바울의 동시대의 필사자들은 구약성서를 인용할 때 그들의 공동체의 상황을 반영하면서 구약성서의 단어를 자유롭게 변형시켰다는 것을 설명하였다.

로 사 28:11 LXX와 고전 14:21 사이에 'λαλέω + τῷ λαῷ τούτῳ(여격)'을 통한 언어학적 통일성이 14:22의 '은사 + 여격'으로 연결되기 때문에 바울이 율법을 인용한 이유가 14:22에서 구체적으로 설명된다.

넷째, 고전 14:21을 위한 동시적 이해에 근거한 회고적 읽기가 '다른 방언'에 의미변화를 가져온다. 그것의 동시적 의미는 오순절적 성령의 은사로서 설명 된다: 행 2:4에서 '다른 방언'은 오순절적 성령의 은사로서 설명되고 고전 14:21에서는 '주께서 다른 방언으로 말씀하신다'가 강조된다. 이것이 14:22의 'εἰς σημεῖόν εἰσιν + 여격'으로 연결된다. 다시 설명하자면, 14:22의 'εἰς σημεῖόν εἰσιν + 여격'은 긍정적인 의미로 해석되어야 한다. 게다가, 사 28:11 LXX에서는 동사 λαλέω가 3인칭 복수형으로 사용되었지만(λαλήσουσιν) 고전 14:21에서는 사도 바울에 의해서 주님을 지칭하는 1인칭 단수로 사용되었고 14:22에서는 그것이 표적으로 설명되기 때문이다.

그러나 만일 εἰς σημεῖόν εἰσιν을 역순으로 읽으면, 표적이 부정적인 의미로 해석되어야 한다. 그에 더하여, 'εἰς σημεῖόν εἰσιν + 여격'은 방언은 하나님의 비밀(그리스도 중심의 십자가와 부활 이해)과 축복(14:16의 헬라어 εὐλογέω는 하나님을 향해서는 찬양의 의미로 그리고 교회를 향해서는 축복의 의미로 번역된다)을 말한다는 방언의 은사와 관련한 '바울의 성령론적 이해'와 상반되게 해석되어서는 안 된다(14:2, 16). 심지어 사 28:11–13 LXX 조차 알아들을 수 없는 다른 방언(γλώσσης ἑτέρας)이 이스라엘에게 수여되는 하나님의 안식에 관한 내용을 말한다고 설명한다.

베쯔(O. Betz)에 의하면, 헬라어 σημεῖόν은 고린도전서에서 10번 언급되고 거의 항상 히브리어 אוֹת로부터 번역된다.[93] 트웰프트리(G. H. Twelftree) 또한 70인역에서 'σημεῖόν은 항상 하나님을 전능하신 분(the Almighty)으로 묘사하고 그리고 모세가 이스라엘을 출애굽시키는 사건을 통해서 이스라엘이 하나님께 선택받은 백성이 되는 것(예, 신 26:8; 렘 32.20-21; Cf. Vit Mos 1.210; Jos. Ant 2.12.3-2.13.1 §§274-280)'을 가리킨다고 설명한다.[94] 따라서 σημεῖόν이 εἰσιν 앞에 위치하면서 εἰς σημεῖόν이 서술적 주격으로 번역될 때, σημεῖόν이 긍정적인 의미를 가지게 되고 모순이 생기지 않게 된다.

그러므로 고전 14:22에서, 본 저자가 제안하는 14:21-22의 회고적 읽기를 위한 'εἰς σημεῖόν εἰσιν + 여격'의 순차적 읽기는 14:21-22의 문맥적 상황 안에서 그것의 문맥적 의미변화(contextual meaning change)를 가져온다. 그렇다면 지금부터는 그 의미변화가 어떤 과정을 통해서 설명되고 그래서 어떤 새로운 의미를 가지는지 살펴볼 것이다.

93 O. Betz, 'σημεῖόν,' in *EDNT*, vol. 3 (H. Balz and G. Schneider eds.) (Grand Rapids, Michigan: Eerdmans, 1993), pp. 238-239.

94 G. H. Twelftree, 'Signs, Wonders, Miracles,' *DPL* (G. F. Hawthorne, R. P. Martin, and D. G. Reid eds.) (Illinois: InterVarsity Press, 1993), p. 875.

2. 고전 14:21-22의 새로운 번역

지금까지 학자들은 14:22의 αἱ γλῶσσαι εἰς σημεῖόν εἰσιν을 αἱ γλῶσσαι εἰσιν εἰς σημεῖόν으로만 읽어왔다. 고전 14:22의 'εἰς σημεῖόν εἰσιν + 여격'에 대한 순차적 읽기 방법은 22절의 문맥적 의미변화를 가져온다. 그 문맥적 의미변화는 다음과 같이 설명된다.

첫째, 14:21-22의 통일성 있는 읽기에 의해서 14:21의 '다른 방언'이 14:22의 '표적이 되는 방언'으로 이어진다. 그래서 방언-통역이 강조된다. 그러나 εἰσιν εἰς σημεῖόν의 역순 읽기에 의하면, 방언은 불신자들에게 부정적인 표적이 된다. 왜냐하면 통역이 병행하지 않은 방언은 불신자들에게 부정적인 표적이 될 것이기 때문이다. 따라서 고전 14:21-22의 새로운 문맥적 의미 안에서 14:22의 'εἰς σημεῖόν εἰσιν + 여격'을 순차적으로 읽으면 14:21의 '다른 방언'이 긍정적인 의미를 갖게 된다. 앞에서 설명한 바와 같이, 씨셀튼은 'σημεῖον + 여격'이 긍정적인 의미를 가진다고 주장한다.[95] 그러므로 고전 14장의 문맥적 의미 안에서 14:21의 '다른 방언'의 의미는 사 28:11의 그것과 상당히 다르다.

우선, 사 28장의 문맥적 상황에서는 통역의 은사가 언급되지 않는 반면에 고린도전서에서는 방언과 함께 통역이 강조되기 때문이다. 바울의 통역의 필요성에 대한 설명은 14:22의 'εἰς σημεῖόν εἰσιν

95 Thiselton, *The First Epistle to the Corinthians*, p. 1123.

+ 여격'을 순차적으로 읽도록 인도하며 그래서 다음과 같이 번역 된다: '그러므로 표적이 되는 방언은 믿는 자들에게가 아니라 믿지 아니하는 자들에게 말하는 것이고 예언은 믿지 아니하는 자들에게가 아니라 믿는 자들에게 말하는 것이다.' 게다가, 이 새로운 읽기는 왜 방언이 불신자에게 표적이 되는지를 설명해주면서 20-25절 안에서 22절의 모순의 문제를 해결한다.

바울의 설명에 의하면, '표적이 되는 방언은 불신자들에게 말하는 것이다'(αἱ γλῶσσαι εἰς σημεῖόν εἰσιν τοῖς ἀπίστοις). 바울은 고린도교회에게 방언이 불신자들을 기독교로 개종시키는 표적으로서 사용되어야 한다는 그의 지침을 제공한다. 이 새로운 읽기는 방언으로 말하는 비밀들이(14:2) 복음을 지칭한다는 마빈 메이어와 카슨의 주장과 일치한다.[96] 이러한 설명에 근거하면, 통역이 된 방언은 불신자들에게 말하는 구원의 표적이 된다(14:22a, 26-28). 그렇다면 회고적 읽기에 의하면, 바울이 구약성서를 인용한 이유는 '다른 방언'이 불신자들의 구원의 표적이 된다는 것을 설명하기 위해서이다.

둘째, 22절에서, 'εἰς σημεῖόν εἰσιν + 여격'에 대한 순차적 읽기는 그것의 역순 읽기에서 사라진 'εἰμί+여격'이 보여주는 은사에 대한 '소통적 기능'(communicative function)이 강조된다. 바울은 고전 14장에서 '은사+여격'의 표현을 통해서 은사의 사용법과 관련한 '소통의

96 Meyer (ed.), *The Ancient Mysteries*, pp. 252-254; Carson, 'Mystery and Fulfillment: Toward a More Comprehensive Paradigm of Paul's Understanding of the Old and the New,' pp. 413-425.

대상'을 이슈로 삼는다(14:2, 3, 11, 21-22). 22절의 종속 접속사 ὥστε는 21절의 'ἐν ἑτερογλώσσοις…λαλήσω + 여격 (τῷ λαῷ τούτῳ)'과 22절의 'αἱ γλῶσσαι εἰς σημεῖόν εἰσιν + 여격 (τοῖς ἀπίστοις)'을 언어학적으로 평행시킨다.

그래서 은사와 관련해서 사용된 '(εἰς σημεῖόν) εἰσιν + 여격'은 긍정적인 의미로서 '~에게 말한다'의 의미를 가진다. 통역이 없을 경우 방언은 사람에게 말하지 않고 대신에 하나님께 그리고 자신에게 말하는 은사가 된다(14:2의 οὐκ ἀνθρώποις λαλεῖ ἀλλὰ θεῷ; 14:28의 ἑαυτῷ δὲ λαλείτω καὶ τῷ θεῷ). 바울이 통역되지 않은 방언 자체를 부정적으로 묘사한 것으로 보이지 않는다. 왜냐하면 하나님이 알아들을 수 없는 방언의 청자이기 때문이다. 통역이 되는 방언은 불신자에게 말하는 은사가 된다(14:2, 28에서 'λαλέω + 여격'이 14:21의 'λαλέω + 여격'과 14:22의 'εἰς σημεῖόν εἰσιν + 여격'으로 이어진다). 그러므로 이 새로운 읽기는 방언의 은사를 표적의 긍정적 의미와 연결시키면서 동시에 그 은사가 가지는 소통의 기능을 강조한다.

셋째, 14:21의 회고적 읽기를 고려하면서, 14:21-22의 문맥적 변화를 살펴보면 21절의 다른 방언이 22절의 '표적이 되는 방언'으로 이어진다는 것을 알 수 있다. 그리고 14:21-22의 통일성 있는 읽기에서 논리적 순서를 따라가면, 22절에서 예언과 관련한 바울의 진술적 중요성이 발견된다. 왜냐하면 사 28:11 LXX와 고전 14:21 사이의 상호 텍스트성에서 강조된 '다른 방언 + 여격'의 중요성이 14:21-22에서 '은사+여격'의 논리적 흐름을 따라서 결국은 예언+

여격으로 귀결되기 때문이다. 그래서 22절에서 새롭게 발견되는 중요한 문맥적 의미 중의 하나는 예언이 신자에게 말하는 은사라는 것이다.

그러나 콘첼만과 헤이스와 같은 학자들은 고전 14:22b와 14:24-25 사이의 모순을 지적하면서 22절을 바울의 논리적 실수로 여겨왔다.[97] 그리고 22절의 문맥적 의미를 거꾸로 해석해왔다. 그래서 22b를 '예언은 신자들을 위한 것이 아니라 불신자들을 위한 것이다'라는 의미로 해석해왔다. 특히, 헤이스는 14장에서 예언이 확실히 불신자들을 위한 은사처럼 설명된다고 주장하면서, 22절은 그러한 개념과 모순된다고 설명한다.

그래서 그는 바울이 22절에서 수사학적 대립 명제를 설명하다가 원래 의도하지 않았던 것을 말해버렸을 것이라고 가정한다.[98] 그러나 22절의 순차적 읽기는 그 문맥적 의미를 완전히 바꾸어 놓는다. 표적이 되는 방언은 불신자에게 말하는 은사이고 예언은 신자에게 말하는 은사이다.

22절의 순차적 읽기는 이 구절을 26절 이하와 연결시킬 때 그 구체적인 의미가 설명된다. 방언은 동료 신자의 통역을 통해서 불신자에게 (긍정적인) 표적이 되고 예언은 신자에게 말하는 것이다. 22b절과 29-31절에 의하면, 예언이 신자에게 말하는 은사인 이유는 동료

---

97 Conzelmann, *1 Corinthians*, p. 242; Hays, *First Corinthians*, pp. 239-240.

98 Hays, *First Corinthians*, p. 240.

신자에게 분별을 받기 위해서이다. 이와 같이 사 28:11 LXX와 고전 14:21 사이의 상호 텍스트성에 근거한, 21–22절 사이의 언어학적 평행([통역된] 방언은 ~에게 말한다/예언은 ~에게 말한다)은 독자를 22절을 위한 새로운 문맥적 의미로 인도한다. 그 새로운 문맥적 의미는 22절과 26–31(38)절 사이의 더 큰 문맥적 의미와의 일치를 통해서 완성된다.

다시 말하자면, 사 28장의 문맥적 상황을 더 중요하게 고려하면서 고전 14:21–22을 읽는 전향적 읽기와 상반되게, 회고적 읽기는 구약성서의 문맥적 의미보다 기독교 공동체의 상황을 반영하는 문맥적 의미를 더 중요하게 고려한다. 회고적 읽기가 중요하게 고려하는 그 문맥적 의미의 하나는 고전 14:21과 행 2:4 사이의 공시적 상호 텍스트이고 다른 하나는 구약성서를 인용한 고전 14:21을 위한 14장의 문맥적 상황이다. 그러므로 14:22의 순차적 읽기에 의해서, 14:22은 14:23–25과는 모순되지만 반면에 14:26–31(38)과는 통일성을 가지게 된다. 그것에 의해서, 14:21과 행 2:4 사이에서 '다른 방언으로 말하다'의 공시적 의미는 더 명확해진다: '다른 방언'은 (오순절적) 성령의 은사에 해당한다. 특별히, 고전 14:21의 '다른 방언'은 케리그마적인 은사로서 설명된다.

왜냐하면 14:21–22의 문맥적 의미 안에서 '다른 방언'은 통역이 될 때 불신자에게 말하는 은사로 설명되기 때문이다. 사실, 14:1–19에서 바울은 예언을 불신자들에게 말하여 교회의 덕을 세우는 은사로 설명한 적이 없다.

바울의 진술에 의하면, 예언은 사람에게 말하는 것이다(14:3). 14:1-19에서 예언과 그것의 소통의 대상을 가장 명확하게 설명하는 구절인 14:6에서도 예언의 소통의 대상이 고린도교회 신자들로 제안한다. 그래서 '통역이 예언적 범주에 포함된다'라는 기존의 가정을 유보하면서 그리고 14:1-19에서 예언에 대해서 가장 잘 설명해주는 14:3,6을 근거로 생각할 때, 예언은 신자들에게 말하여 덕을 세우는 은사이다.

따라서 14:21-22의 새롭게 읽기를 통해서 22절의 변화된 문맥적 의미는 방언과 통역의 듀엣 기능을 발견하게 되고 대신에 통역을 예언적 범주에 포함시키는 해석적 경향을 유보시킨다. 게다가 예언과 관련해서, 14:22b를 역으로 해석하지 않아도 14:1-19과 모순되지 않는다. 그래서 본 저서가 제안하는 14:21-22이 새로운 읽기는 그 본문을 14:1-19과 모순되지 않으면서 14:20-40에서 설명가능하게 만든다. 그럼에도 불구하고, 학자들은 지금까지 방언과 통역의 듀엣 기능을 발견하지 못하고 통역을 예언적 은사로 분류해 오면서 14:22을 역순으로 읽어왔다.

그래서 방언이 불신자에게 말하는 은사가 아니라 예언이 불신자들에게 말하는 합당한 은사로 설명해왔다. 따라서 본 저자가 제안하는 14:22의 순차적 읽기에 의하면, 예언과 관련해서, 그 은사는 신자들에게 말하는 은사로 설명된다.

3. 요약

본 장에서 논의한 것을 요약하자면 다음과 같다. 기존의 고전 14:21-22 읽기에 연구 간극이 있었다. 먼저, 전향적-통시적 읽기에 의해서 21절을 번역하고 해석하는 경향이 있다. 그래서 '다른 방언'에 대한 공시적 이해가 아니라 사 28장의 맥락에 의해서 바울이 설명하는 '다른 방언을 말하다'를 이해했다. 21절을 전향적으로 읽어서 사 28장의 문맥적 상황에 근거해서 고전 14:21을 읽으면 바울이 율법을 인용한 이유가 고린도교회의 방언의 은사 사용법을 비판하고 교정하기 위한 것으로 해석된다.[99]

그리고 21절의 전향적 읽기에 의하면 21절의 번역상의 문제가 생긴다. 게다가, 앞에서 설명한 바와 같이, 14:21의 전향적 읽기 경향은 22절의 εἰς σημεῖόν εἰσιν을 역순으로 읽는 경향을 만들었다. 14:22의 εἰς σημεῖόν εἰσιν을 역순으로 읽는 것은 20-25절 안에서 22

99 Sweet, 'A Sign for Unbelievers: Paul's Attitude to Glossolalia,' pp. 243, 244, 246; Fee, *The First Epistle to the Corinthians*, pp. 679-680; 『성령: 하나님의 능력 주시는 임재 (상권)』, pp. 447-459; Hays, *First Corinthians*, pp. 239-240; Collins, *First Corinthians*, pp. 504-511; Thiselton, *The First Epistle to the Corinthians*, pp. 1120-1122; Barrett, *The First Epistle to the Corinthians*, pp. 322-323; Garland, *1 Corinthians*, pp. 645-648; Keener, *1-2 Corinthians*, pp. 111-121; P. Perkins, *First Corinthians* (Paideia: CNT) (Grand Rapids, Michigan: Baker Academic, 2012), pp. 161-162; Schrage, *Der erste Brief an die Korinther*, pp. 405-406; D'Aquin, *Commentaire de la Première Épître aux Corinthiens*, pp. 440-442; J. E. A. Chiu, *1 Cor 12-14: Literary Structure and Theology*, AB 166 (Roma, Italia: Editrice Pontificio Istituto Biblico, 2007), p. 303; Grudem, '1 Cor 14.20-25: Prophecy and Tongues as Signs of God's Attitude,' pp. 381-396; Lanier 'With Stammering Lips and Another Tongue: 1 Cor 14.20-22 and Isa 28:11-12,' pp. 259-286.

절을 모순되게 만들었다. 다시 말하자면, 21절의 전향적 읽기의 가장 큰 문제 중의 하나가 21-22절의 통일성 문제이다. 왜냐하면 21절의 전향적 읽기에 의해서 22절의 εἰς σημεῖόν εἰσιν을 순차적으로 읽어서 '표적이 되는 방언은 신자들에게가 아니라 불신자들에게 말하는 것이다'라고 번역하면 주께서 말씀하시는 방언에 저주의 성격이 있다라는 신학적 모순에 직면하기 때문이다(특별히 고린도전서에서 바울이 설명하는 것에 의하면, 하나님의 은혜로 받은 χαρίσματα에 속하는 방언이 심판 혹은 저주의 성격을 가진 것으로 설명하는 것은 자연스럽지 못하다).

그래서 22절의 εἰς σημεῖόν εἰσιν을 역순으로 읽을 수밖에 없는 것이다. 앞에서 설명한 바와 같이, 이러한 읽기는 바울이 방언을 자신의 πνευματικά의 범주 안에 포함시키기를 꺼려하였을 것이라는 해석적 경향을 만들었다. 그러나 본 저자가 제안하는 21-22절의 새롭게 읽기는 14:21을 회고적으로 읽고 14:22의 εἰς σημεῖόν εἰσιν을 순차적으로 읽는다.

회고적 읽기는 21절의 번역을 더 자연스럽게 만든다. 그리고 회고적 읽기에 의해서 21절의 의미변화가 발생한다. 고전 14:21과 행 2:4에 근거한 공시적 이해에 기초한 것으로서, '다른 방언으로 말하다'가 전향적 읽기에 의한 의미와 전혀 달리 초기 기독교의 믿음을 반영하면서 긍정적으로 해석될 수 있다. 특히, 전향적 읽기와 관련해서, 호다욧에서는 '다른 방언'이 벨리알의 회중의 언어의 의미를 가지는 반면에, 회고적 읽기에 의하면 다른 방언은 성령의 은사의 의미를 가진다.

그리고 우리는 사 28:11 LXX와 고전 14:21–22 사이의 언어적 통일성을 통해서 '은사+여격'이 강조되고 있음을 살펴보았다. 이것은 방언을 케리그마적인 은사로 이해하게 만든다. 그렇다면 이제 지금까지 우리가 얻은 결론이 14:21b(καὶ οὐδ' οὕτως εἰσακούσονταί μου)와 어떻게 모순되지 않으면서 설명될 수 있을지를 설명할 것이다. 사실, 14:21은 전향적 읽기 경향에 의해서 오역되었다. 다시 말하자면 14:21–22의 문맥적 상황을 충분히 고려하지 않으면서 전향적 읽기를 반영하면서 번역되었다. 따라서 14:21은 회고적 읽기를 반영하면서 새롭게 번역될 수 있다. 게다가, 14:21을 직역을 하면 본 저서가 제안하는 회고적 읽기에 더 부합하게 된다.

첫째, 회고적 읽기를 반영하면서 ἐν ἑτερογλώσσοις καὶ ἐν χείλεσιν ἑτέρων λαλήσω를 읽으면, '내가 다른 방언으로 그리고 다른 사람들의 입술로 말할 것이다'로 번역될 수 있다. ἐν ἑτερογλώσσοις에서는 다른(ἑτερο)과 방언(γλώσσοις)이 여격 형태로 한 단어로 합성되어 있지만, ἐν χείλεσιν ἑτέρων에서는 입술(χείλεσιν)만 여격 형태를 취하고 ἑτέρων은 소유격으로 사용되었다(빌 2:4; 2 Macc. 2:27; 9:6). 그래서 주께서 '다른 방언으로 말하고 다른 사람들의 입술로 말한다'는 것이 고전 14:20–40의 문맥적 의미에서 방언–통역의 회고적 의미로 설명될 수 있을 것이다.

둘째, 그렇다면 14:21b의 καὶ οὐδ' οὕτως εἰσακούσονταί μου는 '그들이 나의 말에 주의를 기울이지 않아도 될 것이다'로 번역이 가능하다. 그 이유를 설명하자면, 다음과 같다. καὶ οὐδ' οὕτως는 14:21a에 대한 논리적 귀결을 보여준다. 우리가 14:21-22을 새롭게 읽기 위해서, 21-22절 사이의 καὶ οὐδ' οὕτως εἰσακούσονταί μου가 모순되지 않게 번역되어야 한다. 사실, 전향적 해석적 경향에 의해서 21절에서 가장 오역이 된 단어 중의 하나가 εἰσακούσονταί이다. 14장에서 ἀκούω 동사는 2번 사용된다(14:2, 21). 14:2에 의하면, 방언 말하는 자는 사람에게 말하지 않고 하나님께 말한다. 아무도 듣지 않고 하나님만 들으신다.

그리고 21절에서는 '주의를 기울여서 듣다'의 의미를 가지는 εἰσακούω 동사가 사용되었다. EDNT에 의하면, 이 단어는 신약성서에서 5번 사용되는데(마 6:7; 눅 1:13; 행 10:31; 히 5:7; 고전 14:21), 고전 14:21만 제외하고 나머지는 하나님이 기도자의 간구를 들으심을 표현하기 위해서 사용되었다.[100] 고전 14:2에서 바울은 사람은 방언을 듣지 못하고 하나님만 방언을 들으신다(ἀκούω)고 말했다. 그 하나님만 들으실 수 있는 방언이 이제 14:21에서 하나님이 말씀하시는 언어로 묘사된다. 그런데 그들(불신자들)이 듣지 못한다는 이유 때문에 방언을 부정적으로 이해하는 방향으로 번역하는 것은 자연스럽지 않다.

전향적 읽기에 의해서 14:21의 καὶ οὐδ' οὕτως εἰσακούσονταί μου을 번역하면 εἰσακούσονταί를 '순종하다'의 의미로 번역하게 되고

100 H. Balz and G. Schneider (eds.), 'εἰσακούω,' in *EDNT*, vol. 2 (Grand Rapids, Michigan: Eerdmans, 1990), p. 400.

(예. Ebr 1:14; Migr 1:174; Post 1:12; Somn 2:175) 그래서 하나님이 말씀하시는 방언이 그것의 알아들을 수 없는 성격 때문에 부정적으로 설명될 수밖에 없을 것이다. 그러나 주로 하나님에게만 사용되는 이 헬라어 ἀκούω 혹은 εἰσακούω가, 특히 하나님이 말씀하시는 방언과 관련해서, 사람에게 적용될 때, 방언의 알아들을 수 없는 성격 때문에 '그들이 방언을 듣지 않을 것'이라고 번역하는 것은 어색하다. 신약성서에서 εἰσακούω가 주로 하나님에게만 사용된다는 것을 고려할 때, 회고적 해석이 더 자연스러워 보인다.

그래서 회고적 읽기에 의하면, '내가 다른 방언으로 말하고 다른 사람들의 입술로 말할 것이다. 이로써 그들이 나의 말에 주의를 기울이지 않아도 될 것이다(쉽게 알아들을 수 있을 것이다)'로 번역할 수 있다. 게다가, 14:21의 회고적 해석은 14:22의 αἱ γλῶσσαι εἰς σημεῖόν εἰσιν을 위한 순차적 읽기와 통일성을 이룬다. 이로써 14:20-25에서, 14:21-22을 통해서 드러나는 바울의 진의가 더 명확해진다: 표적이 되는 방언은 불신자들에게 말하는 것이고 예언은 신자들에게 말하는 것이다.

14:21-22의 새롭게 읽기에 의하면, 21절에서 바울이 율법을 인용하는 이유가 새롭게 설명될 수 있다. 그것은 방언 열광주의에 빠져 있는 고린도교회의 잘못된 방언사용을 비난하기 위한 것이 아니라, 고린도교회의 분열과 판단의 문제와 관련해서 방언과 통역 그리고 예언과 분별의 듀엣 기능을 강조함으로써 교회의 연합을 이루게 하기 위함이다. 그것의 의미는 22절의 순차적 읽기를 통해서 더 분명

히 드러난다. 이 새로운 해석에 의하면, 바울의 πνευματικά의 범주가 새롭게 형성된다. 고전 14장에서 바울이 진술한 바에 의하면, 방언은 πνευματικά에 포함된다.

그렇다면 이제 이어지는 제 IV장에서, 14:21-22이 14장에서 어떻게 위치하고 그리고 그것을 통해서 바울이 14장에서 진술하고자 한 것이 무엇인지에 관해서 살펴볼 것이다.

IV

회고적 읽기를 통한 고전 14장의 새로운 구조

Ἀδελφοί,
μὴ παιδία γίνεσθε ταῖς φρεσὶν
ἀλλὰ τῇ κακίᾳ νηπιάζετε,
ταῖς δὲ φρεσὶν τέλειοι γίνεσθε.

14:20-25의 통일성 있는 읽기에 대한 주석적 문제가 해결되지 않은 상황에서 그리고 주석가들 사이에 14장의 문맥에 대한 서로 상이한 이해로 인해서, 14장의 구조에 대한 다양한 의견이 제시되었다.[101] 그리고 14:20-25의 구조적 위치와 관련해서, 대부분의 주석

---

101 신약성서 시대에 훈련 받은 필사자들은 파피루스에 필사를 할 때, 단어와 단어 사이에 띄어쓰기가 없었고, 모두 대문자로 필사하였으며, 그리고 구두점이나 물음표도 없었고 따옴표도 없었다. 게다가, 장절의 구분이나 문단의 구분도 없었다. 그래서 문장이 어디에서 시작해서 어디에서 끝나는지 그리고 문단이 어디에서 시작해서 어디에서 끝나는지를 알기가 어려워서 신약성서 사본학자들에게는 신약성서를 읽고 해석하는 것이 마치 암호를 해독하는 것과 같았다. 그러나 르네상스 이후에 현대 서방세계의 학자들이 띄어쓰기와 대문자와 소문자의 구분을 만들어주었다. 그리고 거기에 장과 절을 붙였다. 2017년은 1516년 3월 초에 Basel에서 Johannes Froben에 의해서 출판되었고 이후에 종교 개혁에 영향을 미친 Erasmus‘ New Testament의 500주년을 기념하는 해였다. Erasmus의 업적과 Nestle-Aland *Novum Testamentum Graece*, 28th edition과 그리고 *The Greek New Testament*, 4th Revised Edition과 같은 중대한 신약 성서 원본들을 우리에게 제공한 원문 비평가들과 신약 주석자들의 공로에 대한 최근의 논문을 위해서, C. R. Holladay, 'Acts as Kerygma: λαλεῖν τὸν λόγον,' *NTS* 63 (2017), pp. 153-155를 참조하라.

가들은 14:20–25을 첫 번째 파트의 마지막 문단에 위치시킨다.

그러나 갈란드는 14:20–25에 대한 기존의 구조적 위치를 지지하는 학자들의 주요 주장들을 반박하면서 고전 14장의 새로운 구조를 제시한다. 그는 14장을 세 파트로 구분한다: 1–19절; 20–25절; 26–40절.[102] 그러나 갈란드 역시 14:22의 논리적 모순을 해결하지는 못한다. 그러므로 22절의 해석에 따라서 14:20–25의 문단 위치가 달라질 수 있고, 그리고 그에 따라서 14장의 새로운 구조를 제안할 수 있을 것이다.

여기에서 결론적으로 말하자면, 첫째, 본 저서는 14:21–22을 회고적으로 읽는다. 기존의 학자들은 23–25절에 의해서 21–22절을 해석해왔다. 그러나 21–22절의 새롭게 읽기를 통해서 14:20–25의 순차적 읽기가 가능하다면, 그것에 의해서 14장에서 20–25절의 구조적 위치를 새롭게 제안할 수 있을 것이고 그 안에서 바울이 진술하고자 하는 바를 새롭게 설명할 수 있을 것이다.

둘째, 14:23–25은 14:21–22뿐만 아니라 14:26–38과 모순된다. 만약 다수의 학자들이 주장하듯이, 14:23–25이 사도 바울의 진의를 보여주는 것이고 23–25절에 근거해서 21–22절을 해석해야 한다면, 이 기존의 이론은 몇 가지 주석적 문제를 야기한다. 예를 들면, 23–25절에서 '다 같이 (방언과 예언으로)말하는 것'이 26–31절의 '두 사람이나 많아야 세 사람이 차례를 따라서 말하는 것'과 대조된다.

---

102 Garland, *1 Corinthians*, pp. 629-677.

예언과 관련해서, 온 교회가 불신자와 초신자를 그 마음의 숨은 것까지 드러내면서까지 판단함으로 통해서 복음화 하는 것이 바울이 진정으로 의도한 것이었을까? 14:24–25의 예언의 사용법은 14:22b와 14:29–31과 모순될 뿐만 아니라 또한 4:3–4과도 모순된다.

셋째, 게다가, 14:5b–19에서 '만약 구문'이 고린도교회 안에서 성령의 은사의 잘못된 사용법에 대한 사도 바울의 염려를 반영하듯이, 14:23–25의 '만약 구문'(ἐὰν 구문) 역시 교회 안에서 잘못된 은사 사용법에 대한 사도 바울의 염려를 보여준다.

넷째, 반면에 21–22절은 26–38절과 통일성을 이룬다. 21절은 22절과 언어학적으로 통일성을 이룬다(21절의 'λαλήσω + 여격[τῷ λαῷ τούτῳ]'이 22절의 '은사 + 여격').

그래서 사도 바울은 율법에 근거해서 14:21에서 '방언은 이 백성에게 말하는 것'이라고 설명하고 그리고 14:22에서는 표적이 되는 방언은 신자에게 말하지 않고 불신자에게 말하는 것이고 그리고 예언은 불신자에게 말하는 것이 아니라 신자에게 말하는 것이라고 말한다. 이것이 26–38절과 통일성을 이룬다. 방언은 동료 신자의 통역을 통해서 불신자에게 말하는 표적이 되고 예언은 불신자에게 분별을 받는 것이 아니라 동료 신자에게 분별을 받기 위해서 신자에게 말하는 은사(혹은 표적)이다. 이러한 방식을 통해서, 교회가 그리스도 안에서 한 몸을 이룰 수 있을 뿐만 아니라 게다가, 교회가 다 같이 예언을 말하면서 불신자와 초신자의 마음의 숨은 것까지 드러날 정도로 판단하는 문제 역시 해결할 수 있을 것이다. 그러므로 본 저자는 고전 14:21-22의 새로운 읽기를 제안한다.

그리고 그것은 14장에서 20-25절의 새로운 구조적 위치를 제안한다. 이 새로운 구조적 이해에 의해서, 14:20-25은 첫 번째 파트의 마지막 단락에 포함되기 보다는 두 번째 파트의 첫 번째 단락에 포함된다. 그렇다면 14:21-22의 새로운 읽기와 그리고 그것에 의한 14장의 새로운 구조적 이해에 의해서 14장에서 바울이 진술하고자 하는 것이 새롭게 설명될 수 있다. 14장의 첫 번째 파트(1-19절)에서 바울이 진술하고자 하는 것은 알아들을 수 있는 은사가 교회의 덕을 세우는 반면에 알아들을 수 없는 은사는 교회의 덕을 세울 수는 없고 자신의 덕만 세울 수 있다는 것이다. 그리고 두 번째 파트(20-40절)에서 바울이 진술하고자 하는 것은 방언은 통역을 통해서 불신자에게 말하는 은사가 되고 예언은 신자에게 말하는 은사이다. 14:20-40의 새로운 구조적 이해에 의하면, 바울이 표적이 되는 방언을 신자들에게가 아니라 불신자들에게 말하는 은사라고 설명하는 이유가 두 가지로 설명될 수 있다. 첫째, 온 교회가 다 같이 방언으로 말하게 되면, 신자들 중에서 통역해줄 사람이 없게 된다. 그래서 불신자가 신자가 말한 방언을 μαίνεσθε라고 판단하게 된다.

둘째, 그와 반대로 바울은 신자들이 두 사람이나 많아야 세 사람이 차례를 따라서 방언을 말하고 한 사람이 통역을 하게 되면, 불신자가 ἀμὴν을 말할 것이라고 기대한다(14:16). 그리고 바울이 예언을 불신자에게가 아니라 신자에게 말하는 은사라고 말하는 이유는 두 가지로 설명될 수 있다.

첫째, 한편으로는, 만일 예언이 불신자에게 말하는 은사라면, 온 교회가 다 같이 예언을 말해서 도가 지나치도록 판단하는 문제가 발생한다. 그리고 온 교회가 다 같이 예언을 말하게 되면, 신자들 중에서 분별해주는 자가 상황에서 불신자가 말하는 '하나님이 참으로 너희 가운데 계신다'라는 말이 분별의 기능을 하게 된다.

둘째, 다른 한편으로는, 만일 예언이 신자들에게 말하는 은사이고 그래서 둘이나 셋이서 차례를 따라서 예언을 하고 다른 신자들은 분별해준다면, 상당한 의미변화가 발생한다. 예언을 통해서 도가 지나치게 판단하는 문제가 해결될 수 있고 그리고 신자가 말한 예언이 불신자에 의해서가 아니라 동료 신자에 의해서 분별 받게 된다.

고전 14장의 번역과 구조

14장: 방언과 통역, 예언과 분별 그리고 불신자가 신자를 판단하는 문제

1. 알아들을 수 있는 은사가 교회의 덕을 세운다(14:1–19)

가. 방언과 예언의 비교(14:1-5a)

14:1a Διώκετε τὴν ἀγάπην, ζηλοῦτε δὲ τὰ πνευματικά, - 머리말

1b μᾶλλον δὲ ἵνα προφητεύητε. - a

2 ὁ γὰρ λαλῶν γλώσσῃ οὐκ ἀνθρώποις λαλεῖ ἀλλὰ θεῷ·

οὐδεὶς γὰρ ἀκούει, πνεύματι δὲ λαλεῖ μυστήρια· - b

3 ὁ δὲ προφητεύων ἀνθρώποις λαλεῖ

οἰκοδομὴν

καὶ παράκλησιν

καὶ παραμυθίαν. - a

4 ὁ λαλῶν γλώσσῃ ἑαυτὸν οἰκοδομεῖ· - b

ὁ δὲ προφητεύων ἐκκλησίαν οἰκοδομεῖ. - a

5a θέλω δὲ πάντας ὑμᾶς λαλεῖν γλώσσαις, - b

μᾶλλον δὲ ἵνα προφητεύητε· - a

나. 방언의 통역이 교회의 덕을 세운다(14:5b-13)

5b μείζων δὲ ὁ προφητεύων ἢ ὁ λαλῶν γλώσσαις, ἐκτὸς εἰ μὴ διερμηνεύῃ,

ἵνα ἡ ἐκκλησία οἰκοδομὴν λάβῃ. - 머리말

6 Νῦν δέ, ἀδελφοί, ἐὰν ἔλθω πρὸς ὑμᾶς γλώσσαις λαλῶν, - a

τί ὑμᾶς ὠφελήσω - b

ἐὰν μὴ ὑμῖν λαλήσω ἢ ἐν ἀποκαλύψει ἢ ἐν γνώσει ἢ ἐν προφητείᾳ ἢ [ἐν]

διδα-χῇ; - a

7 ὅμως τὰ ἄψυχα φωνὴν διδόντα, εἴτε αὐλὸς εἴτε κιθάρα, ἐὰν διαστολὴν

τοῖς φθόγγοις μὴ δῷ, - a

πῶς γνωσθήσεται τὸ αὐλούμενον ἢ τὸ κιθαριζόμενον; - b

8 καὶ γὰρ ἐὰν ἄδηλον σάλπιγξ φωνὴν δῷ, - a

τίς παρασκευάσεται εἰς πόλεμον; - b

9 οὕτως καὶ ὑμεῖς διὰ τῆς γλώσσης ἐὰν μὴ εὔσημον λόγον δῶτε, - a

πῶς γνωσθήσεται τὸ λαλούμενον; - b

10 ἔσεσθε γὰρ εἰς ἀέρα λαλοῦντες. - b

τοσαῦτα εἰ τύχοι γένη φωνῶν εἰσιν ἐν κόσμῳ καὶ οὐδὲν ἄφωνον - a

11 ἐὰν οὖν μὴ εἰδῶ τὴν δύναμιν τῆς φωνῆς, – a

ἔσομαι τῷ λαλοῦντι βάρβαρος καὶ ὁ λαλῶν ἐν ἐμοὶ βάρβαρος. – b

12-13 12 οὕτως καὶ ὑμεῖς, ἐπεὶ ζηλωταί ἐστε πνευμάτων, πρὸς τὴν
οἰκοδομὴν τῆς ἐκκλησίας ζητεῖτε ἵνα περισσεύητε, 13 Διὸ ὁ λαλῶν
γλώσσῃ προσευχέσθω ἵνα διερμη-νεύῃ. - 결론

다. 마음(νοῦς)으로 말하는 것이 교회의 덕을 세운다(14:14-19)

14 ἐὰν [γὰρ] προσεύχωμαι γλώσσῃ, τὸ πνεῦμά μου προσεύχεται, ὁ δὲ νοῦς μου ἄκαρπός ἐστιν. - 머리말

15 τί οὖν ἐστιν; - 질문

προσεύξομαι τῷ πνεύματι, προσεύξομαι δὲ καὶ τῷ νοΐ· ψαλῶ τῷ πνεύματι, ψαλῶ δὲ καὶ τῷ νοΐ. - a

16-17 ἐπεὶ ἐὰν εὐλογῇς [ἐν] πνεύματι, ὁ ἀναπληρῶν τὸν τόπον τοῦ ἰδιώ-του πῶς ἐρεῖ τὸ ἀμὴν ἐπὶ τῇ σῇ εὐχαριστίᾳ; ἐπειδὴ τί λέγεις οὐκ οἶδεν· σὺ μὲν γὰ-ρ καλῶς εὐχαριστεῖς ἀλλ᾽ ὁ ἕτερος οὐκ οἰκοδομεῖται. - b

18-19 Εὐχαριστῶ τῷ θεῷ, πάντων ὑμῶν μᾶλλον γλώσσαις λαλῶ· ἀλλὰ ἐν ἐκκλησίᾳ θέλω πέντε λόγους τῷ νοΐ μου λαλῆσαι, ἵνα καὶ ἄλλους κατηχήσω, ἢ μυρίους λόγο-υς ἐν γλώσσῃ - 결론

2. 완전한 지혜, 사랑과 화평의 하나님, 그리고 성령의 은사의 올바른 사용(14:20–40)

가. 불완전한 지혜, 악 그리고 완전한 지혜(14:20-25)

20 Ἀδελφοί, μὴ παιδία γίνεσθε ταῖς φρεσὶν ἀλλὰ τῇ κακίᾳ νηπιάζετε,

ταῖς δὲ φρεσὶν τέλειοι γίνεσθε. - 머리말

21 ἐν τῷ νόμῳ γέγραπται ὅτι

ἐν ἑτερογλώσσοις καὶ ἐν χείλεσιν ἑτέρων λαλήσω τῷ λαῷ τούτῳ

καὶ οὐδ᾽ οὕτως εἰσακούσονταί μου,

λέγει κύριος. - a

22 ὥστε αἱ γλῶσσαι εἰς σημεῖόν εἰσιν οὐ τοῖς πιστεύουσιν

ἀλλὰ τοῖς ἀπίστοις, ἡ δὲ προφητεία οὐ τοῖς ἀπίστοις ἀλλὰ

τοῖς πιστεύουσιν. - b

23-25 23 Ἐὰν οὖν συνέλθῃ ἡ ἐκκλησία ὅλη ἐπὶ τὸ αὐτὸ

καὶ πάντες λαλῶσιν γλώσσαις, εἰσέλθωσιν δὲ ἰδιῶται ἢ ἄπιστοι,

οὐκ ἐροῦσιν ὅτι μαίνεσθε; 24 ἐὰν δὲ πάντες προφητεύωσιν, εἰσέλθῃ

δέ τις ἄπιστος ἢ ἰδιώτης, ἐλέγχεται ὑπὸ πάντων, ἀνακρίνεται ὑπὸ

πάντων; 25 τὰ κρυπτὰ τῆς καρδίας αὐτοῦ φανερὰ γίνεται, καὶ

οὕτως πεσὼν ἐπὶ πρόσωπον προσκυνήσει τῷ θεῷ ἀπαγγέλλων ὅτι

ὄντως ὁ θεὸς ἐν ὑμῖν ἐστιν. - c

나. 완전한 지혜: 방언의 통역과 예언의 분별(14:26-31)

26 Τί οὖν ἐστιν, ἀδελφοί; - 질문

ὅταν συνέρχησθε, ἕκαστος ψαλμὸν ἔχει, διδαχὴν ἔχει, ἀποκάλυψιν ἔχει,

γλῶσσαν ἔχει, ἑρμηνείαν ἔχει· πάντα πρὸς οἰκοδομὴν γινέσθω. - 머리말

27 εἴτε γλώσσῃ τις λαλεῖ, κατὰ δύο ἢ τὸ πλεῖστον τρεῖς καὶ ἀνὰ μέρος,

καὶ εἷς δ-ιερμηνευέτω. - a

28 ἐὰν δὲ μὴ ᾖ διερμηνευτής, σιγάτω ἐν ἐκκλησίᾳ, ἑαυτῷ δὲ

λαλείτω καὶ τῷ θεῷ. - b

29 προφῆται δὲ δύο ἢ τρεῖς λαλείτωσαν καὶ οἱ ἄλλοι διακρινέτωσαν, - a

30 ἐὰν δὲ ἄλλῳ ἀποκαλυφθῇ καθημένῳ, ὁ πρῶτος σιγάτω, - b

31 δύνασθε γὰρ καθ᾽ ἕνα πάντες προφητεύειν, ἵνα πάντ-ες μανθάνωσιν

καὶ πάντες παρακαλῶνται - a

다. 고린도 여성예언자들의 교만에 대한 바울의 경고(14:32-40)

32-33 32 καὶ πνεύματα προφητῶν προφήταις ὑποτάσσεται, 33 οὐ γάρ

ἐστιν ἀκαταστα-σίας ὁ θεὸς ἀλλὰ εἰρήνης, ὡς ἐν πάσαις ταῖς

ἐκκλησίαις τῶν ἁγίων - 머리말

34 αἱ γυναῖκες ἐν ταῖς ἐκκλησίαις σιγάτωσαν· οὐ γὰρ ἐπιτρέπεται αὐταῖς

λαλεῖν, ἀλλὰ ὑποτασσέσθωσαν, καθὼς κ-αὶ ὁ νόμος λέγει. - a

35 εἰ δέ τι μαθεῖν θέλουσιν, ἐν οἴκῳ τοὺς ἰδίους ἄνδρας

ἐπερωτάτωσαν· αἰσχρὸν γάρ ἐστιν γυναικὶ λαλεῖν ἐν ἐκκλησίᾳ. - b

36 ἢ ἀφ᾽ ὑμῶν ὁ λόγος τοῦ θεοῦ ἐξῆλθεν,

ἢ εἰς ὑμᾶς μόνους κατήντησεν; - c

37-38 37 Εἴ τις δοκεῖ προφήτης εἶναι ἢ πνευματικός, ἐπιγινωσκέτω ἃ
γράφω ὑμῖν ὅτι κυρίου ἐστὶν ἐντολή; 38 εἰ δέ τις ἀγνοεῖ, ἀγνοεῖται.
- 결론

결론적 권면

39-40 39 Ὥστε, ἀδελφοί [μου], ζηλοῦτε τὸ προφητεύειν καὶ τὸ λαλεῖν
μὴ κωλύετε γ-λώσσαις; 40 πάντα δὲ εὐσχημόνως καὶ κατὰ τάξιν
γινέσθω.

방언과 통역, 예언과 분별 그리고 불신자가 신자를 판단하는 문제[103]

1. 알아들을 수 있는 은사가 교회의 덕을 세운다(14:1-19)

가. 방언과 예언의 비교(14:1b-5a)

14:1a 사랑을 추구하며 성령의 은사들을 사모하라. - 머리말

1b 특별히 예언을 하려고 하라. - a

2 (왜냐하면) 방언을 말하는 자는 사람에게 하지 아니하고 하나님께 하나니 이는 알아듣는 자가 없고 (그는) 영으로 비밀을 말함이라. - b

3 그러나 예언하는 자는 사람에게 말하여

덕을 세우며

103 이것은 고린도전서 14장에 대한 본 저자의 사역(私譯)이다.

격려하며

위로하는 것이요 -a

4 방언을 말하는 자는 자기의 덕을 세우고 -b

예언하는 자는 교회의 덕을 세우나니 -a

5a 나는 너희가 다 방언 말하기를 원하나 -b

특별히 예언하기를 원하노라. -a

나. 방언의 통역이 교회의 덕을 세운다(14:5b-13)

5b 만일 누군가가 통역하여 교회의 덕을 세워주지 아니하면 예언

말하는 자가 방언 말하는 자보다 우월할 것이다. -머리말

6 그런즉 형제들아 내가 너희에게 나아가서 방언으로 말하고

계시나 지식이나 예언이나 가르치는 것으로 말하지 아니하면 -a

너희에게 무엇이 유익하겠는가? -b

7 피리나 거문고와 같이 생명 없는 것이 소리를 낼 때에 그 음의

분별을 나타내지 아니하면 -a

피리 부는 것인지 거문고 타는 것인지 어찌 알게

되겠는가? -b

8 그리고 만일 나팔이 분명하지 못한 소리를 내면 -a

누가 전투를 준비하겠는가? -b

9 이와 같이 너희도 혀로써 알아듣기 쉬운 말을 하지 아니하면 -a

그 말하는 것을 어찌 알리요 -b

10 만일 세상에 수없이 많은 종류의 소리가 있고 뜻 없는 소리가

없다면 -a

너는 허공에다 말하는 것으로 보일 수 있을 것이다. -b

11 그러므로 내가 그 소리의 뜻을 알지 못한다면 -a

나는 말하는 자에게 외국인이 되고 말하는 자도 내게 외국인이 될 것이다. -b

12-13 그러므로 너희도 영(혼)들을 사모하는 자인즉 그 숫자가 늘어나서 교회의 덕을 세울 수 있도록 구하라. 그러므로 방언으로 말하는 자는 통역하기를 기도하라. -결론

다. 마음으로 말하는 것이 교회의 덕을 세운다(14:14-19)

14 만일 내가 방언으로 기도하면 나의 영은 기도하지만 나의 마음은 열매를 맺지 못하리라. -머리말

15 그러면 어떻게 할까? -질문

내가 영으로 기도하고 또 마음으로 기도하리라. 내가 영으로 찬송하고 또 마음으로 찬송하리라. -a

16-17 그렇지 아니하면 네가 영으로 축복할 때에 초신자의 자리에 있는 자가 네가 무슨 말을 하는지 알지 못하기 때문에 네 감사에 어찌 아멘 하겠느냐? 너는 감사를 잘하였으나 다른 사람은 덕 세움을 받지 못하리라. -b

18-19 내가 너희 모든 사람보다 더 많은 방언을 말하므로 하나님께 감사하노라. 그러나 교회에서는 내가 일만 마디 방언으로 말하기 보다는 다른 사람을 가르치기 위해서 깨달은 마

음으로 다섯 마디 말을 하는 것이 나으니라. - 결론

2. 완전한 지혜, 사랑과 화평의 하나님, 그리고 성령의 은사의 올바른 사용(14:20-40)

가. 불완전한 지혜, 악 그리고 완전한 지혜(14:20-25)

20 형제들아 지혜에는 아이가 되지 말고 악에는 어린 아이가 되라 지혜에는 장성한 사람이 되라. - 머리말

21 율법에 기록된 바 주께서 이르시되

"내가 다른 방언과 다른 사람들의 입술로 이 백성에게 말 할 것이다. 이로써 그들은 내 말을 주의를 기울여 들으려하지 않아도 될 것이다." - a

22 그래서 표적이 되는 방언은 신자들에게 말하는 것이 아니라 불신자들에게 말하는 것이고 예언은 불신자들에게 말하는 것이 아니라 신자들에게 말하는 것이니라. - b

23-25 그러므로 온 교회가 함께 모여 다 방언으로 말하면 초신자들이나 불신자들이 들어와서 너희를 미쳤다 하지 아니하겠느냐? 그리고 다 예언을 하면 어떤 불신자나 초신자가 들어와서 모든 사람에게 책망을 들으며 모든 사람에게 판단을 받게 되어 그 마음의 숨은 일들이 드러나게 된다. 그런 다음 엎드리어 하나님께 경배하며 하나님이 참으로 너희 가운데 계신다 선언하리라. - c

나. 완전한 지혜: 방언의 통역과 예언의 분별(14:26-31)

26 그런즉 형제들아 어찌할까? - 질문

너희가 모일 때에 각각 찬송시도 있으며 가르치는 말씀도 있으며 계시도 있으며 방언도 있으며 통역도 있나니 이 모든 것을 덕을 세우기 위하여 사용하라 - 머리말

27 만일 누가 방언으로 말하거든 두 사람이나 많아야 세 사람이 차례를 따라 하고 한 사람이 통역할 것이요 - a

28 만일 통역하는 사람이 없으면 교회에서는 잠잠하고 대신 자기와 하나님께 말할 것이요 - b

29 예언하는 사람들은 둘이나 셋이서 말하고 다른 이들은 분별할 것이요 - a

30 만일 곁에 앉아 있는 다른 이에게 계시가 있으면 먼저 하던 자는 잠잠할지니라. - b

31 너희는 모든 사람이 배우고 모든 사람이 격려를 받도록 모두가 한 번씩 예언할 수 있느니라. - 결론

다. 고린도교회 여성 예언자들의 교만에 대한 바울의 경고(14:32-40)

32-33 예언자들의 영은 예언자들에게 복종한다. 모든 성도들의 교회들에서와 같이 하나님은 무질서의 하나님이 아니시오 화평의 하나님이시기 때문이니라. - 머리말

34 율법에 이른 것 같이, 여자들은 교회에서 잠잠하라.

그들에게는 말하는 것이 허락되지 않았고 복종할 것이니라.- a

35 만일 누군가 배우고자 하는 것이 있다면 집에서
자기 남편에게 물을지니라. 여자가 교회에서
말하는 것이 부끄러운 것이라. -b
36 하나님의 말씀이 너희로부터 난 것이냐 또는
너희에게만 임한 것이냐? -c
37-38 만일 누구든지 자신을 예언자나 혹은 성령의 사람으로 생각
하거든 내가 너희에게 편지하는 이 글이 주의 명령인 줄 알
라. 만일 누구든지 알지 못하면 그는 모르는 자니라. -결론

결론적 권면

39-40 그러므로 내 형제들아 예언하기를 사모하며 방언 말하기를
금하지 말라. 모든 은사가 합당하다. 그리고 그것들을 질서
있게 사용하라.

고전 14장의 새로운 구조 배경

1. ἀγάπη의 주제와 고전 14:20-25에서 바울의 진술

먼저, 고린도전서 14장이 12-14장에서 어떻게 위치하는지 그리고 14장이 어떤 종류의 구조를 가지는지를 설명하는 것이 중요하다. 그리고 고전 12-14장에서 바울의 논점이 χαρίσματα에서 πνευματικά로 옮겨진다는 것을 고려할 때, 14:1에서 중요하게 언급되는 ἀγάπη와

πνευματικά와 관련해서 바울이 방언의 은사를 어떻게 설명하는지를 이해하는 것이 중요하다.

그러나 학자들의 서로 다른 접근방법들과 견해들로 인해서 ἀγάπη와 πνευματικά 사이의 관련성에 관한 합의를 찾는 것이 다소 어려워 보일 수 있다(특히, 12:31과 14:1 사이의 연결성). 그러나 가장 중요한 것은 고전 14장에서 바울의 전반적인 논지가 알아들을 수 있는 예언이 알아들을 수 없는 방언보다 더 우월하다는 기존의 학자들 사이의 합의가, 14장에서 바울의 방언관과 관련해서 가장 중요하면서 동시에 해석하기 어려운 본문인, 14:20-25의 해석과 어떻게 연결되는지를 해결하지 못하였다는 것이다.

따라서 고린도전서 14장의 주석적 문제와 관련해서 학자들 사이에서 가장 중요한 이슈는 '14장에서 ἀγάπη가 성령의 은사와 관련해서 어떻게 설명되는가?' 그리고 '그 주제와 관련해서 14장은 어떤 구조를 가지는가?'에 관한 것이다. 키우(J. E. A. Chiu)는 14:1a의 Διώκετε τὴν ἀγάπην, ζηλοῦτε δὲ τὰ πνευματικά을 13장에 포함시키면서 14장을 두 파트로 나눈다: 14:1b-25절 그리고 26-40절.

그는 12-14장에서 14:1a를 두 번째 파트(12:31b-14:1a)장에 포함시키면서 14:1a를 전환 본문(transition)으로 이해한다. 이 전환 본문은 두 번째 파트(12:31b-14:1a)의 결론이면서 동시에 세 번째 파트

(14:1b–40)를 소개하는 역할을 한다.[104]

키우가 제시하는 이 구조에 의하면, 14장에서 바울의 진술은 예언과 방언에 관한 비교를 통해서 방언에 대한 예언의 우월성이 강조된다. 그러나 이 구조는 ἀγάπη와 πνευματικά 그리고 방언과 예언 사이의 상관관계를 중요하게 고려하지 않는다.

그래서 이 구조에 의하면, 12–14장의 더 큰 구조 안에서 바울이 14장에서 진술하고자 한 것이 무엇인지가 분명하게 설명되기 어렵다. 반면에 The Greek New Testament, 4th Revised Edition을 포함해서 대부분의 주석자들은 고린도전서 14장을 다음과 같이 두 파트로 나눈다: 1–25절 그리고 26–40절.[105] 고든 피(G. Fee)는 바울이 설명하는 ἀγάπη를 '가장 훌륭한 방법'으로 해석할 것을 제안한다(12:31의 ὑπερβολὴν ὁδὸν).[106] 그리고 그는 고린도전서 전체 구조 안에서 A–B–A의 교차대구배열을 발견되고 그래서 12–14장은 A(12장) – B(13장) – A(14장)의 구조를 가진다고 주장한다.[107] 이 구조에 의하면, 14장의 첫 번째 파트(1–25절)에서 바울이 의도한 것은 고린도 교회에게 예언의 은사를 권장하면서 그들의 예배에서 알아들을 수

104 Chiu, *1 Cor 12-14: Literary Structure and Theology*, pp. 178-222.

105 *The Greek New Testament,* 4th Revised Edition (Kurt Aland, Matthew Black, Carlo M. Martini, Bruce M. Metzger, and Allen Wikgren) (Stuttgart: Deutsche Bibelgesellschaft, 1993), pp. 598-601; Fee, *The First Epistle to the Corinthians*, pp. 652-713; Thiselton, *The First Epistle to the Corinthians*, pp. 1074-1168; Hays, *First Corinthians*, pp. 233-252; Keener, *1-2 Corinthians*, pp. 111-121.

106 Fee, *The First Epistle to the Corinthians*, pp. 616, 625.

107 Fee, *The First Epistle to the Corinthians*, pp. 15-16, 571.

없는 은사 사용에서 알아들을 수 있는 은사 사용으로 교정하고자 한 것이었다. 예언은 신자와 불신자 둘 다를 위한 은사로 설명된다. 왜냐하면 알아들을 수 있는 언어가 교회의 덕을 세울 뿐만 아니라 불신자가 회심하도록 이끌기 때문이다.[108]

고든 피가 정의하는 14장의 두 번째 파트에서(26–40절) 바울의 논지는 고린도교회가 동시에 다 같이 방언을 말하는 문제에 의해서 발생하는 무질서를 해결하기 위해서 질서 있는 예배의 절대적 필요함이다. 그래서 사도 바울은 그들에게 적절한 은사 사용을 위한 규정을 제시한다.[109] 헤이스는 고든 피의 교차대구배열을 지지하면서 12:31과 14:1a의 구조를 A-B-B-A로 제안한다: A(12:31a의 τὰ χαρίσματα τὰ μείζονα) – B(12:31b의 ὑπερβολὴν ὁδὸν) – B(14:1의 τὴν ἀγάπην)– A(14:1의 τὰ πνευματικα).

그는 첫 번째 파트(14:1–25)의 핵심 주제를 '교회의 유익을 위해서 예언이 방언보다 우월함'으로 그리고 두 번째 파트(14:26–40)의 핵심 주제를 '교회 안에서의 질서'로 설명한다. 두 번째 핵심 주제는 첫 번째 파트의 관점과 일치된다.[110]

그러나 씨셀튼은 전통적인 교차대구배열의 패턴을 반대한다. 왜냐하면 그는 13장에서 설명되는 바울의 사랑의 개념이 14장을 관통

---

108 Fee, *The First Epistle to the Corinthians*, pp. 571, 652.

109 Fee, *The First Epistle to the Corinthians*, pp. 571, 688.

110 Hays, *First Corinthians*, pp. 235-252.

한다고 주장한다.[111] 씨셀튼은 12장에서 은사 중요도 순서와 관련해서 고린도교회의 평가에서 사도 바울의 평가로 전환이 발생한다고 설명한다. 바울은 고린도교회가 제시하는 가장 큰 은사들에 대해서 반대하면서 그들의 은사 중요도 순서를 뒤집는다.[112]

그리고 그 역시 다른 주석자들과 같이 14장의 구조를 1–25절과 26–40절로 구분하지만, 첫 번째 파트에서 가장 중요한 가치를 ἀγάπη로 제안한다. 그에 따르면, 알아들을 수 있는 소통의 은사는 교회 전체가 성도의 건전한 교제를 할 수 있도록 장려하는 반면에, 방언은, 다른 사람의 덕을 세우는 알아들을 수 있는 은사들과 반대로, 무익하고 알아들을 수 없는 소음이며 그래서 교회를 분열시키는 장벽이고 불협화음일 뿐이다.

두 번째 파트는 다른 사람을 위한 ἀγάπη에 대해서 그리고 하나님의 통치에 의한 올바른 은사 서열에 대해서 말한다.[113] 이와 같이 씨셀튼이 제시하는 고전 12–14장의 구조 이해와 기존의 주석가들이 제시하는 교차대구에 의한 구조 이해 사이에 가장 큰 차이점은 14장에서 ἀγάπη가 가지는 해석적 가치일 것이다. 이 문제는 고전 14장에서 바울이 진정으로 진술하고자 한 것이 무엇인지와 깊은 관련이 있다. 최근에 문병구는 씨셀튼과 비슷한 입장에서, 고전 12–14장이 내용상 전체 서신의 절정으로 이해되어야 함과 그리고 12–14장 안

---

111 Thiselton, *The First Epistle to the Corinthians,* pp. 1024, 1074, 1082-1084.

112 Thiselton, *The First Epistle to the Corinthians*, p. 1024.

113 Thiselton, *The First Epistle to the Corinthians*, pp. 1074-1077.

에서 가장 중요한 13장의 ἀγάπη 윤리가 서신 전체의 절정이 되어야 함을 제안한다.[114] 이와 같이, 최근에 고린도전서 14장 해석을 위해서 ἀγάπη가 가지는 해석적 중요성을 강조하는 경향이 있다. 그래서 고린도전서 12–14장 안에서 14장의 위치를 설명함에 있어서, ἀγάπη의 사랑이 고린도교회의 은사 사용에 대한 사도 바울의 견해에 어떻게 반영되어 있는지가 14:20–25 해석을 위한 중요한 주제이다. 그리고 이것이, 22절의 모순 없이, 14:20–25을 어떻게 설명할 수 있을지에 관한 문제는 학자들 사이에서 여전히 주석적 문제로 남아 있다.

2. ἀγάπη의 주제와 고전 14:20–25의 새로운 구조적 위치

그러나 기존의 구조와 달리, 본 저서는 고린도전서 14장의 구조를 새롭게 구성한다: 1–19절 그리고 20–40절. 그 안에서 20–25절은 14장의 두 번째 파트의 첫 번째 단락에 위치한다. 기존의 어떤 학자도 사도 바울이 14:1에서 언급하는 ἀγάπη와 τὰ πνευματικά가 14장의 마지막 절까지 포괄하면서 그 안에서 방언이 긍정적인 의미로 해석

114 문병구에 의하면, 고린도전서의 신학적 기초와 핵심주제에 관한 불트만과 바르트 사이의 논쟁이 있었고 그 두 학자들 사이의 공통적인 견해는 고린도교회의 다양한 문제 안에 영적 열광주의적인 요소가 중요하게 자리 잡고 있다는 것이다. 그리고 문병구는 바울이 고린도전서 12-14장에서 그 영적 열광주의의 문제를 중요하게 다루고 있고 13장에서 설명되는 ἀγάπη가 바울이 고린도교회의 문제를 해결하기 위한 해석적 열쇠의 기능을 한다고 본다. B. Moon, *Rudolf Bultmanns Ausführungen zum Ersten Korintherbrief: Beiträge zur Rekonstruktion seiner Vorlesung* (Frankfurt am Main: Peter Lang, 2005), p. 235; 문병구, '종교사적 관점에서 본 고린도전서의 신학,' 신학사상 140 (2008. 봄), pp. 194-195. 그러나 본 저자는 '고전 12-14장에서 방언의 사용과 관련한 고린도교회의 영적 열광주의에 관한 문제가 발견되고 그 대신에 바울은 고린도교회에게 예언의 은사를 권면한다'는 기존의 이론에 동의하지 않는다.

될 수 있다고 제안하지 못했다.

게다가, 14:22의 주석적 문제가 14장 전체의 바울의 진술을 이해하는데 있어서 가로막고 있다. ἀγάπη와 관련해서, 14장에서 사랑의 중요성을 가장 잘 이해하고 있는 씨셀튼 조차 사랑의 주제가 오직 1-25절까지만 포괄한다고 생각한다. 그의 설명에 의하면, 방언은 다른 사람의 유익을 고려하지 않는 어린 아이 수준의 은사인 반면에, 예언의 말씀이 십자가에 근거한 판단일 경우 불신자에게 복음의 진리를 깨닫게 해 준다.[115] 비록 그의 설명이 기존의 학자들 중에서 가장 설득력을 얻고 있지만, 그의 해석은 14:22b와 14:24-25 사이에서 발견되는 명백한 모순에 직면할 뿐 아니라 게다가 4:3-4에서 바울의 진술과 모순된 방식으로 불신자의 마음속의 숨겨진 것까지 드러날 정도로 도가 지나치게 판단하는 것으로 인해서 불신자가 '모든 신자에 의해서 하나씩 판단 받는 것'(14:24의 ἀνακρίνεται ὑπὸ πάντων)이 어떻게 ἀγάπη에 일치할 수 있는지 설명하지 못한다. 그러나 본 저자는 여기에서 14:1a의 ἀγάπη와 τὰ πνευματικά를 14장 전체를 요약하는 해석의 척도로 제안한다. 12:31b부터 14:40까지 관통하는 ἀγάπη는 가장 중요한 해석적 열쇠이다. 그래서 바울이 8:1에서 말한 'ἀγάπη가 (교회를) 세운다'는 것이 12:31b~14:40까지 이어진다.

14장에서 사도 바울의 전반적인 논지는 'ἀγάπη가 τὰ πνευματικά을 가진 교회의 덕을 세우고 그리고 그것을 위해서 교회 안에서 성령의

115 Thiselton, *The First Epistle to the Corinthians*, pp. 1074, 1128.

은사들의 올바른 사용을 위한 신실한 성도의 교제가 필수적이다'는 것이다. 다시 말해서, 신실한 성도의 교제와 평행한 개념인 ἀγάπη가 교회의 덕을 세우기 위해서 τὰ πνευματικά의 사용법을 위한 가장 좋은 길을 보여준다. 여기에서 설명되는 바울의 방언관에 의하면, 그 은사는 그리스도의 몸 된 교회에 속한다(12:4–7, 12). 그러나 그것은 개인의 영적 자랑이 되어서는 안 되고 대신에 교회 전체의 유익을 위해서 사용되어야 한다.

미켈(O. Michel)은 헬라어 οἰκοδομέω[(교회를) 세우다]가 다양한 모임에서 교회의 내적 성장을 위한 지식중심의 기독교 교육을 반영한다고 말한다.[116] 12장의 은사 목록에서 방언은 가장 열등한 은사인 것처럼 설명되고, 게다가 바울은 예언이 방언보다 우월함을 언급한다(12:10, 28–30; cf. 14:1b–5a, 39). 그리고 14장에서 설명되는 성령의 은사를 통한 기독교 교육에 관한 학자들의 전반적인 견해에 의하면, 방언이 신자들의 모임에서 전혀 교육적인 도움이 안 된다는 것이다. 이러한 해석적 경향은 개인에게 유익을 주는 방언의 성격을 부정적으로 이해한다.[117] 슈라게 역시 10:23–24의 관점에서 14:4a의 οἰκοδομέω를 해석하면서 고린도교회의 방언 은사를 이기적이고 안하무인(眼下無人)에 해당하는 것으로 설명한다.[118] 그러나 고린

116 Michel, 'οἰκοδομέω,' in *TDNT*, vol. 5, p. 141.

117 Michel, 'οἰκοδομέω,' p. 141; cf. R. G. Gromacki, *Called to Be Saints, An Exposition of 1 Corinthians* (Grand Rapids, 1977), p. 168; John F. MacArthur, *1 Corinthians*, MANTC (Chicago, Illinois: Moody Pub., 1984), p. 372.

118 Schrage, *Der erste Brief an die Korinther*, p. 388.

도전서 14장에서 설명되는 바울의 방언관을 긍정적으로 이해하려는 시도가 이미 오래전부터 제기되었다. 필하우어(P. Vielhauer)는 헬라어 οἰκοδομέω는 이중 의미로 사용되었다고 주장한다: 자족(self-sufficiency) 혹은 자기가치 확인 (self-affirmation), 그리고 진정으로 다른 사람들의 덕을 세우는 것. 고린도전서 14:4a의 경우는 전자의 의미로 사용되었다.[119]

최근에 씨셀튼은 한편으로는 그의 견해를 어느 정도 지지하였다.[120] 그러나 다른 한편으로 씨셀튼은 성령에 의해서 말하게 되는 μυστήρια(비밀)과 οὐδεὶς γὰρ ἀκούει(알아듣는 자가 없고) 사이에서 발견되는 방언이 가지고 있는 모순을 지적한다(14:2).[121] 그러나 고든 피는 그러한 방언에 대한 부정적인 견해에 문제를 제기하면서 '바울이 그러한 것을 의도하지 않았다'고 반박한다. 그는 방언 말하는 자 스스로의 덕을 세우는 방언의 특징이 이기적인 것이 아니라 기도와 찬양을 통해서 얻게 되는 신자 개인의 지식 함양이 될 수 있고 그래서 방언으로 비밀을 말하는 것이 방언 말하는 자에게 감화를 줄 수 있다고 설명한다.[122]

고든 피의 설명에도 불구하고, 방언이 가지고 있는 자기 교화의 한계는 여전히 남아 있다. 왜냐하면 자신의 덕을 세우는 방언이 교

119 Philipp Vielhauer, *Oikodome: das Bild vom Bau in der christlichen Leteratur vom Neuen Testament bis Clemens Alexandrinus* (Heidelberg, 1939), pp. 91-98.

120 Thiselton, *The First Epistle to the Corinthians*, p. 1095.

121 Thiselton, *The First Epistle to the Corinthians*, pp. 1084-1086.

122 Fee, *The First Epistle to the Corinthians*, p. 657.

회의 덕을 세우지 못하고 그래서 교회에서는 방언 말하는 것이 허락되지 않기 때문이다(14:4, 28). 게다가, 최근까지 학자들이 제시한 기존의 고린도전서 14:20-25의 구조적 위치는 이 본문을 방언에 대한 바울의 부정적인 견해의 절정으로 만들었다. 그러나 본 저자는 여기에서 새로운 구조를 제시한다(14:1-19 그리고 14:20-40).

이 구조 안에서 14:20-25의 위치가 새롭게 설정된다. 이 새로운 구조적 이해에 의해서 설명되는 바울의 진술은 방언을 알아들을 수 없기 때문에 교회의 덕을 세우는데 불필요한 은사라는 것이 아니라 방언의 알아들을 수 없는 성격 때문에 통역의 은사가 절대적으로 필요하다는 것이다. 이 새로운 해석에 의해서, 방언이 가지고 있는 자신의 덕을 세우는 것의 한계가 해결된다. 방언이 통역될 때, 그 은사는 교회의 질적인 성장 뿐 아니라 양적인 성장까지 줄 수 있다.

14장에서 방언과 관련해서 중요한 단어들인 '교회'(ἐκκλησία), '감사'(εὐχαριστία), '축복하다'(εὐλογέω), 그리고 '함께 모이다'(συνέρχομαι)는 '그리스도의 몸'과 '주의 식탁'과 같은 바울의 주요 개념을 반영한다. 비록 14장에서 주의 식탁과 같은 용어가 직접적으로 사용되지 않는다고 할지라도, 바렛트와 헤이스는 14:23, 26의 συνέρχομαι를 11:17-34(주의 만찬)의 그 단어와 동일한 의미로 해석한다.[123] 고든 피는 14:16-17에서 사용된 εὐλογέω와 εὐχαριστέω가 10:16과 11:24

---

123 Barrett, *The First Epistle to the Corinthians*, p. 324; Hays, *First Corinthians*, p. 241.

과 동일한 의미로 사용되었다고 주장한다.[124]

이것을 고려할 때, 방언은 주의 떡과 잔 그리고 부활을 반영하는 하나님의 숨겨진 비밀, 즉 케리그마를 말하는 성령의 은사이다. 그래서 초신자들이 주의 식탁에서 신자들이 신실한 교제를 통해서 말하는 방언의 통역을 듣고서 기독교의 감화를 받게 되고 ἀμήν을 말할 수 있게 된다(14:16). 그렇다면 14장에서 바울이 의도한 것이 알아들을 수 있는 은사를 통한 교회의 영적 성장 그 이상을 의미할 수 있다. 바울이 진정으로 의도한 것은 ἀγάπη에 기초해서 교회의 일치를 이루는 것으로서, 방언의 통역 그리고 예언의 분별을 통한 교회의 덕을 세우는 것이다. 이것과 관련해서, 14:23-25을 생각할 때, 특히 예언과 관련해서, 24-25절이 설명하는 고린도교회의 예언 사용 방법이 불신자들의 ἀμήν을 유도하는데 있어서 진정으로 적합한 방법인가?

고린도전서 14장의 새로운 구조 안에서, ἀγάπη와 관련해서 헬라어 οἰκοδομέω(덕을 세우다)와 οἰκοδομή(덕음 세움)은 7번 사용된다: 첫 번째 파트에서 6번(14:3-4, 5b, 12, 17) 그리고 두 번째 파트에서 1번(14:26). 첫 번째 파트는 세 단락으로 나뉜다: 1-5a절, 5b-13절 그리고 14-19절. οἰκοδομέω 혹은 οἰκοδομή는 첫 번째 단락에서 3번, 두 번째 단락에서 2번 그리고 세 번째 단락에서 1번 사용된다. 첫 번째 단락에서(1-5a절), 바울은 방언과 예언을 비교하면서 예언이 방언보다 우월하다고 말한다(14:5a).

---

124 Fee, *The First Epistle to the Corinthians*, p. 672, no 35.

왜냐하면 알아들을 수 있는 은사가 교회의 덕을 세우기 때문이다. 두 번째 단락은(5b–12) 방언이 통역 없이 열매를 맺지 못 할 경우 예언보다 열등하게 되는 이유를 설명한다. 그리고 교회의 덕을 세우기 위해서 통역의 필요성을 역설한다. 세 번째 단락은(13–19절) 그리스도의 마음(νοῦς)으로 다른 사람을 가르치기 위해서 말하는 것이 교회의 덕을 세움을 말한다(통역과 마음과의 관계에 대해서 Migr 1:72–73, 81를 참조하라). 그리스도의 마음으로 말하는 통역이 신자와 초신자 둘 다의 덕을 세울 수 있고 그래서 초신자가(τοῦ ἰδιώτου) ἀμήν을 말하면서 복음화 될 수 있다.

두 번째 파트(14:20–40) 역시 세 단락으로 나뉜다: 20–25절, 26–31절 그리고 32–40절. 두 번째 파트에서 οἰκοδομή가 1번 사용된다(26절). 여기에서 바울은 방언도 교회의 덕을 세우기 위해서 사용될 수 있다고 말한다. 두 번째 파트의 결론을 미리 말하자면, 바울은 첫 번째 파트와 다소 다른 관점에서 표적이 되는 방언을 불신자에게 말하는 은사로 그리고 예언을 신자들에게 말하는 은사로 정의한다. 14:22은 14:23–38을 해석하기 위한 중요한 진술 역할을 한다. 14:23은 신자들이 방언을 잘못 사용할 때 불신자들이 신자들의 방언을 μαίνεσθε(미쳤다)[125]라고 오해하며 불신자들이 신자를 판단할 수 있다는 바울의 우려를 보여준다.

표적이 되는 방언은 신자들에게 말하지 않고 불신자들에게 말하

125 고전 14:23의 μαίνεσθε는 부정적 의미로서 '미쳤다' 혹은 다소 긍정적 의미의 '영감을 받았다'(your are inspired)로 번역이 둘 다 가능하다.

는 은사이고 예언은 불신자들에게 말하지 않고 신자들에게 말하는 은사라는 바울의 선언은(14:22) 신자들의 말과 행동이 불신자들에 의해서가 아니라 동료 신자들에 의해서 판단 받아야 된다는 바울의 지도 원칙을 위반하면서 방언과 예언을 사용하던 고린도교회의 상황을 교정하기 위한 해결책이다(2-3; 4:6; 6:5-6; 11:19; 14:29를 참조하라). 이러한 점에서, 사도 바울의 교회의 덕을 세우라는 목회적 권면은 신자들의 모든 말과 행동이 신실한 성도의 교제 안에서 동료 신자들에 의해서 올바르게 판단 받아야 된다는 함의를 내포하고 있다. 이것은 이미 바울 자신과 아볼로의 예를 통해서 ἀγάπη의 기독교 윤리의 모범으로 제시된 것이다(3:6; 4:6).

두 번째 파트에서(14:20-40), 바울은 지혜와 악의 이원론적 세계관에서 성령의 은사들의 올바른 사용법에 관하여 설명한다. 고린도전서에서 바울이 설명하는 φρεσὶν의 지혜는 그리스도 중심의 지혜로서(4:10) 이 지혜는 강한 신자를 그리스도 때문에 어리석게 만들고 약한 신자를 그리스도 안에서 지혜롭게 만든다. 윤철원은 바울이 제시하는 가난의 모티브로 고린도전서를 읽으면서 고전 11장의 분열과 분쟁의 문제에 담긴 '온전히 합하라'는 바울의 권고를 수사학적인 해법으로 제안한다.[126]

126 윤철원이 제안하는 읽기를 통해서, 온전히 합하여 한 몸을 이루라는 바울의 권고는 복음서에서 설명되는 예수의 하나님나라 사상의 맥락과 일치한다. 윤철원, '분쟁의 모티브로 읽는 고린도교회의 불일치와 가난한 사람들에 대한 배려를 통한 교회일치의 실천,' 『신약논단』 16권 2호 (2009), pp. 461-494.

이와 같은 방식으로 φρεσὶν의 지혜는 교회의 연합을 이루게 하고 하나님의 집을 세운다. 첫 번째 단락에서 (14:20–25), 그리스도 중심의 세계관을 담고 있는 φρεσὶν의 지혜는 열등한 방언 말하는 자들을 '그리스도 안에서'(ἐν Χριστῷ) 지혜롭게 만들고 반면에 우월한 예언자들을 '그리스도 때문에'(διὰ Χριστόν)) 어리석게 만든다. 이 지혜는 바울의 구약성서 인용을 읽는데 영향을 미친다.

그러므로 사 28:11 LXX와 14:21의 상호 텍스트를 위한 '회고적 읽기'는 14장의 문맥적 의미에서 'φρεσὶν으로 읽기'로도 설명이 될 수 있다. φρεσὶν으로 읽기에 근거해서 14:21에서 인용된 율법이 14:22에서 '표적이 되는 방언이 불신자들에게 말하는 것'이라는 진술을 위한 증거로서 제시된다. 그리고 φρεσὶν으로 읽기와 21절이 22a의 방언에 관한 바울의 선언에 영향을 미친것과 같은 방식으로 22b의 예언에 관한 바울의 선언에도 영향을 미친다. 그래서 예언은 신자들에게 말하는 은사가 된다. 14:23–25은 고린도교회에서 성령의 은사들이 올바르지 않게 사용되는 예들을 보여준다.

온 교회가 함께 모여서 다 방언으로 말하게 되면, 초신자들이나 불신자들이 신자들을 가리켜 '미쳤다'(μαίνεσθε)라고 평가할 것이다. 이 때, γνῶσις의 엘리트적인 지혜[127]를 가진 고린도교회의 강한 신자

127 본 저서가 설명하는 '엘리트' 혹은 '엘리트적인 지혜'의 개념은 스티븐 프리젠[Steven J. Friesen, 'Poverty in Pauline Studies: Beyond the So-called New Consensus,' *JSNT* 26 (2004), pp. 323-361]이 제안하는 AD 1세기 전체 사회 구조 안에서 엘리트 고유의 지혜로 설명되기보다는 먼저 유대–기독교의 세계 안에서 설명되어야 한다. 그런 다음, 그것의 의미를 프리젠의 사회 구조 안에서 설명할 수 있을 것이다.

들은 자유(ἐξουσία)를 가지고 있어서 그들의 양심이 약해지지 않는 반면에 γνῶσις의 지혜를 가지고 있지 않은 약한 신자들의 양심은 연약해지게 될 것이다(8장).

그리고 온 교회가 다 예언을 하면, 어떤 불신자나 초신자가 들어와서 모든 신자에게서 책망을 받고 모든 신자에게서 판단을 받아서 그 마음의 숨은 일들이 드러나게 될 정도로 낱낱이 판단을 받을 것이다. 그러나 이와 같이 예언을 통해서 판단하는 방법은 바울이 고린도교회에게 지양해야 할 것으로 가르친 것이다(4:3–5). 이러한 방식의 은사 사용법은 바울이 설명하는 ἀγάπη와 φρεσὶν에 부합하지 않는 것이다.

두 번째 단락은(14:26–31) 22절에 근거해서 '방언과 통역' 그리고 '예언과 분별'과 같은 짝을 이루는 성령의 은사들을 통해서 교회의 덕을 세우는 방법에 대해서 설명한다. 성령의 은사들의 잘못된 사용법에 관한 문제를 해결하기 위해서, 표적이 되는 방언은 신자들에게가 아니라 불신자들에게 말하는 은사가 되고 예언은 불신자들에게가 아니라 신자들에게 말하는 은사가 되어야한다. 이것은 신자들이 말한 것이 불신자들에 의해서 판단 받는 문제와 그리고 약한 신자들의 말과 행동이 강한 신자들(the strong πνευμάτων 혹은 the strong πνευματικοῖς)에 의해서 인정받지 못해서 교회가 분열되는 문제를 해결하기 위한 사도 바울의 '지혜'(φρεσὶν)이다.

세 번째 단락에서(14:32–40), 20절의 '악'(τῇ κακίᾳ)은 33절의 '무질서'(ἀκαταστασίας)로 연결된다. 고린도교회의 분열의 상황에서, 여성 예언자들은 교만하였고 동료 신자들을 경시하였다(5:6–8; 14:20, 36). 게다가, 그들은 자신의 예언이 신자들이 아니라 불신자들에 의해서 판단 받기를 원했다. 이러한 이유로 인해서 사도 바울은 그들에게 교회에서 잠잠할 것을 명령한다.

예언의 악한 사용에 대조되는 지혜(φρεσὶν)는 세상에서 경시당하는 동료 신자들이 교회 안에서 배우고 격려 받도록 예언을 사용하게 만든다(cf. 1:28; 11:22). 또한 바울이 설명하는 지혜는 신자들이 한 번씩 예언을 해서 누구도 경시당하거나 소외당하지 않도록 지시한다. 이러한 해석과 함께 고린도전서 14장의 새로운 구조는 14:34의 '여자는 교회에서 잠잠하라'와 관련한 현대 여성신학자들과 사도 바울의 여성관 사이에 놓인 주석적 문제를 어느 정도 해결해준다.

여기에서 바울이 비판한 여성 예언자들은 고린도교회에서 강자와 약사 사이의 분열의 상황에서 스스로를 높이고 자랑하는 누룩과 동일시될 수 있을 것이다(5:6–8; 14:36). 따라서 14:34에서 여성을 향한 바울의 명령은 모든 여성들을 향한 일반화가 아니라 특정한 상황을 반영한다. 고린도교회의 여성 예언자들에 대한 사도 바울의 제재('여자는 교회에서 잠잠하라')는 항구적이거나 모든 고린도교회 여성을 향한 명령으로 이해되기 보다는 고린도교회의 특수한 상황과 관련해서 일시적이고 특정 부류를 향한 것으로 이해되어야 할 것이다(또한, 고전 12:13을 갈 3:28과 비교하라). 39–40절은 결론적인 권고이다. 사도 바울은 예언자들과 스스로 성령의 사람이라고 주장하는 자들에게 주의 명령에 순종할 것을 말한다. 예언이 방언보다 우월하고 방언은 상대적으로 열등할 수 있지만, 방언 역시 교회의 덕을 세우기 위해서 필수적인 은사이다. 모든 은사는 합당하게 여김 받고 그리고 그것들은 바람직하게 사용되어야 할 것이다.

고린도전서 14장의 새로운 구조 분석

ἀγάπη와 성령의 은사에 대해서 설명하는 고린도전서 14장에서 가장 중요한 본문으로 고려되는 14:20-25에서 22절의 주석적 문제로 인해서, 학자들 사이에서 14장의 구조에 대한 합의가 이루어지지 않았다.

그래서 주석가들은 14장의 구조에 대한 다양한 견해를 제시하였다. 본 저서는 앞에서 설명한 바와 같이, 14:21-22의 새롭게 읽기에 의해서 14장의 새로운 구조를 제안한다. 특별히, 14:21-22 사이의 언어적 통일성과 14:22의 순차적 읽기는 22절과 26절 이하 사이의 통일성을 제안한다. 이것에 의해서, 본 저자는 14장의 구조를 두 파트로 구성한다: 1-19 그리고 20-40절. 여기에서 14장의 구조 설명과 함께 주석적 설명을 병행할 것이다.

이 모든 작업은 본 연구의 언어학적인 접근방법을 위해서, 14장에서 22절의 위치와 그리고 그 안에서 바울이 진술하고자 한 것이 무엇인지를 살펴보기 위한 것이다. 이미 앞에서 14:21-22의 통일성 있는 읽기를 설명하였다고 할지라도, 이러한 작업 없이는 많은 단어들로 구성된 14장 안에서 21–22절이 어떻게 위치하며 그리고 그 안에서 바울이 진술하고자 한 것이 무엇인지를 알기가 어려울 것이다.

1. 알아들을 수 있는 은사가 교회의 덕을 세운다(14:1–19)

앞에서 설명한 바와 같이, 대부분의 주석가들은 고린도전서 14장의 첫 번째 파트의 범위를 25절까지 포함시킨다. 그리고 14:1–25에 대한 문단 구성은 학자들마다 다르게 제안된다. 그들 중에서 특히 씨셀튼은 첫 번째 파트를 네 단락으로 나눈다(1–5절, 6–12절, 13–19절 그리고 20–25절).[128]

그러나 갈란드는 14:20–25의 구조적 위치를 기존의 주석가들과 다르게 설정한다: 1–19절; 20–25절; 26–40절.[129] 하지만 본 저자는 14:21–22의 새로운 읽기를 제안하고 그리고 그것에 의한 14:20–25의 통일성 있는 읽기를 제안한다. 그리고 그것에 의해서 14장에서 새롭게 설명되는 바울의 진술을 제안한다. 결국 14:21–22의 회고적 읽기는 14장의 새로운 구조적 위치 설정을 제안하고 그 안에서 14:20–25은 새롭게 위치 설정된다. 따라서 본 저서는 첫 번째 파트를 19절까지 설정하고 그리고 다시 다음과 같이 세 단락으로 구분한다: 1–5a절(방언과 예언의 비교), 5b–13절(통역이 교회의 덕을 세운다), 그리고 14–19절(통역이 초신자를 감화시킨다).

---

128 Thiselton, *The First Epistle to the Corinthian*, pp. 1081-1082.

129 Garland, *1 Corinthians*, pp. 629-677.

14장에 대한 이 새로운 구조적 이해에 의해서, 첫 번째 파트는 세 단락으로 나누고 각각의 단락은 머리말을 가진다(1a, 5b, 13). 14:1a(Διώκετε τὴν ἀγάπην, ζηλοῦτε δὲ τὰ πνευματικά)는 첫 번째 파트의 머리말이면서 동시에 14장 전체의 머리말이기도 하다. 그리고 14:18-19은 첫 번째 파트의 결론에 해당한다. 그리고 첫 번째 단락에서(14:1-5a), 14:1a와 14:5a에서 μᾶλλον δὲ ἵνα προφητεύητε의 중복 표현이 발견되고 이것은 괄호와 같은 역할을 하면서 첫 번째 단락을 14:1b-5a로 구분하게 만든다.

두 번째 단락은(14:5b-13) 그것의 머리말인 14:5b와 결론인 14:13에 의해서 구분되고 그것의 주요 주제는 통역의 은사가 수반되는 경우에 방언이 교회의 덕을 세울 수 있다는 것이다.

세 번째 단락은(14:14-19) 그것의 머리말인 14:14과 그것의 결론 역할을 하는 14:18-19에 의해서 구분되고 그것의 주요 주제는 마음(νοῦς)으로 말하는 통역이 교회의 수적인 성장과 영적인 성장을 가져온다는 것이다.

고린도전서 안에서 ἀγάπη와 τὰ πνευματικά는 바울의 교회론적 이미지를 반영한다(3:6f.; 8:1; 9:11). 사도 바울이 고린도전서에서 설명하는 그 이미지 언어에서 ἀγάπη는 교회의 덕을 세우고 그리고 더 큰 은사들로 설명되는 τὰ πνευματικά는 열매를 맺는다.

바울은 하나님의 일군으로서 하나님의 건물을 세우기 위해서 기초를 놓았고 하나님의 밭에 씨앗을 뿌렸다(3:6f.; 고후 9:10). 결국 고린도교회의 분열의 문제 그리고 은사 사용의 문제와 관련해서, 바울이 진술하고자 하는 것은 ἀγάπη가 πνευματικά를 통해서 교회의 덕을 세운다는 것이다. 방언과 관련해서, 방언을 말하는 자는 자신의 덕을 세우지만, 그 은사의 알아들을 수 없는 언어적 성격 때문에 교회의 덕을 세울 수 없다(14:4-11). 결국 이 문제가 14장에서 주석적 문제를 가지고 있는 22절과 어떻게 연결되는지 그리고 어떻게 설명되는지가 중요하고 그것에 의해서 14장에서 바울의 진술이 설명될 수 있을 것이다. 14:12의 ἐπεὶ ζηλωταί ἐστε πνευμάτων 표현에 근거해서, 일부 학자들은 고린도교회가 다양한 영들의 현현을 추구하였을 것이라고 가정한다.[130]

그러나 이 해석은 ἐπεὶ ζηλωταί ἐστε πνευμάτων과 πρὸς τὴν οἰκοδομὴν τῆς ἐκκλησίας ζητεῖτε ἵνα πε-ρισσεύητε 사이의 해석적 난제에 부딪힌다. 만약 πνευμάτων이 천사를 가리키는 것이라면, 사도 바울이 천사의 현현을 장려하고 그리고 천사의 도움을 통해서 교회의 덕을 세울 것을 권장하였다는 해석적 문제에 직면하게 된다.

왜냐하면 바울은 고린도전서에서 성령과 천사를 상당부분 분리시키면서 성령 중심의 은사관과 교회관을 설명하기 때문이다(2:10f.; 3:16-17; 4:9; 6:3; 12:1-13). 게다가, 방언은 성령 안에서 하나님의 비밀들, 즉 십자가와 부활을 말하는 것이다(14:2). 콘첼만은 이것을 단순히 현상에 관한 문제로 취급하려고 시도한다. 그러나 씨셀튼은 '바

130 R. E. Oster, Jr., *1 Corinthians*, CPNIVC (Missouri: College Press, 1995), p. 335를 보라. 더 최근의 것을 위해서는 Chester, 'Divine Madness? Speaking in Tongues in 1 Corinthians 14.23,' pp. 417-446을 참조하라.

울이 성령에 관해서 말할 때 "영성"을 정신적인 의미를 내포하는 그러한 현대(서구)의 보편적인 의미로 말 한 적이 없다'고 지적한다. 그리고 씨셀튼은 복수형 πνευμάτων을 '성령의 다양한 능력'(the powers of the Spirit)으로 의역한다.[131]

그러나 문제는 사도 바울은 성령을 가리키기 위해서 πνεῦμα의 복수형을 사용한 적이 한 번도 없다는 것이다. 게다가 바울은 교회의 덕을 세우기 위해서 장려되고 권장할 만한 특정한 한 영이나 영들을 언급한 적도 없다. πνεῦμα의 복수형을 위해서 두 가지 개연성 있는 해석적 가능성이 있다.

우선, 본 저자가 더 선호하는 해석으로서, πνεῦμα의 복수형이 그리스도의 마음(νοῦν χριστοῦ)으로 판단하는 성숙한 성령의 사람들을 가리키는 것으로 해석될 수 있다. 사도 바울은 주와 연합한 한 사람을 '한 영(혼)'(ἓν πνεῦμά)이라고 지칭한다(6:17). 그리고 그는 그리스도인은 그리스도의 마음을 가졌기 때문에 모든 것을 판단할 수 있다고 말한다(2:15-16).

이러한 근거에 기초해서, 사도 바울은 신자들에게 영으로 기도하고 또한 마음으로 기도할 것을 권장한다(14:15). 게다가, 바울이 고린도전서에서 πνεῦμα의 복수형에 천사의 영을 포함시킨 직접적인 근거 본문이 발견되지 않는다.

14:1a는 ἀγάπη의 건물의 이미지와 τὰ πνευματικά의 밭의 이미지를

131 Thiselton, *The First Epistle to the Corinthians*, pp. 1106-1107.

함께 보여준다. 바울의 설명에 의하면, ἀγάπη는 교회를 세우고(3:9-11; 8:1; 14:1f.) τὰ πνευματικά는 교회의 열매를 맺게 한다(3:5-9; 9:11; 14:1). τὰ πνευματικά(성령의 은사)는 (성숙한) 성령의 사람들, 즉 πνευμάτων 혹은 πνευματικοῖς에 의해서 판단되고 통역되어야 할 것이다.

고린도전서 안에서 ἀγάπη, τὰ πνευματικά, πνευμάτων 그리고 πνευματικοῖς는 사도 바울 고유의 언어적 사용법을 보여준다.

그러므로 πνευμάτων과 πνευματικοῖς는 천사들의 다양한 현현을 반영하기 보다는 사도 바울 고유의 성령과 관련한 교회관을 반영한다. 그래서 14:12은 고린도교회의 엘리트 신자들의 올바르지 못한 특권 사용을 바로 잡기 위한 바울의 의도로 해석되어야 한다. 그들은 사도 바울의 고린도 부재 시에, 교회 안에서 절대 권력을 행사하고자 하였다.

바울은 πνευματικά를 판단할 수 있는 엘리트 신자들에게 하나님의 교회의 덕을 세우기 위해서 영(πνεῦμα)으로 말하고 또한 마음(νοῦς)으로 말 할 것을 요구한다. 따라서 비록 일부 고린도교회의 πνευμάτων이 방언의 은사를 높은 수준의 하늘의 지혜를 말하는 은사로 여기면서 방언으로 스스로의 덕을 세울 수 있고 또한, 그 엘리트 πνευμάτων이 주장하는 그러한 종류의 하늘의 지혜를 사도 바울 역시 알고 있었을지라도, 방언이 통역되어서 교회의 덕을 세우지 않는 한 그 은사는 알아들을 수 있는 은사들보다 열등한 위치에 놓여야만 한다. 반면에 고린도교회의 방언이 성숙한 πνευμάτων을 통해서 통역되어서 불신자와 초신자들이 고린도교회가 말한 방언에 아멘으로 화

답할 때, 교회가 숫자적으로 성장하여 방언이 교회의 덕을 세울 수 있게 된다(14:12-19).

가. 방언과 예언의 비교(14:1-5a)

바렛트는 14장의 첫 번째 단락을 1-12절로 구분한다. 그는 사도 바울이 5절에서 자신의 요점을 설명하였고 6절에서 그것을 다시 말한 것이라고 주장한다. 바렛트는 14:1-5에서 바울의 논지는 통역이 방언을 예언으로 바꾸는 효과가 있고 예언이 방언보다 우월한 은사이며, 그리고 그 논지가 14:12에서 요약된다고 주장한다. 그는 이러한 논리에 의해서 첫 번째 단락을 1-12절까지 구분한다.[132]

그러나 본 저서가 설명하는 고전 14장에서의 바울의 논지는 방언과 통역 그리고 예언과 분별의 듀엣 은사를 통해서 교회의 덕을 세우는 것이다. 바울의 설명에 의하면, 방언이 통역되어야만 하듯이, 예언은 분별을 받아야만 한다. 통역이 방언을 예언으로 바꾸는 것이 아니라 통역이 알아들을 수 없는 방언을 알아들을 수 있는 예언과 동등한 위치로 바꾸어주는 효과가 있는 것이다.

그래서 14:1a에서 시작된 예언에 관한 강조는 14:5a에서 끝이 나고 통역에 대한 또 다른 강조가 14:5b에서 새롭게 시작된다. 바울은 14장의 첫 번째 파트에서(1-19절) 예언이 방언보다 우월하다는 그의 전반적인 논지를 전개하면서 동시에 14:5bf.에서 방언-통역의 듀엣

132 Barrett, *The First Epistle to the Corinthians*, pp. 312-319.

은사가 예언과 동등할 수 있음을 설명한다. 바렛트 이외의 다른 학자들은 첫 번째 단락을 5절까지 구분한다.

콜린스(R. F. Collins)는 교차대구 패턴에 근거해서 사랑의 장을(13장) '수사학적 탈선'으로 이해한다. 그래서 그는 14:1a를 수사학적 여담인 13장에 포함시킨다. 그는 첫 번째 단락을 14:1b부터 14:5까지 구분한다. 그는 12장의 '성령의 은사들'[133]에 관한 주제를 14:1b이하로 연결시킨다. 그래서 12:31의 더 큰 은사들이 14:1b이하에서 예언으로 연결되고 강조된다.[134] 교차대구 구조를 지지하는 고든 피는 14장의 주요 주제를 성령의 은사들로 이해하고 첫 번째 파트의 주요 주제를 은사들의 이해가능성으로 제안한다.

그리고 그는 14장의 첫 번째 파트를 둘로 나눈다: 1–19절과 20–25절. 그는 첫 번째 부분을 다시 세 단락으로 나눈다: 1–5절, 6–12절 그리고 13–19절. 첫 번째 단락의(1-5절) 주요 이슈를 동료 신자들의 덕을 세우기 위한 은사들의 이해가능성으로 제안한다.[135]

---

133 본 저서는 바울의 (τὰ) πνευματικά 개념을 고린도전서의 통일성 있는 구조 안에서 설명한다. 지금까지 고린도전서 안에서, 특별히 바울의 (τὰ) πνευματικά의 개념에 대해서 학자들마다 서로 다른 관점에서 논의해왔고 그래서 학자들마다 'spiritual'의 의미를 조금씩 다르게 사용한다. 그리고 영미권의 세계에서는 'spiritual'을 '정신적인'의 의미로 이해하는 경향도 있다. 그러나 본 저서는 바울의 (τὰ) πνευματικά를 '영적인 일'(고전 3:13)이나 '신령한 것(들)'(9:11; 14:1)보다는 '(더 큰) 성령의 은사'(the gifts of the Holy Spirit)로 해석한다.

134 Collins, *First Corinthians*, pp. 489-491. 콜린스와 비슷한 입장을 위해서, Chiu, *1 Cor 12-14: Literary Structure and Theology*, pp. 195-201. 이것을 지지하는 학자들의 목록을 위해서, Chiu, *1 Cor 12-14: Literary Structure and Theology*, p. 181을 참조하라.

135 Fee, *The First Epistle to the Corinthians*, pp. 652-653.

씨셀튼 역시 첫 번째 파트의 첫 번째 단락을 1–5절로 구분한다.[136] 그는 ἀγάπη를 첫 번째 파트의 핵심 주제로 제안한다.

그래서 그는 12:31을 14:1로 연결시킨다. 그의 해석에 의하면, 12:31의 가장 큰 은사들은 예언으로 설명되고 사랑은 예언보다 우월하다. 이러한 점에서, 13장이 14장으로 보다 순조롭게 연결될 수 있을 것이다. 그래서 그는 '성령의 은사들은 자기가치 확인을 위한 것이 아니라 타인을 섬기기 위해서 주어진 것이다'라고 주장한다.[137]

그러나 기존의 주석가들이 첫 번째 파트의 첫 번째 단락을 5b절까지 구분하는 것은 다소 논쟁의 여지가 있어 보인다. 왜냐하면 5b절은 1a–5a절과 달리 14장에서 통역을 처음으로 언급하면서 예언 중심의 (τὰ) πνευματικά를 설명하지 않기 때문이다. 첫 번째 단락에서 a 구절들은 예언에 관해서 b 구절들은 방언에 관해서 말하면서 예언이 방언보다 우월함을 설명한다. 그러나 14:5b는 방언–통역의 듀엣이 예언과 동등하다는 새로운 주제를 말하고 있다. 앞에서 언급한 바와 같이, 1a절의 ἀγάπη와 πνευματικά가 14장 전체를 위한 머리말이면서 14장 전체를 위한 가장 중요한 해석적 열쇠이다.

첫 번째 단락의 구조 문제와 관련해서 더 자세히 살펴볼 것은 μᾶλλον δὲ ἵνα προφητεύητε의 표현이 1b절과 5a에서 반복해서 사용되고 있고 그래서 첫 번째 단락을 14:1b–5a로 구분해주고 있다는 것

136 *The Novum Testamentum Graece*, Nestle-Aland 28th Edition과 *The Greek New Testament, 4th Revised Edition* 또한 14장의 첫 번째 단락을 1-5절까지 구분한다.

137 Thiselton, *The First Epistle to the Corinthians*, pp. 1074, 1083-1084.

이다.[138] 이 새로운 단락 구조와 관련해서, 1a절의 (τὰ) πνευματικά는 그 새로운 첫 번째 단락에서(14:1b-5a) 예언으로 설명된다. 사도 바울은 신자들의 덕을 세우기 위한 예언의 사용을 강조한다. 반면에 방언은 예언보다 열등한 은사로 묘사된다. 설령 방언이 ἀγάπη에 근거해서 하나님의 비밀에 관해서 말하는 은사라고 할지라도, 만약 방언이 다른 사람의 마음(νοῦς)의 열매를 맺게 하지 못한다면, 하나님만이 이해할 수 있는 언어로 말하는 것은 교회에 유익이 되지 않는 하찮은 것으로 평가될 것이다. 왜냐하면 동료 신자들뿐만 아니라 불신자와 초신자들이 알아듣지 못하고 그래서 그들이 아멘(ἀμὴν) 할 수 없기 때문이다(14:16).

예언은 교회의 덕을 세우지만 방언은 개인의 덕을 세운다(14:4). 사도 바울이 고린도교회의 자기 유익을 추구하는 은사 사용법을 긍정적으로 생각하지 않지만, 방언의 은사 자체를 부정적으로 묘사하지는 않는다. 그러므로 다수의 학자들이 가정하는 것과 달리, 본 저서는 고전 14장의 첫 번째 파트의 첫 번째 단락이 5a절에서 끝이 나고

138 문장의 시작과 끝의 반복적 표현을 통해서 단락을 이루는 그레꼬-로마 시대의 수사학적 규칙에 관해서, 사도 바울의 동시대 연설가 키케로(Marcus Tullius Cicero)는 문장의 시작과 끝을 같은 리듬으로 짝을 지어주는 방식과 (Or. 204) 그리고 문장의 시작과 끝을 같은 리듬으로 짝을 지어주며 단락을 구성하는 방식인 periouds와 같은 수사학적 규칙(*Partitiones oratoriae*, 19)을 소개하였다 . 이것에 대해서, 키케로, 『수사학: 말하기의 규칙과 체계』 (안재원 편역) (서울: 도서출판 길, 2006), p. 112-113, 118-119를 보라. 신약 성서 안에서 수사학적 설득을 위해서 단어나 어휘 등을 반복하는 규칙에 관한 연구서에 대해서, V. K. Robbins, *The Tapestry of Early Christian Discourse: rhetoric, society and ideology* (London and New York: Routledge, 1996), pp. 44-95 (특별히, 고전 9장의 수사학적 반복 규칙에 관한 논의에 관해서는, pp. 65-72)를 참조하라.

그리고 5b절은 방언에 대한 부정적 평가가 아니라 오히려 방언-통역의 듀엣을 강조하고 있다고 제안한다.

이 새로운 첫 번째 파트의 첫 번째 단락에서(14:1-5a), 방언의 은사 자체에 대한 사도 바울의 비난 어조를 찾아보기가 어렵다. 고린도전서 14장의 전체 구조 안에서, 첫 번째 단락의 결론 역할을 하는 5a절의 논지는 첫 번째 파트의 결론 구절(18-19절)과 14장의 결론 구절(39-40절)에서 다음과 같이 반향 될 것이다: '알아들을 수 있는 은사가 알아들을 수 없는 은사보다 우월하다. 그러나 통역이 수반되는 경우, 방언의 은사는 예언과 동등하게 될 것이다.' 고린도교회의 분열의 상황에서 방언을 통역해 줄 지혜롭고 의로운 엘리트 신자의 부재 시에, 방언이 바울의 πνευματικά에 포함될 수 있다 할지라도 그리고 유대교의 다양하고 복잡한 예언 전승에서 인지 불가능한 예언적 언어가 인지 가능한 형태의 예언보다 더 우월할 수 있다는 엘리트적 예언 전승을 바울 역시 알고 있었다고 할지라도(고후 12:1f.), 사도 바울의 ἀγάπη의 원칙에 의해서 방언은 예언보다 열등한 위치에 머물러야 할 것이다.[139]

왜냐하면 알아들을 수 있는 은사가 교회의 덕을 세우기 때문이다.

139 알아들을 수 없는 방언의 은사를 위한 유대적 배경에 대해서, J. C. Poirier, *The Tongues of Angels: The Concept of Angelic Languages in Classical Jewish and Christian Texts* (Tübingen: Mohr Siebeck, 2010)를 참조하라.

나. 방언의 통역이 교회의 덕을 세운다(14:5b-13)

대부분의 주석가들은 14:5b와 14:20-31 사이에서 평행하는 해석을 발견한다. 그러나 그들은 인지 가능한 은사를 가장 중요한 주제로 고려하면서 통역과 예언이 동등하게 바울이 설명하는 인지 가능한 은사의 범주에 해당할 수 있다고 해석할 뿐, 고린도교회의 상황에서 불신자들을 복음화하기 위한 통역의 중요성을 발견하지는 못한다.

다시 말하자면, 그들은 14:16에서 바울이 초신자들이 방언의 통역에 대해서 ἀμήν을 말하게 됨으로써 교회의 덕을 세울 것을 기대한다는 것과 그리고 14:21-22에서 주의 알아들을 수 없는 말씀이 불신자들에게 주어지는 것 자체를 바울이 반대한 것이 아님을 고려하지 않는다. 게다가, 고린도교회의 분열의 상황에서 신자들이 말한 방언과 예언이 불신자들과 초신자들에 의해서 판단 받는 것이 문제가 된다는 것을 발견하지 못했다.

그래서 고전 14장에서 설명되는 바울의 논지와 관련해서, 그들은 알아들을 수 있는 은사가 알아들을 수 없는 은사보다 우월하다는 것을 지나치게 강조해서 방언과 통역의 듀엣 그리고 예언과 분별의 듀엣에 관한 바울의 논지를 간과하였다. 12장에서 설명된 바울의 교회 이해와 관련해서, 혀 혹은 방언은(γλῶσσα) 그리스도의 몸 안에 포함될 뿐만 아니라 중요하게 위치될 수 있는 것으로 보인다. 왜냐하면 혀는 머리 혹은 얼굴에 속하기 때문이다(12:21). 그리고 성령으로 말한 방언의 모든 계시들은 통역의 도움을 통해서 교회의 덕을 세울 수 있는 경우에 예언과 동등하게 위치된다. 방언은 신자 개인에게 유익이 될 수 있지만 불신자를 기독교 신자로 개종시키지는 못한다.

그러나 14장에서 통역이 불신자의 개종을 위한 필수 은사로 설명된다. 헤이스는 '14장 전체를 읽을 때 "예언"이라는 용어가 교회의 덕을 세우는 모든 형태의 알아들을 수 있는 언어 은사들을 위한 제유(提喩)로 이해되어야한다'고 제안하였다. 그래서 그는 계시, 지식, 예언 그리고 가르침과 같은 네 형태의 알아들을 수 있는 은사들을 같은 범주 안에 포함시킨다.[140] 앞에서 언급한 바와 같이, 첫 번째 단락을 1-12로 구분하는 바렛트는 5b절의 해석과 관련해서 통역이 방언을 예언으로 바꾸는 효과가 있다고 주장한다.[141] 그러나 그들의 제안에 따라서 통역을 예언과 동일시시키면서 예언이 불신자의 개종을 위한 은사라고 해석하는 것은, 본문 서론에서 이미 언급한 바와 같이, 14:22을 바울의 논리적 실수로 해석하게 만들면서 그 본문이 가지고 있는 주석적 문제를 해결하지 못한다. 게다가 그들이 바울의 진의를 보여준다고 제안하는 14:23-25은 14:22과 14:26-31과 모순된다. 고린도전서 14장의 전체 주제를 '인지가능성을 통한 덕 세움'으로 설명하는 고든 피는 자신이 제시하는 두 번째 단락의(14:6-12) 주요 주제를 '인지 불가능한 은사가 교회의 덕 세움을 위해서는 무익함'으로 제안한다.[142] 이와 같이 고든 피 역시 앞에서 설명한 학

140 Hays, *First Corinthians*, p. 237.

141 Barrett, *The First Epistle to the Corinthians,* pp. 316, 319.

142 Fee, *The First Epistle to the Corinthians*, pp. 660-661.

자들과 같이 통역을 예언과 동일시하는 경향을 보이면서 방언을 통역으로부터 분리시키고 있다.[143]

물론 사도 바울은 14:5b에서 통역과 예언을 함께 언급하고 있다. 그리고 교회의 덕을 세우는 모든 인지 가능한 언어 은사가 방언보다 우월하다고 말한다(14:6).

그러나 앞에서 설명한 바와 같이, 14장의 첫 번째 파트의 첫 번째 단락은 μᾶλλον δὲ ἵνα προφητεύητε의 반복적 표현을 통해서 14:1-5a로 나뉜다. 게다가 사도 바울은 14장에서 방언과 통역 그리고 예언과 분별의 듀엣 은사 사용법을 소개하고 있다.

그래서 14:20-25을 순차적으로 읽을 때, 우리는 14:20-38에서 논리적인 통일성을 발견하게 된다. 14:20-38의 새로운 구조에서 바울의 논지는 교회의 분열의 상황에서 고린도교회가 예언보다는 통역을 통해서 불신자들을 복음화 할 필요가 있다는 것이다. 그러므로 비록 통역과 예언이 바울의 πνευματικά의 같은 범주 안에 포함될 수 있다고 할지라도, 바울이 고린도교회에게 예언을 불신자의 회심을 위해서 적합한 은사로 제시했다는 해석은 14:20-25의 본문의 난제를 더 어렵게 만드는 것이다. 앞에서 언급한 바와 같이, 다수의 학자들은 14:23-25이 성령의 은사 사용법에 대한 바울의 중심 견해를 보여준다고 생각한다. 그러나 14:20-25에 관한 기존의 구조와 이론들은 신자가 불신자에게 판단 받는 것을 바울이 동의하거나 적어도

143 Fee, *The First Epistle to the Corinthians*, pp. 662, 682-683.

용인하였다는 해석적 모순을 가지고 있다. 그러므로 '통역이 교회의 덕을 세운다'는 5b−13절의 주제가 22절과의 모순 없이 20−38(40)절과 통일성을 이룬다.

그렇다면 사도 바울이 14장 첫 번째 파트의 두 번째 단락(14:5b-13)에서 설명하는 성령의 은사의 올바른 사용법과 ἀγάπη의 주제 사이의 관련성은 무엇인가? 콜린스는 교차대구분석을 통해서 '바울의 수사학적 탈선인 14:6−12이 첫 번째 파트의 중심 단락에 해당 된다'고 주장한다. 그리고 그는 사도 바울이 ἀγάπη의 주제와 관련해서 그리고 영감에 관한 고대 그리스−로마의 수사학적 교정 논법에서 발견되는 유추를 통해서(예. 피리, 거문고, 나팔 그리고 외국어), 적합하게 잘 조율된 소리가 얼마나 교회의 예배에 유익한지를 설명한다고 설명한다.[144]

14장에서 '유익을 끼치는 것들'의 수사학적 규칙이 발견됨을 주장하는 마가렛 미첼(Margaret Mitchell)에 의하면, 사도 바울이 설명하는 성령의 은사의 적합한 사용이 ἀγάπη와 일치하며 교회에 유익이 된다.[145] 씨셀튼은 게일(H. M. Gale)[146]이 설명하는 바울의 유사 사용법에 관해서 어느 정도 공감을 보이면서, '바울을 (기존의 학자들이 생각하는 것 보다) 더 관념적인 사상가로 이해하는 학자들의 가정보다 실제로

144 Collins, *First Corinthians*, p. 495.

145 Mitchell, *Paul and the Rhetoric of Reconciliation*, pp. 58-60.

146 H. M. Gale, *The Use of Analogy in the Letters of Paul* (Philadelphia, PA: Westminster Press, 1964), pp. 129-134.

바울은 더 많은 유사, 모델 그리고 삽화적이고 창의적인 이미지를 사용 한다'고 설명한다.[147]

그리고 씨셀튼은 첫 번째 파트의 두 번째 단락을 14:6-12로 구분한다.[148] 그가 설명하는 두 번째 단락 구조에 의하면, 바울은 알아들을 수 없는 소리를 잘 조율된 소리로 만들어야한다고 말한다. 이것은 어느 정도 온당한 해석으로 보일지 모르지만, 실상 그가 제시하는 구조는 14:5b의 잘못된 위치 설정으로 인해서 어색해 보인다. 왜냐하면 바울은 고전 14장에서 방언과 통역 그리고 예언과 분별의 두 엣 은사 사용법을 설명하고 있기 때문이다.

그렇다면 왜 씨셀튼은, 다른 학자들이 그러하듯이, 통역의 은사를 소개하는 14:5b를 두 번째 단락에 포함시키지 않고 첫 번째 단락에 포함시켰는가? 그는 방언으로 말하는 자들은 '세련된 언어를 구사하는 자들이 아니었다'라고 설명한다. 그래서 그는 14:5b의 헬라어 διερμηνεύω를 '말로 표현하다'로 번역한다. 그 비-엘리트 그룹은 방언 말하는 것에 열정적이었고 그래서 그들의 어리석은 방언 사용법이 교회 안의 분열을 초래하였다.[149] 그러나 그가 제시하는 14장의 첫 번째 파트의 두 번째 단락 구조와 그리고 학문적 소양과 관련해

---

147 Thiselton, *The First Epistle to the Corinthians*, pp. 1100-1101.

148 Thiselton, *The First Epistle to the Corinthians*, pp. 1074-1082, 1100-1107을 보라. 그리고 *The Novum Testamentum Graece*, Nestle-Aland 28th Edition 역시 고린도전서 14장의 첫 번째 단락을 16-12절까지 구분한다. 하지만, *The Greek New Testament*, 4th Revised Edition은 두 번째 단락을 6-19절까지 구분한다.

149 Thiselton, 'The "Interpretation" of Tongues: A New Suggestion in the Light of Greek Usage in Philo and Josephus,' pp. 15-36.

서 고린도교회의 방언의 잘못된 사용법에 대한 그의 해석은 14장 전체 구조를 적합하게 해석해내지 못한다.

사도 바울이 고린도교회 구성원들에게 통역의 은사를 장려한 이유는 불신자들의 회심을 위한 목적과(14:16, 22) 또한 신자가 불신자에 의해서 판단 받는 문제를 해결하기 위함이었다(14:23). 이러한 점에서, 비록 개념상으로는 통역과 예언이 (τὰ) πνευματικά의 같은 범주 안에 포함될 수 있다고 할지라도, 고전 14장의 바울의 은사 사용법에 관한 설명에서 통역은 예언과 구별된다. 만일 그렇지 않다면, 14:22은 사도 바울의 논리적 실수로 귀결 될 것이고 그리고 불신자가 신자를 판단하는 문제가 해결되지 못할 것이다.

그러므로 14:5b가 두 번째 단락에 포함되어야 하는 구체적인 이유를 설명하자면 다음과 같다. 첫째, 첫 번째 단락이 마치 괄호 형태와 같이 시작과 마지막 부분이 μᾶλλον δὲ ἵνα προφητεύητε의 반복 어구에 의해서 14:1–5a로 구분된다.

여기에서 바울은 방언을 예언과 비교하면서 인지가능의 측면에서 예언이 방언보다 우월함을 설명한다. 게다가 두 번째 단락 역시 마치 괄호의 형태와 같이 방언의 통역의 중요성을 말하는 14:5b과 14:12–13로 구분된다. 둘째, 두 번째 단락은 14:5b의 εἰ와 함께 새로운 주제를 설명하기 시작한다.

만약 14:5b에서 εἰ(만일)이 없었다면 기존의 학자들의 이론을 주장하듯, 이 본문은 왜 방언이 예언보다 열등한지에 대한 설명이었을 것이고 그래서 14:5b가 첫 번째 단락에 포함되어야만 했을 것이다.

그러나 방언은 예언을 통해서가 아니라 통역을 통해서 인지 가능한 은사가 될 수 있다.

위의 두 가지 이유를 더 자세히 설명하자면, 고전 14:1-19의 기존의 구조는 알아들을 수 없는 은사보다 알아들을 수 있는 은사의 우월함을 그 주제로 설명한다. 그래서 방언과 통역의 듀엣 기능을 간과하고 그래서 14:20-25을 첫 번째 파트에 포함시키면서, 알아들을 수 없는 방언을 불신자에게조차 판단 받을 수밖에 없는 은사로 치부해버린다. 그러나 본 저서가 제시하는 새로운 구조는 방언과 통역의 듀엣 기능을 강조한다.

'방언과 통역의 듀엣이 교회의 덕을 세울 수 있다'라는 두 번째 단락의 서두 논지가 14:5b에서 시작되고 이 논지가 두 번째 단락의 결론부분인 12-13절에서 반복된다. 그래서 두 번째 단락은 이러한 바울의 머리말과 결론 논지에 의해서 5b-13절로 구분된다. 두 번째 단락은 a(원인) - b(결과)의 구조를 가진다. a에 해당되는 원인 구절들은 12-13절의 결론 구절을 제외하고 항상 '만일 구문'을 가진다(14:5b-11).

이 '만일 구절들'은 머리말에 해당하는 14:5b의 이유/원인을 설명하면서 두 번째 단락에서 계속해서 a 구절들의 독특한 성격을 보여준다는 면에서 중요한 역할을 한다. 두 번째 단락에서 b 구절들은 분할점 역할을 하는 10절을 중심으로 둘로 나눈다: ';' (물음표)를 가진 b(14:6-9)와 ';' (물음표)를 가지지 않은 b(14:10-11). ';'을 가진 네 개의 구절들 안에서, b(결과)에 해당하는 14:6의 '내가 어떻게 너희에게 유익을 끼칠 수 있겠는가?'는 14:7의 '어찌 알게 되리요?', 14:8의 '누가 전투를 준비하리요?' 그리고 14:9의 '그 말하는 것을 어찌 알리요?'로 환언된다.

헬라어 βάρβαρος는 종종 이방인이나 외국인을 의미한다(Aesch. Pers.255; Hdt.1.58; 특히, 이방인의 언어와 관련해서 Soph. Aj.1263의 γλῶσσα βάρβαρος를 참조하라). 그리스인들은 이방인들(barbarians)을 비-지성적인 사람들로 간주함으로써(P. Col. Zen. ii 66 in 250s B.C.), 스스로를 그 야만인들로부터 구별시키는 경향이 있었다.[150]

8-13절에서 중요한 수사학적 규칙이 발견된다. 8-9b절에서 γὰρ - ἐάν … οὕτως ἐάν의 표현 양식이 발견되고 그리고 9c-11절에서 γὰρ - εἰ … ἐὰν οὖν의 표현 양식이 발견된다. 8절의 γὰρ - ἐάν의 원인 결과 구문은 9절의 οὕτως ἐάν의 원인 결과 구문을 위해서 은유적으로 인과 관계 역할을 한다. 이와 같은 방식으로, 9c-10절의 γὰρ-εἰ 원인 결과 구문은 11절의 ἐὰν οὖν 원인 결과 구문을 위한 인과 관계 역할을 한다. ';'을 가진 6-9b절 안에서 절정에 해당되는 8-9b절의 인과 관계는 9c-11절에서 반복 강조되는 것으로 보인다.

ἵνα 구문이 괄호와 같은 역할을 하면서 첫 번째 단락을 14:1b-5a로 구분해주듯이(14:1b의 ἵνα προφητεύητε와 14:5a의 ἵνα προφητεύητε),

---

150 W. V. Harris, *Ancient Literacy* (Cambridge, Massachusetts: Harvard University Press, 1989), p. 138. 또한 R. H. Robins, *A Short History of Linguistics* (London: Longman, 1997), p. 15; W. Peremans, 'Égyptiens et étrangers dans l'Egypte ptolémaïque,' *EFH* 8 (1962), pp. 138-140을 보라.

두 번째 단락을 14:5b-13으로 구분해준다(14:5b의 ἵνα ἡ ἐκκλησία οἰκοδομὴν λάβῃ와 14:12-13의 ἵνα 구문). 이와 같이, 첫 번째 단락에서 결론 역할을 하는 ἵνα 구문(5a절의 ἵνα προφητεύητε)이 두 번째 단락에서도 결론 구문의 역할을 한다(12절의 ἵνα περισσεύητε와 13절의 ἵνα διερμηνεύῃ).

그러므로 12절과 13절의 반복되는 ἵνα 구문을 통해서 12절의 복수형 πνευμάτων이 천사들을 지칭하는 것이 아니라, 방언-통역의 듀엣을 통해서 불신자 구원과 교회의 연합을 이끌어내는 지혜로운 성령의 사람을 의미한다는 것을 알 수 있다.

만약 이 해석이 옳다면, 14:12의 πνευμάτων의 언급을 통해서 사도 바울이 고린도교회에게 요구하는 바는 그의 ἀγάπη와 πνευματικά의 원칙에 의거한 성령의 은사 사용법에 의해서 교회를 세울 수 있는 엘리트적인 성령의 사람이 되기를 장려하는 것일 것이다. ἵνα 구문을 결론구로 사용하는 바울 특유의 언어학적인 규칙은 14장 안에서 반복해서 사용된다(5a, 12-13, 19, 31절).

이러한 그의 독특한 언어학적인 사용법은 14장의 문단을 나누는데 도움이 된다. 그러므로 ἵνα 구문과 관련한 바울 특유의 언어적 표현은 고린도전서 14장에서 사도 바울의 (τὰ) πνευματικά가 예언의 우월성과 직접적인 연결점이 있고 통역이 방언을 예언으로 바꾸어주는 역할을 한다는 기존의 이론을 입증하기 보다는, 오히려 바울의 (τὰ) πνευματικά가 방언-통역 그리고 예언-분별의 듀엣 은사 사용법과 직접적인 연결점이 있고 그래서 방언이 통역을 통해서 (τὰ) πνευματικά에 속할 수 있다는 것을 정당화한다.

다. 마음으로 말하는 것이 교회의 덕을 세운다(14:14-19)

The Novum Testamentum Graece, Nestle-Aland 28th을 포함한 다수의 주석가들(바렛트, 콜린스, 콘첼만, 고든 피, 헤이스, 키너, 슈라게, 씨셀튼, 토마스 다캥)은 14장의 첫 번째 파트를 1-25로 구분하면서 세 번째 단락을 13-19로 구분한다.[151] 그들은 그 세 번째 단락의 주요 주제를 알아들을 수 있는 은사가 알아들을 수 없는 방언보다 우월함으로 제안한다. 그러나 앞에서 설명했듯이, 그들은 결론 역할을 하는 5b절의 ἵνα 구문이 12-13과 19절과 반복된다는 것을 발견하지 못한다.

그래서 그들은 두 번째 단락(14:5b-13)에서 통역에 대한 강조뿐만 아니라 또한 세 번째 단락(14:14-19)에서 마음(νοῦς)으로 말하는 것에 대한 그리고 초신자 교육을 통한 교회 성장에 대한 강조를 간과하였다. 무엇보다 중요한 것은, 14:21-22의 새로운 읽기에 의한 14장의 새로운 구조적 이해와 그것에 의한 바울의 진술에 대한 새로운 이해이다. 그것에 의하면 세 번째 단락에서 바울이 진술하는 것은 방언이 알아들을 수 없기 때문에 알아들을 수 없는 은사보다 열등하다는 것이 아니라 그것 때문에 방언의 통역이 필요하다는 것이다.

첫 번째 단락에서(14:1-5a), 바울은 예언이 방언보다 우월함을 언급

151 14장을 세 파트로 나누는 갈란드는 첫 번째 파트를 두 단락으로 나눈다: 1-5절과 6-19절. Garland, *1 Corinthians*, pp. 630-631을 보라.

하였고 두 번째 단락에서는(14:5b-13) 방언과 예언이 동일시되기 위해서 방언-통역의 듀엣의 필요성을 언급하였다. 이제 세 번째 단락에서(14:14-19), 바울은 자신의 이미지 언어를 사용하면서 하나님의 밭에서 열매가 증가하고(14:14) 하나님의 건물이 세워지도록 하기 위해서(14:17) (그리스도의) 마음으로 말하는 인지 가능한 은사들의 중요성을 강조한다. 온 교회가 모여서 방언을 말해서 방언이 통역되지 않을 때, 불신자는 신자들의 방언을 μαίνεσθε라고 판단하게 될 것이지만, 반면에 신자가 깨달은 마음(νοῦς)으로 말하고 방언을 통역하게 되어서 다른 사람을 가르치게 될 때, 불신자와 초신자는 ἀμὴν을 말하게 될 것이다.

세 번째 단락은 다음과 같은 구조를 가진다: 머리말(14절) - a(15절) - b(16-17절) - 결론(18-19절). 바울은 고린도전서 1-4장에서 그리스도 중심의 성령을 역설한다. 특히 2장에서(τὰ) πνευματικά는 그리스도의 마음(νοῦν Χριστοῦ)을 가진 '성령의 사람들'(πνευματικοῖς)에 의해서 판단되는 성령의 은사로 묘사한다(2:10-16). 그러므로 이 세 번째 단락은 성령의 사람들이(그리스도의) 마음으로 말하는 τὰ πνευματικά에 대해서 설명한다.

여기에서 강조된, 마음으로 말하는 τὰ πνευματικά는 12:31의 성령의 더 큰 은사들에 해당되는 것으로 보인다. 계시, 지식, 예언, 가르침과 통역과 같은 은사를 받은 성령의 사람들은 교회에서 동료 신자들뿐만 아니라 '초신자' 혹은 '초신자의 자리에 앉은 자'(16절의 ὁ ἀναπληρῶν τὸν τόπον τοῦ ἰδιώτου)를 가르칠 수 있다고 설명된다. 14절은 세 번째 단락의 머리말에 해당한다. 14절은 세 번째 단락 전체 윤곽을 설명해주는 ἐὰν [γάρ]의 인과관계로 시작한다. 사도 바울은 여기에서 내가 방언으로 기도할 때 왜 나의 마음은 열매 맺지 못하는지 이유를 설명한다. 15절은 14절에서 제기된 문제에 대한 답을 제공한다. 그리고 세 번째 단락의 머리말인 14절의 논지가 결론에 해당하는 18–19절에서 재 진술된다. 이와 같은 방식으로 사도 바울은 머리말에 해당하는 14절과 결론에 해당하는 18–19절을 통해서 세 번째 단락을 마치 괄호로 묶어주고 있다.

화자가 청자를 고려하면서 말을 해야 할 필요성을 설명하는 8–11절에서 발견되는 수사학적 표현이 14–16절에서도 발견된다(10-11절의 γὰρ-εἰ … ἐὰν οὖν을 14-16절의 ἐὰν [γάρ] … τί οὖν ἐστιν – ἐάν과 비교하라). '만일 구절'이 두 번째 단락에서(특히 5b-11절에서) 방언과 관련해서 반복적으로 사용되었다. 이 '만일 구절들'들은 14:5b의 '만약 … 교회의 덕을 세우지 아니하면'의 논지를 반영한다. 이것은 세 번째 단락에서도 이어진다.

그러므로 두 번째 단락과 세 번째 단락 모두 만일 구문으로 시작한다는 것을 발견할 수 있다(14:5b와 14:14). 15절의 'τί οὖν ἐστιν;'은 세 번째 단락에서 결론을 이끌어내기 위한 질문의 역할을 한다.

그래서 14:5b와 14:14의 만일 구문에서 제기된 문제에 대한 답을 제시하는 15절의 진술은 18–19절에서 결론으로 환언된다. 15절은 방언을 말하는 자들을 위한 사도 바울의 지도 원칙이다. 이것은 방언과 관련해서, 본 저서가 제시하는 두 번째 파트에서 14:22과 통일성을 이루는 진술이다. '만일 구문'으로 이루어진 16-17절은 고린도 교회가 청자를 배려하지 않고 알아들을 수 없는 방언의 은사를 말하게 될 때, 의사소통 단절로 인해서 교회의 덕을 세울 수 없을 뿐 아니라 교회의 수적인 성장에 방해가 될 수 있다는 사도 바울의 염려를 보여준다.

첫 번째 파트의 중심 주제는 ἀγάπη와 πνευματικά와 관련해서 혀를 어떻게 사용할 것인지에 관한 것이다(14:9). 사도 바울은 고린도교회가 ἀγάπη의 윤리에 의해서 방언의 은사를 사용하고 그리고 방언으로 일만 마디 말을 하기 보다는 그리스도와 연합한 마음으로 다섯 마디 말을 하도록 권면한다. 비록 방언이 축복과 감사를 말하는 것이라 할지라도, 그것의 알아들을 수 없는 성격 때문에, 그 알아들을 수 없는 축복과 감사로는 다른 사람의 덕을 세워줄 수 없다. 성령의 은사 사용법과 관련해서, ἀγάπη는 타인의 유익을 위해서 알아들을 수 있는 방법으로 표현되어야 한다. 만일 그렇지 않으면, 건축 재료가 아무리 훌륭하다고 할지라도 하나님의 집이 세워질 수 없을 뿐만 아니라 또한 하나님의 일군들의 신실한 노고에도 불구하고 하나님의 밭에 뿌려진 씨앗이 자라서 열매 맺을 수 없게 된다. 방언의 알아들을 수 없는 성격과 관련된 문제를 해결해 주기 위해서, 사도 바울이 제시하는 ἀγάπη와 πνευματικά의 원칙을 충족시켜줄 수 있는 것이 통역의 은사이다.

여기에서 한 가지 중요한 문제가 있다. 다수의 학자들은 고린도전서 14:2의 방언으로 말하는 비밀들이 기독교 케리그마라기 보다는 고린도교회의 방언 말하는 자들이 추구하는 하늘의 비밀의 계시일 것이라고 가정해왔다. 게다가 그들은 바울의(τὰ) πνευματικά를 기독교 케리그마가 아니라 불신자와 신자 모두가 알 수 있는 보편적 계시로 이해하는 경향이 있다. 이러한 해석적 경향에 의해서 그들은 14:20-25을 첫 번째 파트의 마지막 단락에 포함시키면서 고린도교회의 방언 말하는 자들을 어리석은 자들의 범주 안에 포함시켰고, 그래서 불신자들의 판단의 가치를 지나치게 높게 평가해서 방언 말하는 신자들이 불신자들에 의해서 판단 받는 것을 문제 삼지 않았다.[152] 유대적 배경 안에서 그리고 더 넓게는 고대 지중해 세계 안에서 바울의 (τὰ) πνευματικά를 예언적 영감 중심으로 이해하는 기존의 해석적 경향은 결국 고린도전서 14:20-25에서 23-25절을 사도 바울의 진의를 담고 있는 본문으로 가정하면서 불신자가 신자를 판단하게 만드는 해석적 문제를 야기하였다. 이러한 패러다임에 의하면, 고대 그레꼬-로마 세계 안에서 유대교의 예언적 영감에 대한 혹은 그와 유사한 폭 넓은 지식을 가지고 있었던 불신자들은 고린도교회의 방언 말하는 신자들을 부정적인 견해로 판단하였을 것이다 (14:23).

그러나 앞에서 이미 설명하였듯이, 본 저자는 이러한 최근의 해

---

152 이것에 대해서는, Schweizer, 'πνεῦμα, πνευματικός,' p. 423; Ellis, *Prophecy & Hermeneutic in Early Christianity*, pp. 24-36; Chester, 'Divine Madness? Speaking in Tongues in 1 Corinthians 14.23,' pp. 417-446을 참조하라. 특히, 엘리스의 이러한 해석은 윌리엄 멘지스와 로버트 멘지스에게도 영향을 미쳤다. W. W. Menzies & R. P. Menzies, *Spirit and Power*, pp. 192-195.

석적 경향에 도전한다. 고린도전서 안에서 사도 바울의 통일성 있는 단어 사용을 통해서 알 수 있듯이, 사도 바울의 τὰ πνευματικά는 하나님의 영에 의해서 계시되는 하나님의 깊은 비밀의 계시임을 알 수 있다. 이런 측면에서 바울의 τὰ πνευματικά는 하나님의 깊은 그리고 높은 차원의 계시와 관련한 은사로 보인다. 그리고 바울은 2:13-16에서 그리스도의 마음을 가진 성령의 사람이 (τὰ) πνευματικά와 모든 것을 판단할 수 있다고 말한다. 고린도전서에서 이 비밀의 계시는 그리스도의 십자가와 부활의 메시지이다(4:1; 2:1-2; 15:51). 따라서 방언은 하나님의 비밀인 그리스도의 십자가와 부활을 말하는 알아들을 수 없는 기독교 케리그마이다. 하나님의 성령을 받고 그리스도의 마음을 가진 바울이 설명하고 제안하는 엘리트 그룹의 πνευματικοῖς(성령의 사람들)은 모든 것을 옳게 판단할 수 있다(2:10-16). 그들의 방언 통역은 신자들과 초신자 모두를 성령으로 감화시킬 수 있다. 그러므로 성령의 사람들은 사도 바울이 설명하는 ἀγάπη의 원칙에 근거해서(τὰ) πνευματικά를 가지고 하나님의 교회를 세울 수 있고 하나님의 밭의 열매를 증가시킬 수 있다.

2. 완전한 지혜, 사랑과 화평의 하나님, 그리고 성령의 은사의 올바른 사용(14:20-40)

여기에서는 14:21-22의 새로운 읽기가 14:20-40의 구조적 이해에 어떻게 영향을 미치는지도 함께 살펴볼 것이다. 이것과 관련해서, ἀγάπη와 πνευματικά가 14:20-25과 그리고 두 번째 파트 전체에 어떻게 연결되는지를 살펴볼 것이다. 다수의 성서학자들은 고린도전서 14:20-25을 고린도전서 안에서 주석적 문제가 있는 본문으로 여겨왔다. 특히 14:22과 14:23-25 사이의 논리적 모순에 관한 문제를 해결하려는 많은 연구가 시도되었다. 이 문제에 관해서 언어학, 주석적 방법 그리고 그레꼬-로마 세계와 유대교 안에서 예언과 관련한 종교적 접근방법 등과 같은 다양한 영역의 연구가 이루어졌고, 그것의 합의는 14장 안에서 14:20-25을 첫 번째 파트의 마지막 단락에 위치시킨다(예를 들면, 고든 피[153], 콜린스[154], 씨셀튼[155], 그리고 헤이스[156]와 같은 학자들을 참조하라).

그리고 14:23-25에 의해서 14:22을 해석하도록 제안한다. 그 결과, 14:22이 사도 바울의 논리적 실수로 이해되고 예언이 바울이 제시하는 완전한 지혜에 합당한 은사로 가정된다. 따라서 다수의 학자들은 14:20의 헬라어 τῇ κακίᾳ(악)이 교회에서 방언의 어리석은 사용을 가리키는 것으로 해석하는 경향이 있다.

최근에, 14:22과 14:23-25 사이의 논리적 모순 문제를 해결하기 위해서 시도한 씨셀튼은 방언을 어리석은 은사로 간주하는 전통적인 관점에 반론을 제기하였다. 그는 방언을 어린 아이와 같은 말과 동일시시키기 보다는, 고린도교회와 사도 바울의 방언관에 의하면

153 Fee, *The First Epistle to the Corinthians*, p. 652.

154 Collins, *First Corinthians*, p. 511.

155 Thiselton, *The First Epistle to the Corinthians*, pp. 1074f.

156 Hays, *First Corinthians*, pp. 233-240.

그 은사가 천사의 언어와 부분적으로 중복될 수 있다는 해석적 가능성을 제안하였다.[157] 더 최근에, 씨셀튼과 유사한 입장에서 체스터는 방언이 불신자들의 관심을 끌만한 은사이고 예언은 불신자들에게 복음을 말하고 그들을 기독교로 개종시키는 은사라고 제안하였다.[158]

그러나 이 견해는 14:22a가 14:21과 모순될 뿐만 아니라 게다가 14:22b가 14:24-25과 모순된다는 또 다른 해석적 모순에 직면한다. 게다가, 최근에 마빈 메이어(Marvin W. Meyer)와 카슨과 같은 일부 학자들은 14:2의 방언으로 말하는 비밀들이 복음을 가리키는 것이라고 주장한다.[159] 여기에서 사도 바울이 설명하는 '세상'에 관하여, 14:10의 의미를 좀 더 살펴볼 필요가 있다. 이 구절은 바울이 설명하는 방언이 세상에서는 발견된 적이 없다는 의미를 내포하고 있다. 하나님의 가장 깊은 지식, 즉 그리스도의 비밀을 말하는 τὰ πνευματικά는 오로지 하나님의 영에 의해서만 계시된다(2장).

그리고 앞에서 설명되었듯이, 방언은 복음을 말하는 성령의 은사이다. 그래서 바울의 설명에 의하면, 방언은 천사의 언어와 양립하기 어려운 것으로 보이고 그리고 그는 불신자들이 신자들의 방언을

---

157 Thiselton, 'The "Interpretation" of Tongues: A New Suggestion in the Light of Greek Usage in Philo and Josephus,' p. 32. 그리고 Hurd Jr., *The Origin of 1 Corinthians*, pp. 112-113을 보라.

158 Chester, 'Divine Madness? Speaking in Tongues in1 Corinthians 14.23,' pp. 417-446.

159 Meyer (ed.), *The Ancient Mysteries*, pp. 252-254; Carson, 'Mystery and Fulfillment: Toward a More Comprehensive Paradigm of Paul's Understanding of the Old and the New,' pp. 413-425.

이해하지 못할 것이라고 기대했을 것이다(14:21b). 그래서 14:23의 헬라어 μαίνεσθε는 부정적인 의미로 해석되어야 할 것이다. 게다가, 14:22b는 14:24-25과 모순된다. 그래서 14:22에서 제기된 주제는 14:25의 범위를 넘어서서 31(38)절까지 이어진다.

앞에서 설명했듯이, 본 저서는 14:21-22의 새로운 읽기를 제안한다. 그것에 의해서, 본 저자는 두 번째 파트를 세 단락으로 나눌 것을 제안한다: 20-25절, 26-31절 그리고 32-40절. 각각의 단락은 각각의 머리말을 가지고(20절, 26절 그리고 32-33절) 39-40절은 14장 전체의 결론에 해당한다. 본 저서가 고전 14장을 14:1-19 그리고 14:20-40로 구분하는 이유는 21-22절의 새로운 읽기에 의해서 설명되는 그 문맥적 의미가 1-19절보다는 26-40절과 더 통일성을 보여주기 때문이다.

특별히 πνευματικά와 성령의 은사 사이의 상관관계와 관련해서, 기존에 학자들이 주장하듯이, 14:1-19은 알아들을 수 있는 예언적 은사 중심의 πνευματικά 개념을 설명한다. 이 개념에서 알아들을 수 없는 방언의 은사는 바울의 πνευματικά 개념에 어울리지 않는다. 반면에 14:21-22의 새로운 읽기에 의하면 14:20-40은 전자와 다른 πνευματικά와 성령의 은사 사이의 상관관계에 관해서 설명한다. 두 번째 파트가 설명하는 πνευματικά 개념에는 방언이 포함될 수 있는 것으로 묘사된다. 여기에 대한 더 구체적인 언어학적이고 구조적인 설명이 해당되는 각 부분에서 뒤따를 것이다.

그리고 ἀγάπη의 주제는 두 번째 파트에서도 이어진다. 왜냐하면

8:1의 ἡ ἀγάπη οἰκοδομεῖ가 첫 번째 파트에서 반향 되듯이, 두 번째 파트, 특히 14:26에서도 반향 되기 때문이다(πάντα πρὸς οἰκοδομὴν γινέσθω). 하나님의 집을 세우기 위해서 자랑하지 않고, 교만하지 않으며 그리고 자신의 유익을 구하지 않는 것으로 설명되는 ἀγάπη는 (13:4-5) 방언과 예언과 같은 은사를 사용함에 있어서 완전한 지혜로 설명된다.

그러한 지혜는 자신을 높이기 위해서 약한 신자들을 하대하지 않는 것이다(4:10; 14:20). 14:20-38에서 사도 바울이 설명하는 완전한 지혜는 둘 혹은 세 명의 신자들이 동료 신자의 통역의 도움을 받아서 불신자들에게 방언을 말하고 그리고 동료 신자들에게 분별을 받기 위해서 둘 혹은 세 명의 신자들이 신자들에게 예언을 말함으로써 약한 신자들에게 기독교 윤리인 신실함(1:9의 πιστὸς를 보라)을 보여주는 것이다. 그래서 교회 안에서 강자가 약자를 하대하지 않는 것이다. 이러한 방식으로 14:22과 14:26f.를 통한 사도 바울의 진의가 설명된다.

고린도전서에서 ἀγάπη는 또 다른 기독교 윤리인 신실함과 평행한 개념으로 설명된다. 20절에서 언급되는 불완전한(어리석은) 지혜, 완전한 지혜 그리고 악이 두 번째 파트의 주제를 잘 설명한다. 1a절이 14장 전체의 머리말이 되듯이, 이와 유사한 방식으로 20절은 두 번째 파트의 머리말 역할을 한다. 고전 13장과 14장의 언어적 연결성을 고려할 때, 8:1의 ἡ ἀγάπη οἰκοδομεῖ(사랑은 [하나님의 집/건물을 세운다])는 14장 전체를 해석하는 척도의 역할을 한다. 악은 ἀγάπη(완전한 지혜)에 대조되는 것으로 묘사된다.

사도 바울은 종종 신자들을 나무로 묘사한다[롬 1:13; 6:21, 22; 7:4, 5; 15:28; 고전 14:14; 고후 9:10; 갈 5:22-23; 엡 5:9, 11; 빌 1:11; 4:17; 골 1:6, 10; 딛 3:14; 그리고 유대교 지혜 전승에서 지혜(φρήν/φρεσὶν)가 나무로 묘사되는 것에 관해서 잠 3:13, 18; 지혜서 3:15-16; 에녹 1 32:3을 참조하라; 또한 시 1; 92:12-13을 참조하라]. 본 저서가 제안하는 대로 고전 14:21-22을 새롭게 읽으면, 14:20의 지혜(φρήν/φρεσὶν)는 그리스도 안에 있는 고린도교회 신자들을 가리킨다.[160] 바울은 이미지 언어를 사용하면서 고린도교회 신자들을 하나님의 밭으로 묘사하고(3:10) 그리고 그들이 받은 성령의 더 큰 은사들을 그 밭에 뿌려진 씨앗으로 묘사한다(9:11).

그는 ἀγάπη의 윤리에 근거해서 하나님의 교회를 세우고(3:9, 10-

160 고전 14:20의 장성한 지혜(φρήν/φρεσὶν)를 고린도교회의 γνῶσις(8:1)에 대조되는 개념으로서 바울의 그리스도론적 지혜로 이해하면서(4:10) 약한 신자들 혹은 방언과 같이 열등한 은사에게 명예를 수여하는 지혜로 해석하기 보다는, 오히려 그것을 유대교 지혜 전통에서 이해하면서 고린도교회의 어리석은 방언사용에 대조되는 개념으로 이해하는 견해에 관해서, G. Bertram, 'φρήν,' in *TDNT*, vol. 9 (G. Kittel and G. Friedrich eds.) (Grand Rapids, Michigan: Eerdmans, 1974), p. 230; Barrett, *The First Epistle to the Corinthians,* p. 322; Fee, *The First Epistle to the Corinthians*, pp. 678-679; 『성령: 하나님의 능력 주시는 임재 (상권)』, pp. 440-445; H. Balz and G. Schneider (eds.), 'φρήν, φρενός, ἡ,' in *EDNT*, vol. 3 (Grand Rapids, Michigan: Eerdmans, 1993), p. 438; Hays, *First Corinthians*, pp. 235-240; Schrage, *Der erste Brief an die Korinther*, pp. 404-405; Collins, *First Corinthians*, p. 507; Thiselton, *The First Epistle to the Corinthians*, pp. 1118-1120; D'Aquin, *Commentaire de la Première Épître aux Corinthiens*, pp. 439-440; Garland, *1 Corinthians*, 644-645; Keener, *1-2 Corinthians*, pp. 111-115; Chiu, *1 Cor 12-14: Literary Structure and Theology*, pp. 300-301; Perkins, *First Corinthians*, pp. 161-163 등을 참조하라.

15; 8:1; 13장) 하나님의 밭에서 더 큰 은사들이 열매가 맺어야 한다고 말한다(3:9; 9:11; 14:1, 14).

반면에 악은 γνῶσις의 지혜를 가진 일부 엘리트 신자들의 자랑(καύχημα)과 교만(φυσιόω)을 가리킨다(5:6-8; 8:1f.; cf. 롬 1:29-32). 고전 14:20의 '지혜'(φρεσὶν)와 '악'(κακίᾳ)과 언어적 유사성을 보여주는 지혜서 3:12-16은 지혜자를 향한 축복과 어리석은 자(악한 자)를 향한 저주에 대해서 말한다.

만일 고전 14:20의 악이, '그리스도 안에서 지혜롭다'(4:10의 φρόνιμοι)라고 인정을 받은 약한 동료 신자들을 하대하면서 그들의 예언이 불신자들에 의해서 판단받기를 원했던, 고린도교회의 일부 여성 예언자들 혹은 엘리트 신자들의 교만을 가리키는 것이라면, 14:20-38의 스스로 교만하고 자랑하며 약한 신자들에게 걸림돌을 놓는 그 악한 자에 대한 사도 바울의 엄중한 판단이 고린도전서 안에서 4:21; 5:5,13; 11:29-30과 관련해서 어느 정도 설명될 수 있을 것이다. 만약 축복과 저주의 형태로 끝나는 서신의 마지막 부분인 16:19-24에서 16:20의 φιλήματι와 16:22의 φιλεῖ가 주의 몸을 향한 사랑을 가리키는 것이라면(11:29), 이것이 14:20이하 문맥에서 발견되는 지혜와 악 사이의 해석적 긴장감을 이해하는데 도움이 될 수 있을 것이다.

바울 서신에서 설명되는 징계의 기능은 크게 두 가지로 분류될 수 있을 것이다. 하나는 고린도전서에서 설명되는 강자와 약자의 계급구조의 갈등과 관련해서 교회의 문제를 해결하기 위한 목회적 기능이고(5장; 14:20; 16:21–24), 다른 하나는 갈라디아서에서 설명되는 것과 같이 그의 복음을 수호하기 위한 것이다(갈 1:6–10). 고전 14:20에서 사도 바울의 지혜와 악의 이원론은 그가 성령의 계시로 받은 그리스도 중심의 φρεσὶν의 지혜에 근거한 것이다.

그러므로 '여성 예언자들은 잠잠하라'는 사도 바울의 명령은 그들을 향한 엄중한 심판이 내려지는 것을 예방하기 위한 규율로 이해하는 것이 옳을 것이다.[161]

이러한 점에서, 악은 성령의 은사의 어리석은 사용과 관련한 고린도교회의 근본적인 문제로 확인이 되는 반면에, 완전한 지혜는 그 문제를 해결하기 위해서 사도 바울이 제안하는 지혜로 묘사된다. 바울의 목회적 해결책으로서 완전한 지혜는 교회의 질서를 위한 은사의 올바른 사용이다.

만약 연약한 신자들이 동료 신자의 통역에 의해서 그리스도 안에서 명예를 얻게 된다면, 고린도교회는 이와 비슷한 방식으로 ἀγάπη에 근거한 예언의 적합한 사용을 통해서 성도의 교제 안에서 연합을 이룰 것이다. 스스로를 하나님의 지혜로운 건축자로 소개하는 사도 바울은 그의 φρεσίν의 개념을 통해서 하나님의 집을 세우는 지혜를

161 와이어(A. C. Wire)의 설명에 의하면, 고린도교회의 엘리트 여성 예언자들이 주의 식탁에 참여하고 예언의 은사를 사용할 때, 다른 신자들보다 우월한 하나님의 천사의 영감을 통해서 그들의 월등한 권한을 남용하였다. 그래서 사도 바울은 이 문제에 의해서 약한 신자들이 소외되는 것을 지적하였고 그래서 교회의 윤리에 근거해서 그들에게 잠잠할 것을 명령했다. *The Corinthian Women Prophets* (Minneapolis, MN.: Fortress Press, 1990), pp. 181-189.

설명한다. 고린도교회의 분열의 상황에서 완전한 지혜를 보이고 교회의 연합을 이루기 위해서, 바울은 ἀγάπη에 근거한 그리스도 중심의 φρεσὶν의 지혜를 통해서 강자가 그리스도 때문에 약자가 되고 약자는 그리스도 안에서 강자가 됨을 설명한다(4:10; 빌 2:3-8). 그래서 이 지혜는 하나님에 의해서 선택 받은 비-엘리트 신자들에게 명예를 줌으로써 성도의 교제의 연합을 도모하고 하나님의 교회를 세운다(1:27-30; 4:10; 12:24).

방언과 관련해서, 한편으로, 연약한 신자들은 '우상은 세상에서 아무 것도 아니며 하나님은 한 분 밖에 없다'는 γνῶσις를 가지고 있지 않다(8:4). 그러므로 만일 온 교회가 다 같이 방언으로 말하게 되면, 강한 신자들이 연약한 신자들을 위해서 통역해주지 않아서 온 교회가 오직 신자들 스스로에게만 알아들을 수 없는 방언을 말하게 내버려둔다면, 약한 신자들은 γνῶσις를 가진 유대교 불신자들의 판단에 노출되게 되고 그들의 의가 손상받기 쉬운 상황이 될 것이다(6:1f.; 14:23을 참조하라). 불신자가 신자를 판단하는 것은 지양되어야 한다. 그러나 다른 한편으로, 만약 연약한 신자가 방언으로 말하고 신실한 동료 신자가 그것을 통역해준다면, γνῶσις를 가진 불신자들은 그들이 말한 하나님의 알아들을 수 없는 비밀에 ἀμήν으로 반응할 것이다(14:2, 16).

이러한 방식으로 고린도교회 안에서 연약한 신자들의 하나님이 γνῶσις를 가진 강자들의 하나님과 동일하신 분으로 확인될 것이다(12:24). 예언과 관련해서, 만약 고린도교회 모든 신자가 불신자들에게 예언을 말한다면, 신자들은 불신자들에 의해서 판단 받게 될 것이고 이것은 교회의 분열의 문제를 더 악화시킬 것이다. 반면에 만약 그들이 동료 신자들에게 예언을 말할 때, 둘이나 셋이서 차례를 따라서 말하고 다른 동료 신자들이 그 예언을 분별해줄 때, 그것은 교회의 덕을 세울 것이다. 그 안에서 비-엘리트 신자들이 '옳다'(δόκιμος)라고 인정을 받을 수 있을 것이다(교회 안에서 '옳다'라고 인정을 받는 것에 관하여, 고전 6:5; 11:19; 롬 14:18; 16:10을 참조하라).

그러므로 첫 번째 단락(14:20-25)은 교회 안에서 성령의 은사의 사용법과 관련한 불완전한 지혜(παιδία γίνεσθε ταῖς φρεσίν)의 문제를 지적한다. 21절에서 율법은 '표적이 되는 방언이 불신자들에게 말하는 것'이라는 진술의 증거로서 인용된다. 22절은, 고린도교회의 상황에서 예언자들이 교회 예배를 독점하지 않도록, 악에 대조되는 사도 바울의 완전한 지혜를 설명한다.

바울의 설명에 의하면, 방언이 불신자들에게 표적이 될 수 있는 근거는 하나님의 어리석음이 인간의 지혜보다 지혜롭기 때문이다(1:25). 설령 고린도교회의 불신자들이 γνῶσις의 지혜를 가졌다 할지라도, 그들이 가진 γνῶσις는 기독교 케리그마와 동일시될 수 없기 때문에, 그들은 교회 안에서는 연약한 신자들과 강한 신자들 사이에서 판단을 내리기보다는(6:1-6), 그들은 신자들이 방언과 통역의 듀엣을 통해서 말하는 하나님의 지혜를 배워야 한다(14:16-19). 이와 같은 방식으로 예언보다 열등한 방언의 은사가 예언과 동등해질 수 있다(14:5b).

예언은 사회적 계층 구조와 관련한 고린도교회의 분열의 상황에서 가장 비천한 위치에 처한 동료 신자들에게까지 ἀγάπη를 확인시켜주기 위해서 신자들에게 말하는 은사로 사용되어야 한다. 그러나 23-25절은 고린도교회의 어리석음으로 인한 성령의 은사의 오용으로 인해서 불신자가 신자를 판단하고 분별해주는 문제를 지적한다. 고린도교회는 다 같이 모일 때 분열과 분쟁이 있었다(1:10-11; 3:3; 11:17-18; 12:25). 11:17-18에서 사용된 헬라어 동사 συνέρχομαι가 14:23, 26에서도 사용된다. 14:23-25은 고린도교회가 다 같이 모였을 때 방언과 예언의 잘못된 사용에 대해서 그리고 14:26이하는 그 문제를 해결하기 위해서 바울이 고린도교회에게 주는 올바른 은사 사용에 관한 지침에 대해서 말한다.

고린도교회 안에서 형성된 사회적 불평등은 강한 신자들의 유대적 γνῶσις의 독점과 관련이 있다(8:1-7). 바울은 고린도교회 신자들이 다 같이 모여서 예언을 말할 때, 둘이나 많아야 셋이서 예언을 말하고 다른 이들은 분별해주어야 한다고 설명한다(14:29).

이와 같은 방식으로 모든 신자들이 하나씩 하나씩 예언을 할 때, 약한 신자들은 강한 신자들로부터 배울 수 있고 권면을 받을 수 있다(14:31). 그래서 그들의 양심이 더 이상 상하게 되지 않고(8:7-13을 참조하라) 대신에 세움을 받고 권면과 위로를 받게 된다(14:3). 이와 같은 성령의 은사의 올바른 사용을 통해서 유대인이나 헬라인이나 종이나 자유인이나 다 성령으로 받고 그리스도 안에서 한 몸을 이룰 수 있게 된다.

두 번째 단락(14:26–31)은 14:22에서 언급된 완전한 지혜를 설명한다. 방언은 약한 신자들에게 강한 신자들과 동일한 명예를 수여하는 방언–통역의 듀엣을 통해서 불신자들에게 말하는 표적이다. 이것은 바울의 '그리스도로 옷 입다'라는 개념과 평행한 은사 사용법일 것이다. 예언은 동료 신자에게 분별을 받기 위해서 신자가 동료 신자에게 말하는 은사이다. 그래서 예언은 하나님이 신자들을 통해서 신실하심을 보여주는 은사이다. 그리고 사도 바울은 고린도전서에서 판단의 다양한 의미를 설명한다. 성령의 은사의 올바른 사용과 관련해서 그가 고린도교회에게 제시하는 올바른 판단은 방언의 통역과 예언의 분별을 통해서 교회의 덕을 세우고 세상을 구원하기 위한 의로운 판단이다.

세 번째 단락(14:32-38)은 하나님이 만드신 그리스도 안에서의 한 식탁의 윤리에 무질서를 초래한 여성 예언자들의 교만의 문제를 지적한다. 그들은 강자들에게 주어진 주의 명령과 주의 모범인 양보와 나눔을 배워야 한다(9:18-27; 13장; 14:26-31; 빌 2:1-11). 고린도전서 전체를 고려할 때, 고전 14:20, 38(또한 16:22-24을 보라)의 지혜와 악 사이의 긴장감은 주의 식탁 위의 전체 떡 덩어리에 퍼지는 그들의 악한 교만의 누룩에 의해서 야기된 것으로 보인다(5:6-8; 14:20; 롬 1:28-32). 연약한 신자들을 위한 최종적인 의로운 판단은 종말의 시간에 서서 기다리시는 그리스도에 의해서 완성될 것으로 보인다(4:5). 그때까지, 하나님은 자신의 교회에게 자신의 일꾼을 통해서 그의 신실함을 보이실 것이다(롬 3:25; 고전 1:9).

가. 불완전한 지혜, 악, 그리고 완전한 지혜 (14:20-25)

고전 14:23-25은 많은 학자들의 관심을 받았지만 여전히 14:22과 14:23-25 사이의 논리적 모순에 해석적 난제가 남아있다. 글래드스톤이 지적하듯이, 14:22만 없다면 14:20-25이 논리적으로 잘 설명될 것이다.[162] 샌드네스는 14:20-25에서 바울의 논지는 '다소 난해하다'고 말한다.[163] 콘첼만은 14:22을 과도한 수사학적 표현으로 간주한다.[164] 헤이스는 14:22을 단순히 14:21에 관한 주석적 설명정도로만 이해하면서 그것은 바울 자신에 의한 논리적 혼동이었을 것이라고 가정한다.[165]

장 헤링은 왜 방언이 '불신자들을 위한 표적'이고 예언은 '신자들을 위한 표적'인지를 질문한 이후에, 바울은 그것을 반대로 해석할 것을 기대했을 것이라고 결론 내린다.[166] 장 헤링과 유사한 방식으로, 조한슨은 22절을 수사학적 질문으로 해석하면서 그 논리적 모순을 해결하려고 시도하였다.[167] 바렛트는 전 14:22과 14:23-25 사이의 모순의 문제를 간과하는 것처럼 보인다.[168] 전반적인 학자들의 합의에 의하면, 14:22을 제외하면, 14:20-25에서 사도 바울의 논지는

---

162 Gladstone, 'Sign Language in the Assembly,' p. 179.

163 Sandnes, 'Prophecy: A Sign for Believers (1 Cor 14,20-25),' p. 15.

164 Conzelmann, *1 Corinthians*, p. 242.

165 Hays, *First Corinthians*, p. 239-240.

166 Héring, *The First Epistle of Saint Paul to the Corinthians*, p. 152.

167 Johanson, 'Tongues, A Sign for Unbelievers?,' pp. 180-203.

168 Barrett, *The First Epistle to the Corinthians*, pp. 323-327.

인지 불가능한 언어는 불신자를 감화시키지도 기독교로 개종시키지도 못한다는 것이다.

그리고 14:22은 확실히 바울의 기존의 논지를 뒤집는다. 이러한 주석적 문제 속에서, 특히 14:1–19의 논지가 14:21–22의 통일성 있는 읽기로 설명되지 않는 상황에서, 다수의 학자들은 14:23–25의 문맥에 의해서 14:22을 설명하는 '거꾸로 읽기'를 시도하였다. 고든 피 역시 이러한 '거꾸로 읽기'를 시도한다. 그 역시 다른 주석자들과 그리고 신약학자들과 비슷한 관점에서, 22절에서 바울의 의도는 고린도교회의 방언의 은사의 잘못된 사용을 지적하는 것이라고 해석한다.[169] 앞에서 이미 설명하였듯이, 이러한 읽기는 독자들을 14:22을 바울 자신의 논리적 혼동에 의해서 야기된 수사학적 실수로 이해하면서 동시에 다음의 두 가지 주석적 문제에 직면해서 22절을 의역하도록 만든다.

첫째, 14:22a와 관련해서, 14:23은 고린도전서에서 가장 혼란스런 본문 중의 하나가 된다. 이와 같이 14:21–23에서 방언을 부정적으로 해석해서 해당 본문을 읽으면 방언이 하나님의 은혜로 받은 χαρίσματα에 해당한다는 바울의 설명과 모순된다.

둘째, 이 논리적 모순을 해결하기 위해서 14:23의 헬라어 μαίνεσθε를 긍정적인 의미로 번역한다고 하더라도, 여기에는 또 다른 주석

169 Fee,『성령: 하나님의 능력 주시는 임재 (상권)』, pp. 447-459.

적 어려움이 생긴다. 하나는 21절의 전향적 해석이 22-23절과 통일성을 이루지 못한다는 것이고(22절은 ὥστε로 시작하기 때문에 21-22절의 통일성 있는 해석이 요구된다) 다른 하나는 예언과 관련해서, 14:22b이 여전히 바울의 논리적 실수로 남는다는 것이다. 최근에 체스터는 14:20-25에서 '바울은 그 두 은사가 아직 기독교인이 되지 못한 사람들에게 미치는 영향을 가상적으로 비교한 것'이라고 가정하였다.[170] 그리고 그는 23절의 μαίνεσθε를 그레꼬-로마 종교 세계에서 신에 감동된 황홀경으로 해석한다.[171] 그러나 이 해석은 14:21b의 '이 백성'에 대한 부정적인 기대('그들이 여전히 듣지 않을 것이다')와 14:23의 불신자들에 의한 다소 긍정적인 반응 사이의 논리적 모순에 직면하게 된다. 그리고 그루뎀은 23절의 μαίνεσθε를 부정적인 의미로 해석하면서 14:21-23 사이의 주석적 문제를 해결하기 위해서 14:22을 '그러므로 방언은 신자들에 대한 것이 아니라 불신자들에 대한 표적이다. 그러나 예언은 불신자들에 대한 것이 아니라 신자들에 대한 표적이다'로 번역한다.[172]

이와 같이 그는 방언 자체를 불길한 표적으로 이해하면서 부정적으로 이해하는 견해에 반대한다. 그의 설명에 의하면, 이 본문에서 방언에 대한 바울의 부정적인 논조는 방언 자체를 향하는 것이 아니

170 Chester, 'Divine Madness? Speaking in Tongues in 1 Corinthians 14.23,' p. 417.

171 Chester, 'Divine Madness? Speaking in Tongues in 1 Corinthians 14.23,' pp. 417-446.

172 Grudem, 『신약성경이 가르치고 지금도 사용되는 예언의 은사』, p. 175.

라 통역되지 않은 방언에 관한 것이다. 그의 주장은 김동수에 의해서 지지를 받았다. 그는 '바울이 여기에서 공격하는 것은 예배 시 통역이 없이 중구난방으로 사용되는 방언이지 개인적인 기도로서의 일반적인 방언을 말하는 것이 아니'라고 설명한다.[173] 그럼에도 불구하고, 이 해석에는, 22절에서 표적과 관련해서, 여전히 논의한 사항이 있다. 먼저 그가 이 번역을 선택한 이유는 다음과 같은 기존의 가정을 전제하기 때문이다. 첫째, 14:21의 전향적 읽기에 의하면 알아들을 수 없는 방언이 저주나 심판의 성격을 가지거나 혹은 그러한 기능을 할 수 있는 것으로 해석될 수 있다. 그래서 둘째, 전향적 읽기에 의해서 생긴 이 문제를 해결하려고 다른 학자들과 같이 14:22의 'εἰς σημεῖόν εἰσιν'을 거꾸로 읽는다. 이와 같이 그는 기존의 이 두 가지 가정에 대해서 문제를 제기하지 않으면서 여격을 '~에 대한'으로 읽고 14:21–22의 통일성 있는 해석을 시도한다. 이로써 그는 로벗슨과 개핀(R. B. Gaffin) 그리고 맥아더(J. F. MacArthur, Jr.)와 같은 학자들이 방언의 표적을 지나치게 부정적으로 해석하는 것에 대해서 반대하는 것이다.[174] 그러나 그 기존의 가정에 몇 가지 문제점이 발견된다. 첫째, 앞에서 이미 언급되었듯이, 22절의 εἰς σημεῖόν을 서술적 주격으로 이해하고 그리고 방언이 지나치게 부정적인 의미의 불길한 표적으로 해석되는 것을 회피하기 위해서 εἰς σημεῖόν εἰσιν을 거

173 김동수, 신약이 말하는 방언 (용인: 킹덤북스, 2009), pp. 68-69.

174 Grudem,『신약성경이 가르치고 지금도 사용되는 예언의 은사』, p, 181.

꾸로 읽으면 '표적+여격'이 더 강조되고 그리고 여기에서 여격은 항상 긍정적인 의미를 가지면서 심판의 의미를 가지지 않는다는 것이다.[175]

둘째, 14:21의 전향적 읽기와 14:22의 εἰς σημεῖόν εἰσιν을 거꾸로 읽으면서 생기는 문제를 가장 잘 설명한 그루뎀은 방언뿐만 아니라 예언도 표적이라고 번역한다.[176] 그런데 사실, 14:22에서 표적은 방언과만 관련해서 사용되는 것처럼 보인다. 그루뎀의 번역이 타당성을 얻기 위해서는 표적(σημεῖόν)이 헬라어 동사 εἰσιν 다음에 위치해야만 했다. 그러면 방언과 예언 둘 다 표적으로 자연스럽게 연결될 수 있었을 것이다.

셋째, 만일 14:22의 εἰς σημεῖόν εἰσιν을 거꾸로 읽어야 한다면 그래서 σημεῖόν이 εἰσιν 뒤에 온다면 그리고 σημεῖόν이 부정적 그리고 긍정적 의미의 이중적 의미를 가지면서 방언과 예언 둘 다를 동시에 가리킨다면, σημεῖόν이 복수형으로 사용되었어야 했다.

그에 더하여, 넷째, 사 28:11 LXX와 고전 14:21 사이의 언어학적 통일성 그리고 14:21–22 사이의 언어학적 통일성을 간과하였다. 확실히, 사 28:11 LXX와 고전 14:21 사이의 상호 텍스트에서 발견되는 'λαλέω + 여격(이 백성에게)'의 언어학적 통일성이 14:21–22의 언

175 Thiselton, *The First Epistle to the Corinthians*, p. 1123을 참조하라. 게다가, 본 저자는 14:20의 φρεσὶν에 대한 새로운 해석을 제시한다(본 저서의 pp. 67-69, 92를 참조하라).

176 Grudem, 『신약성경이 가르치고 지금도 사용되는 예언의 은사』, pp. 174-175.

어학적 통일성으로 이어지고 그래서 14:22에서 바울이 여격을 매우 중요하게 사용하고 있는 것을 고려할 때, 14:22에서 'εἰς σημεῖόν εἰσιν + 여격'에 대한 통일성 있는 해석이 요구된다.

그리고 14:21의 'λαλέω + 여격(이 백성에게)'와 14:22의 'εἰς σημεῖόν εἰσιν + 여격'을 읽기 위해서 14장의 문맥적 상황에서 그것들의 문맥적 의미를 고려하면서 번역을 고려할 때, 14:22에서 방언과 예언 둘 다 여격과 함께 사용된다는 것이 발견된다. 그래서 사 28:11 LXX와 고전 14:21 사이의 상호 텍스트에서 발견되는 언어학적 통일성이 보여주듯이 그리고 그것이 고전 14장의 문맥적 상황에 반영되었듯이, 은사 + 여격이 '~에게'로 번역이 되며 소통의 기능이 강조되고 있다(14:2-3, 21-22). 그리고 무엇보다 중요한 것은 앞에서 이미 설명한 바와 같이, 14:21은 심각한 수준으로 오역되었다는 것이다. 사실, 14:22의 주석적 문제를 해결하기 위해서 제안된 그루뎀의 번역은 기존의 가정이 가지는 문제를 가장 잘 설명한 이론이지만, 본 저자는 다른 방언에 대한 초기 기독교의 신앙을 반영하는 회고적 읽기를 통해서 14:21-22을 새롭게 읽기를 선택한다. 그루뎀과 김동수가 제안하는 해석에 의하면, 14:21-22에서 바울이 질책한 것은 방언의 은사 자체가 아니라 예배에서 통역의 은사가 수반되지 않고 사용한 은사 사용법이다. 그러나 본 저서가 설명하는 새로운 읽기에 의해서 21절의 '다른 방언'과 22절의 '표적'을 긍정적인 의미로 해석하면 바울의 논조가 바뀐다.

그리고 14:20-25에서 바울의 진의를 반영하는 본문이 23-25절이 아니라 22절로 제안된다. 그래서 바울이 설명하는 어리석은 은사 사용법은 예배에서 통역 없이 방언의 은사를 사용하는 문제 자체라기보다는 예배에서 알아들을 수 없는 방언을 말하는 신자들을 통역으로 도와주지 않는 문제였다. 이와 같은 논조의 변화로 인해서, 14:21–22에서 방언에 대한 바울의 관점이 더 긍정적으로 설명될 수 있다. 그리고 14:22b과 14:24–25 사이의 모순과 관련해서, 씨셀튼은 '예언은 오직 신자들의 공동체에게만 말하는 것이고 그래서 케리그마나 복음 선포와 혼동해서는 안 된다'고 말함으로써 그 모순 문제를 해결하려고 시도한 로베크(M. Roebeck, Jr)의 주장에 반대하였다. 그 대신에 씨셀튼은 힐(Hill), 가일스파이 그리고 뮬러(Müller)와 함께 '예언의 말은 심판과 은혜를 규정하고 그리고 언약 복음의 언어 행위를 목회적 권고와 결합시킨다'고 설명한다.[177]

그러나 14:24–25이 예언의 올바른 사용을 통한 불신자의 기독교 개종을 설명한다는 씨셀튼의 견해 역시 이 본문이 가진 모순의 문제를 해결하지 못한다. 왜냐하면 22절과 23–25 사이의 모순은 말할 것도 없고, 22b절과 29–31절이 설명하는 사도 바울의 지도 원칙 – 신자들이 말한 예언은 신자들에 의해서 판단 받고 분별 받기 위해

177 Thiselton, *The First Epistle to the Corinthians*, p. 1128. D. Hill, *New Testament Prophecy* (Atlanta: John Knox Press, 1979), pp. 123-124; Gillespie, *The First Theologians: A Study in Early Christian Prophecy*, pp. 134-150; U. B. Müller, *Prophetie und Predigt im Neuen Testament*, SNT 10 (Gütersloh: Mohn, 1975), pp. 24-26. 또한 M. Robek, Jr., 'The Gift of Prophesying in Acts and Paul,' *SBeTh* 5 (1975), pp. 39-54를 참조하라.

서 예언자들은 둘이나 셋이서 차례를 따라서 동료 신자들에게 말해야 한다 - 은 모두가 예언하고 불신자가 고린도교회의 예언을 판단한다고 설명하는 14:24-25과 모순된다. 게다가, 14:24-25에서 묘사되는 고린도교회가 예언을 통해서 불신자를 판단하는 방식은 바울에 의해서 지양되어야 할 것으로 설명된 것이다(4:3-5). 반면에 조한슨과 스미트와 같은 일부 학자들은 22절에 의해서 23-25을 설명하려고 시도하였다. 앞에서 언급한 바와 같이, 조한슨은 22절을 수사학적 질문으로 이해한다.[178] 스미트는 22절을 '방언은 신자에게 적합하지 않고 불신자에게 적합하며 그리고 예언은 불신자에게 적합하지 않고 신자에게 적합하다'로 번역한다.[179] 글래드스톤은 14:22의 신자와 불신자를 실제로 존재하는 개념이 아니라 잠재적 신자와 불신자로 해석한다.[180] 그래서 그는 여격 τοῖς πιστεύουσιν/τοῖς ἀπίστοις를 '신자/불신자가 되게 하는'으로 번역한다.[181] 비록 그의 번역이 14:20-25의 그 모순을 해결할 수도 있을 것처럼 보일지도 모르만, 그것은 그루뎀과 같이 기존의 가정이 가지는 주석적 문제를 해결하지 않은 채 그 본문을 의역한 것에 지나지 않는다. 게다가 14:24-25에서 묘사된 고린도교회가 예언의 은사를 사용한 방법은 14:29-31에서 설명된 바울의 지도 원칙과 상반된다. 이 모든 시도는 14:21-

178 Johanson, 'Tongues, A Sign for Unbelievers?,' pp. 180-203.

179 Smit, 'Tongues and Prophecy: Deciphering 1 Cor 14.22,' pp. 175-190.

180 Gladstone, 'Sign Language in the Assembly,' p. 186.

181 Gladstone, 'Sign Language in the Assembly,' p. 185.

22과 14:26-31이 14:23-25에 모순되는 문제를 설명하지 못한다.

이러한 상황에서, 14:20-25의 기존의 해석은 14:20-25을 14장의 첫 번째 파트의 마지막 단락에 포함시킬 뿐 아니라 또한 방언을 악하고 불완전한 것으로 이해하는 경향이 있다(14:20). 따라서 비록 예언을 통해서 불신자에게 복음을 전하는 것이 합리적인 방법이라고 할지라도, 바울이 예언을 신자들에게만 말하는 은사로 한정하는 이유가 먼저 설명되어야 할 것이다.

본 저서는 14:20-25을 14장의 두 번째 파트의 첫 번째 단락으로 위치시킨다. 이 첫 번째 단락은 다음과 같은 구조를 가진다: 머리말(20절) -a(21절의 율법에 의한 증거) - b(22절의 바울의 지도 원칙) - c(23-25절의 불완전한 지혜). 두 번째 파트의 머리말 역할을 하는 20절은 불완전한 지혜, 악의 없이 정직함 그리고 완전한 지혜를 언급한다.

21-25절은 고린도교회의 불완전한 지혜에 의해서 야기된 문제를 다룬다. 어린아이와 장성한 자 둘 다 20절에 언급된다. 선이 악에 대해서 승리한다는 유대교의 지혜 전통의 해석적 도식에서 어린아이와 관련한 두 가지 전통이 발견된다. '지혜에 있어서 어린아이'는 부정적으로 묘사된다(왕하 2:23-24; 잠 7:7; 사 28.9; 피르케 아보트 5:27; 마 14:21; 롬 2:20; 고전 3:1-3; 13:11; 엡 4:14; 히 2:13f). 반면에 '악에 있어서 어린 아이'는 긍정적으로 묘사된다(시 8:2; 마 11:25; 19:13-15; 벧전 2:2; Herm. S. 9 29.1-3). 그리고 '지혜에 있어서 어린아이'에 대한 대조로서, '지혜에 있어서 장성한 자'에 관한 전통 역시 발견된다(단 2:48;

5:11; 지 9:6; 마 5:48; 롬 12:2; 고전 2:6; 13:10).

바울은, 주께서 이 백성에게 말씀하시듯이 방언이 불신자에게 말하는 표적이라는 증거를 제시하기 위해서(14:21-22), 14:21에서 구약성서를 인용한다. 바울이 인용하는 구약성서는(사 28:11 LXX) 유대교 전통에서 혀와 입술의 사용법과 관련한 지혜를 반영한다(cf. 욥 27:4; 시 10:7; 12:3,4; 34:13; 120:2; 140:3; 잠 12:19; 17:4; 아 4:11; 사 30:27; 59:3; 겔 3:26; 시 22:27; 51:2,4; 에 13:10 롬 3:13; 고전 14:21; 또한 벧전 3:10; 약 3:1-12을 참조하라). 이것은 또한, 혀와 입술과 관련한 유대교 전통 안에서, 쿰란 전통과 유사한 지혜나 혹은 쿰란에서 공인된 지혜의 한 종류를 어느 정도 반영하는 것으로 보인다(1QH[a] 10:18-19; 12:16-17). 바울은 고린도교회 안에서 은사사용과 관련해서 발생한 문제들을 해결하기 위한 목적으로 구약성서를 인용했을 것이고 쿰란의 지혜나 혹은 그것을 반영하는 지혜가 고전 14:21에서 바울의 구약성서 인용 이유와 그리고 그것과 관련한 고린도교회의 상황을 어느 정도 설명해줄 수 있을 것이다. 호다욧에 의하면, '이상한 방언과 더듬거리는 입술'로 말하자는 자들은 속임수를 써서(하나님의) 사람들을 어리석은 자들로 전락시키는 자들로 의미변화가 발생한다(12:16–17). 반면에 '온건한 입술과 방언'은 연합된 집회에서 비밀을 계시하고 사람들을 (하나님께) 절하게 만든다(26: top 12–16).

고전 14:23의 불신자들 중에서 쿰란 지혜를 알고 있는 유대인(Jews)이나 경건한 이방인(God-fearers)은 사 28:11 LXX의 γλώσσης ἑτέρας(다른 방언)을 부정적으로 해석하였을 것이다. 고전 14:23의 상황에서, 방언을 말하는 약한 신자들은 불신자들에게 비판 받기 쉬웠을 것이고 하대 취급을 받았을 것이다. 이러한 상황에서 그리고 고린도교회의 분열의 상황에서, 고린도의 엘리트 불신자들과 후원자와 가신의 관계를 가지며 그들의 식탁에 참여했던 γνῶσις를 가진 엘리트 신자들은 주의 식탁 교제에서 스스로 교만하였을 것이다(고전 8장; 10:27f.). 따라서 사도 바울은 그들이 그 율법을 읽는 방법을 뒤집는다. 이러한 문제 때문에, 그는 방언과 통역의 듀엣 그리고 예언과 분별의 듀엣을 강조한다.

그럼에도 불구하고, 그 쿰란 지혜 전승은 여전히 어느 정도 유효하다. 비록 '다른 방언'이 주께서 이 백성에게 말씀하시는 성령의 은사로 묘사된다고 할지라도, 방언의 은사에 불완전함이 남아 있다. 왜냐하면 알아들을 수 없는 은사는 교회의 덕을 세울 수 없기 때문이다. 그래서 엘리트적인 성향의 γνῶσις 없이 그 인지 불가능한 방언을 사용하는 것이 엘리트 신자들이나 불신자들이 보기에 문제가 될 수 있다. 그래서 온 교회가 다 같이 방언을 말해서 통역이 수반되지 않는 경우에, 약한 신자들은 엘리트적 성향의 γνῶσις를 가진 불신자들에 의해서 비판받기 쉬울 것이다(14:23).

고린도교회의 엘리트 신자들은 이러한 상황에서 스스로의 양심을 지킬 지혜와 자유가 있었지만 엘리트적인 γνῶσις를 소유하지 못한 약한 신자들은 그렇지 못했다(8:1-13를 보라). 그리고 14:21에서 바울의 율법 인용과 관련해서, 사 28:11 LXX와 고전 14:21 사이에 'λαλέω + τῷ λαῷ τούτῳ' 언어학적 통일성이 발견된다고 할지라도, 21c

절의 καὶ οὐδ' οὕτως εἰσακούσονταί μου를 위한 적절한 설명이 과제로 남는다. 앞에서 언급했듯이, 다수의 주석가들은 바울이 14:21에서 사 28:11 LXX를 인용한 이유를 고린도교회의 잘못된 방언의 은사 사용을 지적하기 위한 것이라고 주장한다. 갈란드는 이스라엘의 불순종으로 인해서 그들에게 알아들을 수 없는 하나님의 말씀이 주어진 것과 같이, 고린도교회의 어리석은 방언의 은사 사용으로 인해서 불신자들에게 알아들을 수 없는 방언이 주어지게 되고 그래서 그들은 고린도교회의 방언을 듣지 않을 것이라고 설명한다.[182] 그러나 그의 주장은 해당 본문에 반영된 초기 기독교 공동체의 믿음을 고려하지 않으면서, 유대인과 경건한 이방인들로 구성된 고린도의 불신자와 초신자 뿐만 아니라 사도 바울과 고린도교회까지 역사적 그리고 신앙적 회고의식이 없는 자들로 간주하면서 본문을 왜곡하는 것이다. 왜냐하면 기존의 해석은 그들 모두를 자신들의 조상이 알아들을 수 없는 주의 말씀을 듣지 않았기 때문에 심판을 받았다는 것에 대한 역사적 반성이 없는 자들로 가정하기 때문이다.

그렇다면 καὶ οὐδ' οὕτως εἰσακούσονταί μου를 어떻게 번역해야 옳은 것인가? 앞에서 설명한 바와 같이, 21절은 학자들의 전향적 읽기 경향에 의해서 심하게 오역된 본문이다. 이 본문을 직역 하면 오히려 본 저자가 제안하는 회고적 읽기를 위한 증거 역할을 한다. 21절을 직역하면 다음과 같다: '율법에 기록된 바 주께서 이르시되 내가 다

---

182 Garland, *1 Corinthians*, pp. 646-647.

른 방언과 다른 사람들의 입술로 이 백성에게 말할 것이다. 이로써 그들이 나의 말에 주의를 기울이지 않아도 될 것이다.' 이 번역은 22절의 순차적 읽기에 자연스럽게 연결된다. 여기에서 다른 방언에 대한 '의미변화'(semantic change)가 발생한다.

비록 14:21의 ἑτερογλώσσοις가 3 호다욧 본문에서 발견되는 '이상한 방언'과 '강한 방언' 사이의 언어적 긴장감을 어느 정도 반영할 수 있다고 할지라도, 그 언어적 긴장감은 고전 14:21-22에서 재해석된다. 바울의 설명 안에서 '강한'은 알아들을 수 있는 언어 그 이상의 의미를 가진다. 그는 고전 14:21에서 '다른'(ἑτερο-)을 유대 전통에서 지혜와 악의 이원론 안에 위치시키기 보다는 오히려 그것을 그리스도 중심의 일원론적 세계관에서 설명한다. 사도 바울의 그리스도 중심의 일원론적 지혜에서 알아들을 수 없는 은사는 지혜에 상반되는 것으로 위치되지 않고 그리고 '다른 방언(언어)'와 '강한 방언 (언어)' 사이의 경계가 희미해진다(1:26-28; 4:10; 6:7-11).

이것은 사회 계층적 경계가 그리스도 안에서 무너진 것과 같은 개념으로 이해될 수 있을 것이다(12:13; 갈 3:27-28). 따라서 사도 바울에 의하면, 하나님은 '다른 방언'을 그리스도의 몸 안에서 필수불가결한 지체/은사로 위치시킨다(고전 12:18-24). 완전한(강한) 지혜(14:20)는 부족한 지체에게 명예의 옷을 입혀줌으로서 그리스도 안에서 한 몸을 이루는 것이다.

바울은 그의 일원론적 지혜에 근거해서 지나친 교만과 자랑을 그리스도 중심의 완전한 지혜에 대조되는 악으로 묘사한다. 고린도교회의 분열의 상황에서, 그것은 엘리트 신자들이 주장하는 대의(大義)를 따르는 것과 그 대의를 이해하지 못하는 어리석음 사이의 충돌의 문제가 아니라, 오히려 사도 바울과 엘리트 신자들 사이에서 그 두 강한 지혜 사이의 갈등을 반영한다. 고린도교회의 엘리트 신자들은 바울이 제안하는 '그리스도 안에서의 강한 지혜'에 동의하지 않는다. 이러한 방식으로 그들의 γνῶσις 개념은 사도 바울의 γνῶσις 개념과 충돌된다. 20절에서 사도 바울이 제안하는 완전한 지혜는 21절의 '다른 방언'으로 연결될 뿐만 아니라 고린도교회의 교만한 자들의 강한 지혜를 전복시킨다. 그래서 표적이 되는 방언은 신자들에게가 아니라 불신자들에게 표적이 되고 예언은 불신자들에게가 아니라 신자들에게 말하는 것이다. 그에 더하여, 다수의 주석가들은 14:20-25을 읽을 때 22절을 바울의 논리적 모순으로 이해하고 그래서 21-22절 사이의 언어학적 통일성을 간과한 경향이 있기 때문에, 그들은 사 28:11 LXX와 고전 14:21 사이에서 τῷ λαῷ τούτῳ의 언어학적 통일성뿐만 아니라 또한 14:21의 τῷ λαῷ τούτῳ와 14:22의 τοῖς ἀπίστοις 사이의 언어학적 통일성을 간과하였다.

14:21-22에 대한 기존의 읽기 경향(14:21의 전향적 읽기와 14:22을 바울의 논리적 모순으로 이해함)에 의하면, 14:21의 '이 백성'에 신자들이 포함되고 바울이 율법을 인용한 이유는 고린도교회의 잘못된 방언 사용법을 지적하기 위한 것이다.

스윗은 14:21이 반-유대적 본문인 것이 명백하지만 바울은 이 반-유대적 본문을 고린도교회에게 적용한다고 설명한다. 바울의 진의는 그 대상을 유대인들에서 고린도교회로 전환하는 것이고 그래서 방언의 은사를 잘못 사용하는 고린도교회를 비난하는 것이다.[183] 그러나 본 저서가 제안하는 새로운 읽기에 의하면, '이 백성'의 정체성은 신자들보다는 불신자들 우선성을 가진다. 오스왈트(J. N. Oswalt)에 따르면, 이사야서에서 '이 백성'은 이스라엘 백성에게 매우 부정적인 의미를 가지면서 하나님과 그의 백성 사이의 괴리감을 설명해준다(사 6:9,10; 8:6,11,12; 9:16; 28:11,14; 29:14).[184] 게다가, 바울은 고린도교회를 '이 백성'으로 묘사한적이 한 번도 없고 대신에 그들을 '나의 백성'이라고 묘사한다(고후 6:16).

그리고 고린도교회는 하나님의 성전으로 묘사된다. 하나님의 영은 그 성전 안에 거하시고 그래서 그들은 하나님에 의해서 나의 백성으로 칭함을 받는다(고전 3:16; 고후 6:16; cf. 롬 9:25). 이러한 점에서, 고전 14:21의 전향적 읽기와 대조적으로 회고적 읽기에 의하면, 바울은 이 백성을 고린도교회보다는 불신자들에게 적용하는 것으로 보인다. 따라서 회고적 읽기에 기초해서, 14:21-25에서 '이 백성'과 '불신자' 사이의 언어학적 연결과 14:22의 '표적'이라는 단어가 강조됨은 사도 바울이 설명하는 고린도교회의 불신자의 정체성을 위해서 유대인 우선성을 반영할 수 있다(1:22).

사 28:11 LXX와 고전 14:21사이의 'λαλέω + τῷ λαῷ τούτῳ' 언어

183 Sweet, 'A Sign for Unbelievers: Paul's Attitude to Glossolalia,' pp. 243, 244, 246.

184 J. N. Oswalt, *The Book of Isaiah, Chapters 1-39*, NICOT (Grand Rapids, MI: Eerdmans, 1986), p. 513.

학적 통일성은 14:22의 'αἱ γλῶσσαι ··· τοῖς ἀπίστοις'으로 연결된다. 사 28:11 LXX와 고전 14:21-22 사이의 언어학적 일치를 통해서 설명되는 바울의 율법의 인용 의도는 '기독교 방언-통역이 어느 정도 유대인 우선성을 가지며 불신자의 구원과 회복을 위한 표적이다'는 그의 기대감으로 설명될 수 있다(롬 11:11-12; 고전 1:22).

만약 이러한 설명이 옳다면, 14:21b의 καὶ οὐδ' οὕτως εἰσακούσονταί μου에 담긴 알아들을 수 없는 방언의 은사에 대한 사도 바울의 견해는 긍정적으로 해석될 수 있을 것이다. 따라서 14:21에서 사도 바울의 진의는 방언이 알아들을 수 없기 때문에 불신자가 듣지 않으려 할 것이라는 것이 아니라, 불신자가 방언을 알아들을 수 없기 때문에 통역이 필요하다는 긍정적인 의미로 해석해야할 것이다. 23-25절은 22절에 대조된다.

이미 앞에서 설명한 바와 같이, 이 대조와 관련해서 다수의 학자들은 23-25절에 근거해서 14:20-22을 해석하기로 결정한다. 바로 그러한 이유 때문에 22절이 사도 바울의 논리적 실수로 여겨져 왔다. 그러나 22절은 21절과 평행할 뿐만 아니라 두 번째 단락(26-31절)과도 평행한다. 그 안에서 22절은 방언과 통역의 듀엣과 예언과 분별의 듀엣을 통해서 완전해진다. 반면에 23-25절은 22절뿐만 아니라 두 번째 단락에도 모순된다. 이러한 점에서, 첫 번째 단락(20-25절)을 거꾸로 읽기 보다는 순차적으로 읽는 것이 가장 분별력 있는 방법일 것이다.

23-25절의 'Εὰν은 온 교회가 다 같이 모였을 때 분쟁의 문제가 발

생하고(11:17-18) 그리고 그들이 성령의 은사를 어리석게 사용하는 문제에 대한 바울의 염려를 반영한다(Ἐὰν이 바울의 염려를 반영하는 것에 관해서 14:6, 7, 8, 9, 11, 14, 16을 보라). 게다가, 바울은 온 교회가 다 함께 모였을 때 다 같이 방언을 말하거나 다 같이 예언을 말하는 식의 은사의 획일적인 사용법을 지양해야한다고 말한다(12:29-30). 모두가 방언으로 말하고 모두가 예언을 하는 고린도교회의 은사 사용법은 두 사람이나 많아야 세 사람이 차례를 따라서 방언으로 말하고 예언을 하라는 바울의 지도 원칙에 모순된다.

그러므로 14:23-25은 모두가 방언으로 말하고 예언을 말하게 될 때 성령의 은사가 야기할 수 있는 역효과를 보여준다. 그렇다면 어떤 점에서 그것이 역효과를 가져오는가? 사도 바울은 주의 식탁에서 통역과 분별을 통한 동료 신자들의 참여의 부재가 있을 경우, 불신자나 초신자가 교회에 들어와서 신자가 말한 은사를 판단할 것을 염려하였다(고린도교회의 분열의 상황에서, 동료 신자의 판단의 부재에 관한 논의에 관하여 6:1-7; 9:18-23; 10:17; 11:17-22; 12:12-31; 14:23-25을 참조하라). 이 문제와 관련해서, 바울은 강한 신자들의 교만을 악한 것으로 설명한다(5:6-8; 14:20; cf. 11:17). 통역의 부재 시에, 그리스도의 마음을 가지지 못하고 복음의 비밀을 알지 못하는 초신자들과 불신자들이 고린도교회의 방언을 μαίνεσθε라고 옳지 않게 판단할 수 있다.

방언은 통역이 수반되지 않으면, 그 알아들을 수 없는 은사는 교회를 세울지 못할 것이다. 그러나 누군가 방언을 말할 때 다른 동료 신자가 통역을 해줄 때 교회의 연합을 이룰 수 있고 그 방언의 은사는 통역을 통해서 온전해지며 예언과 동등하게 될 것이다.

다양한 은사를 가진 고린도교회에서 분열(σχίσματα)의 문제를 해결하기 위해서 바울이 제시하는 방법은 여러 지체가 서로 같이 돌보는 것이다(12:25). 바울은 방언과 통역의 듀엣을 통해서 고린도교회의 시기와 분열의 문제를 해결하려고 한다. 만일 온 교회가 모여서 방언을 말할 때, 두 사람이나 많아야 세 사람이 차례를 따라서 방언을 말하고 한 사람이 통역하는 방식으로 안하고 대신에 교회 안의 분열과 시기의 문제로 인해서 다 같이 방언을 말하고 신자들 중에서 통역해주는 이가 없다면, 방언은 불신자에게 구원의 표적이 될 수 없게 된다.

게다가, 불신자들이나 초신자들이 방언 말하는 신자들을 μαίνεσθε라고 판단을 할 때, 신자들 중에서 그 양심이 상하게 되어 실족하게 되고 부끄럽게 되는 일에 가장 취약한 대상은 비-엘리트 신자들이다. 왜냐하면 다양한 상황에서 발생하는 양심이 판단 받는 문제와 관련해서, 엘리트 신자들은 우월한 지식을 가지고 있었기 때문에, 그들의 양심은 비-엘리트 신자들의 양심보다 훨씬 덜 취약하기 때문이다(8:7-13; 또한 1:26-31을 참조하라).

반면에 다양한 은사를 가진 고린도교회가 연합하여 방언과 통역을 통해서 말할 때, 통역된 방언은 불신자에게 하나님의 구원이 표적이 될 것이다. 그리스도의 마음을 가진 지혜로운 신자가 동료 신자들의 방언을 통역해줄 때, 불신자들과 초신자들은 고린도교회의 방언에 μαίνεσθε으로 반응하지 않고 대신에 ἀμὴν을 말할 것이다(14:16, 23).

그리고 바울은 고린도전서에서 육의 사람(ψυχικὸς ἄνθρωπος)과 성령의 사람(πνευματικοῖς)을 비교하면서 후자가 전자보다 더 우월한 것으로 설명한다(2:12-14; 15:44-46).

흙에 속한 자의 형상을 입은 ψυχικὸς ἄνθρωπος는 신자들에게 은혜로 주어진 '하나님의 성령의 것들'(τὰ τοῦ πνεύματος τοῦ θεοῦ)을 받아들이지 않는다. 고린도교회는 ψυχικὸς ἄνθρωπος의 수준에 머물러 있는 하나님의 밭으로 비유될 뿐만 아니라 또한 바울이 그 하나님의 밭에 뿌린 τὰ πνευματικά를 완전히 이해하지 못한 어린아이의 수준으로 묘사된다(3:1-3; 9:11; 14:20).

그러므로 고린도교회의 예언의 사용이 또한 문제가 되었다. 14:24-25에서 설명되는 고린도교회의 예언 사용법과 관련해서, 다수의 학자들은 그것에 대해서 문제를 제기하지 않으며 14:24-25에서 묘사되는 고린도교회의 예언 사용법을 그 은사에 대한 모범적인 사용법으로 이해하며 고린도교회의 예언을 통한 판단의 방식에 대해서 문제를 제기하지 않는다.

씨셀튼은 이 본문에서 사용된 헬라어 πάντες를 숫자적으로 이해하기 보다는 "전반적인 인상을 보여주는 것"(impressionistic)으로 이해하고 그래서 고린도교회의 예언에 대한 τις ἄπιστος(어떤 불신자)의 반응을 "예상 가능한 시나리오"(a projected possible scenario)로 이해한다. 그런 다음, 그는 헬라어 ἐλέγχεται와 ἀνακρίνεται의 의미를 설명하기 위해서, 고린도전서 자체 안의 증거에 근거하기 보다는 신약성서 안에서의 폭 넓은 사용법에 근거해서, 특별히 요한복음에 의존한

다.[185]

그러나 14:21-22의 새로운 읽기는 예언과 관련해서 14:24-25의 새로운 해석을 요구한다. 먼저, 앞에서 이미 설명하였듯이, 14:24-25의 '만약 구문'은 고린도교회의 은사 사용에 관한 바울의 염려를 반영한다. 그리고 14:24-25에서 온 교회가 함께 모여 다 예언을 말하는 것은 14:22b뿐만 아니라(예언은 불신자에게가 아니라 신자들에게 [말하는] 것이다) 또한 14:29-31(특히, 29절의 '예언하는 자는 둘이나 셋이서 말하고 다른 이들은 분별할 것이요')과도 모순된다.

게다가, 본 저자는 씨셀튼의 방법과 달리 고린도전서 안의 증거에 의해서 ἐλέγχεται와 ἀνακρίνεται의 의미를 설명할 것이다. 14:24에서 사용되는 동사 ἐλέγχω(책망하다)가 바울 서신에서 hapax legomenon인 반면에, 또 다른 동사 κρίνω(판단하다)와 그것의 변화형은 고린도전서에서 자주 사용된다: κρίμα(6:7; 11:29, 34), κρίνω(4:5; 5:3, 12-13; 6:1-3, 6; 7:37; 10:15, 29; 11:13, 32), ἀνακρίνω(2:14-15; 4:3-4; 9:3; 10:25, 27; 14:24), διακρίνω(4:7; 6:5; 11:29, 31; 12:10; 14:29), κατακρίνω(11:32) 그리고 συγκρίνω(2:13). 이것은 고린도교회에서 판단과 관련한 기본 개념을 보여준다.

헬라어 κρίμα와 κρίνω와 관련해서, 고린도교회가 '일상생활에서 발생한'(6:3의 μήτι γε βιωτικά) '작은 분쟁을 위한 일종의 소액 법정'(6:2의 ἀνάξιοί ἐστε κριτηρίων ἐλαχίστων;)의 상황을 가졌던 것으로 보인다. 갈

185 Thiselton, *The First Epistle to the Corinthians*, pp. 1127-1128.

란드에 의하면, 6:1에서 부정사로 사용된 κρίνεσθαι는 법정의 소송의 의미를 가진다(cf. 마 5:40).[186]

BAGD는 6:2,4을 다음과 같이 번역한다(6:2의 'ἀνάξιοί ἐστε κριτηρίων ἐλαχίστων;'는 '너희가 가장 작은 법정을 만드는 것을 감당하지 못하겠느냐?' [예를 들면, 일상생활의 사소한 일들에 관하여 사법권을 가지는 것]로 번역하고 그리고 6:4의 'βιωτικὰ μὲν οὖν κριτήρια ἐὰν ἔχητε, τοὺς ἐξουθενημένους ἐν τῇ ἐκκλησίᾳ, τούτους καθίζετε;'는 '만일 너희가 일상생활의 문제에 대해서 법정을 가지고 있다면[법정을 가질 필요가 있다면], 너희는 교회에서 경히 여기는 자들을 재판관으로 임명하는가?'로 번역한다).[187]

이와 같이 고린도전서에서 헬라어 κρίμα와 κρίνω는 교회 내의 분쟁의 상황에서 판단의 문제와 관련해서 사용된다. 헬라어 ἀνα(배분사로서 "각각"의 의미를 가진다; cf. 마 20:9, 10)[188]와 κρίνω(판단하다)의 합성어 ἀνακρίνω는 '샅샅이 판단하다'[189]라는 의미를 가지며 고린도교회의 분열과 분쟁에 대한 배경을 더 명확하게 설명해준다(2:14-15; 4:3-4; 9:3; 10:25, 27; 14:24).

특히 이 단어는 14:24-25에서 신자들이 다 같이 예언을 해서 불신자나 초신자가 그 마음의 숨은 일들(τὰ κρυπτὰ)이 드러날 정도로 샅샅이 판단 받는 것을 묘사하기 위해서 사용된다(예언자가 두건을 벗

---

186 Garland, *1 Corinthians*, p. 195.

187 BAGD, p. 453.

188 G. Schneider, 'ἀνά,' in *EDNT*, vol. 1 (H. Balz and G. Schneider eds.) (Michigan: Eerdmans, 1990), p. 74.

189 Fee,『성령: 하나님의 능력 주시는 임재 (상권)』, p. 456을 보라.

고 하나님만이 알고 판단할 수 있는 마음의 비밀[τὰ κρυπτὰ]을 판단하는 것에 관하여 Cher 1:16-18을 보라). 사실, 바울은 고린도교회가 이와 같이 예언을 통해서 판단하는 방법에 대해서 지양할 것을 당부하였다(4:3-5). 바울은 자신 스스로도 이런 식으로는 판단하지 않는다고 말한다(4:3의 ἀλλ᾽ οὐδὲ ἐμαυτὸν ἀνακρίνω). 자신을 샅샅이 판단하실 이는 오직 주님이시다(4:4의 ὁ δὲ ἀνακρίνων με κύριός ἐστιν).

그리고 주께서 오시면 그 마음의 감추어진 것을 드러내고 판단하실 것이지만, 그 때까지 누구도 그런 식으로 판단해서는 안 된다고 말한다(4:5). 그러므로 고린도교회가 다 같이 예언을 말하여서 불신자가 모든 신자에 의해서 철저하게 책망 받고 판단 받는 방식으로 기독교로 복음화 되는 것을 바울은 지양해야할 것으로 설명한다. 불신자들에게 복음을 전하는 방식과 관련해서, 14:24-25에서 묘사되듯이 고린도교회가 예언을 통해서 판단하는 방법은, 14장에서 바울이 신중하게 설명하는 것으로서, 고린도교회가 신자들의 협력을 통해서 방언과 통역으로 불신자들과 초신자들에게 εὐλογέω(헬라어 εὐλογέω는 하나님을 향해서는 '찬양하다' 그리고 사람들을 향해서는 '축복하다'의 의미를 가진다)하고 εὐχαριστία(감사)를 말하게 될 때 그들이 '아멘'을 말하게 되는 것에 대조된다(14:16, 24-25).

결론을 미리 말하자면, 사실 고린도교회 신자들은 동료 신자나 불신자를 판단하기 보다는 πνευματικά(성령의 은사)를 분별했어야했다(2:13-14). 바울의 설명에 의하면, 동료 신자를 과도하게 책망하고 판단하는 자는 ψυχικὸς에 속하는 사람이지만, 반면에 '성령의 사람'(ὁ πνευματικὸς 혹은 πνευματικοῖς)은 성령에 속한 것들(πνευματικά)을 판단 할 수 있다.

고린도교회의 분열과 분쟁의 상황에서, 바울은 그리스도의 몸 된 교회가 판단 받는 문제를 심각한 문제로 고려했을 것이다. 이러한 측면에서, 그는 신자와 그리고 불신자의 양심이 판단 받는 문제를 심도 있게 다룬다(2:15; 4:1-5; 10:25-29; 14:24-25). 지혜로운 신자는 다른 사람의 마음에 감춘 것이 드러날 정도로 판단하지 않고, 대신에 성령의 은사를 분별함으로써 하나님이 성도의 영광을 위해서 만세 전에 미리 예정해 놓으신 그 성령의 비밀을 드러낸다(2:7). 그들은 바울이 설명하는 그리스도를 아는 지혜에 근거해서 고린도교회를 분별해준다: '너희는 그리스도 안에서 지혜롭고 강하고 존귀하다' (4:10).

고린도전서에서 판단과 관련한 바울의 언어적 사용과 관련해서, κρίνω와 ἀνακρίνω가 고린도교회의 잘못된 판단 사용법을 보여주는 것에 반해서, διακρίνω(4:7; 6:5; 11:29, 31; 12:10; 14:29)는 그들의 잘못된 판단방법을 교정하기 위해서 사용된다. 헬라어 διακρίνω는 'δια'(δια–는 고린도전서에서 4:7; 6:5; 11:29, 31에서와 같이 목적격과 함께 사용될 때 '~를 위하여' [for the sake of]의 의미를 가지고, 그리고 12:10에서와 같이 소유격과 함께 사용될 때에는 '~을 통하여' [throughout]의 의미를 가진다)[190]와 κρίνω의 합성어이다.

---

190 A. J. Hess, 'διά,' in *EDNT*, vol. 1 (H. Balz and G. Schneider eds.) (Michigan: Eerdmans, 1990), pp. 296-297.

고린도교회가 서로를 향해 송사를 가진 그러한 상황에 대해서 바울이 목회적 해결을 제시하는 글에서 헬라어 διακρίνω가 중요한 역할을 한다. 사도 바울은 교회 안에서 신자들 사이에 송사의 문제가 있을 때 동료 신자들 사이에서 각각의 사람을 위해서 분별해줄 수 있는 지혜로운 신자의 절대적 필요성을 강조하고 있다(6:5의 ὃς δυνήσεται διακρῖναι ἀνὰ μέσον τοῦ ἀδελφοῦ αὐτοῦ;에서 'δια-+목적격'이 사용되고 있다). 그러나 고린도교회의 예언 사용법은 πνευματικά에 대한 바울의 지혜에 상반되는 것으로 보인다.

만일 그들이 주의 식탁에서 동료 신자들의 참여를 돕기 위해서 '신자들 사이에서 분별해주는 것'(6:5의 διακρῖναι ἀνὰ μέσον τοῦ ἀδελφοῦ αὐτοῦ를 보라) 없이 먹고 마신다면, 이것은 주의 몸이 판단 받게 만드는 결과를 초래하게 될 것이다. 그들이 '자기의 죄를 먹고 마시게 된다'는 바울의 어조를 통해서 그 문제의 심각성의 정도를 상상해볼 수 있다(11:29). 바울이 설명하는 더 큰 성령의 은사들(τὰ πνευματικά)을 받지 않은 ψυχικὸς ἄνθρωπος(육의 사람)의 경우에, 그들 역시 교회를 세우기 위해서 지혜로운 신자에 의해서 분별 받아야 한다(2:14; 12:10; 14:32). 그들은 동료 신자에게서 분별을 받음으로써 바울이 의도한 바를 배울 수 있고 권면을 받을 수 있다.

이러한 점에서, 고린도교회의 문제를 해결하기 위한 사도 바울의 목회적 지혜는 예언의 은사에 '분별의 은사'(4:7; 6:5; 11:29, 31; 12:10; 14:29에서 헬라어 διακρίνω가 '~를 위해서 말한 것을 분별하다'의 의미를 가지고 있다)를 짝 지워주는 것이다. 고린도교회의 잘못된 판단 사용을 묘사하는 언어적 표현들이 14:24-25에 언급되는 것에 반해서(예를 들면, ἀνακρίνω의 사용과 그리고 불신자의 마음의 숨은 일까지 드러날 정도로 철저하게 판단하는 것), 바울이 고린도전서에서 그 판단의 문제를 교정해주기 위해서 사용하는 διακρίνω가 14:26이하에서 교회의 덕을 세우기 위해서 예언의 올바른 방법을 설명할 때 사용된다(14:29). 그렇다면 예언과 관련해서, ἀγάπη와 πνευματικά가 14:22에 어떻게 반영되어있는가?

14:1a의 ἀγάπη와 14:3, 4, 5, 12, 17, 26의 οἰκοδομή and οἰκοδομέω 사이의 연결점을 고려할 때, 그것은 건물과 관련한 교회론적 이미지를 보여준다. 이와 관련해서, 예언과 비밀을 말하는 것은, 바울의 설명에 의하면, 교회의 덕을 세우기 위해서 ἀγάπη에 근거해서 사용되어야만 한다. 13:2의 ἀγάπην δὲ μὴ ἔχω, οὐθέν εἰμι(사랑이 없으면 내가 아무 것도 아니요)와 13:3의 ἀγάπην δὲ μὴ ἔχω, οὐδὲν ὠφελοῦμαι(사랑이 없으면 내게 아무 유익이 없느니라)는 14장의 첫 번째 파트의 두 번째 단락에서 중요한 역할을 하는 14:6의 τί ὑμᾶς ὠφελήσω;(너희에게 무엇이 유익하리요)로 연결된다.

그리고 앞에서 설명한 바와 같이, 14:6의 τί ὑμᾶς ὠφελήσω;(너희에게 무엇이 유익하리요)는 14:7의 πῶς γνωσθήσεται τὸ αὐλούμενον ἢ τὸ κιθαριζόμενον;(피리 부는 것인지 거문고 타는 것인지 어찌 알게 되리요), 14:8의 τίς παρασκευάσεται εἰς πόλεμον;(누가 전투를 준비하리요), 14:9의 πῶς γνωσθήσεται τὸ λαλούμενον;(그 말하는 것을 어찌 알리요)로 이어진다. 14장에서 예언은 권면과 위로로 설명된다(14:3, 31). 사도 바울은 8:1

의 'ἀγάπη가(하나님의 집/건물을) 세운다'라는 표현을 14:3, 4에서 '예언이(하나님의 집/건물을) 세운다'와 언어적으로 통일시키면서, 그가 하나님의 밭에 뿌린 예언의 은사가 어떻게 교회에게 유익이 되는지를 설명한다. 그래서 14장의 첫 번째 파트에서는 예언의 은사가 바울의 ἀγάπη와 πνευματικά 개념에 부합한 것으로 설명된다.

그러나 고린도교회의 예언의 사용법에 문제가 있었다. 그것은 고린도교회의 분열의 상황에서 판단의 문제와 관련이 있었다. 비록 예언이 방언보다 우월하다고 할지라도, 만일 모든 고린도교회 신자들이 예언을 말하고 그래서 불신자가 모든 신자들에게 책망을 받고 판단을 받게 된다면, 이것은 "그리스도를 아는 지혜에 있어서 온전함"(14:20의 ταῖς φρεσὶν τέλειοι γίνεσθε; 또한 4:10의 ὑμεῖς δὲ φρόνιμοι ἐν χριστω를 보라)에 반대되는 것으로서 어리석음에 해당될 것이다. 그렇다면 고린도교회의 판단의 문제와 관련해서, 바울이 제안하는 예언의 올바른 사용법은 무엇인가? ἀγάπη에 근거한 예언의 올바른 사용법을 통해서 드러나는 것은 무엇인가? 14:21-22의 새로운 읽기는 22절과 26이하 사이의 통일성을 가정한다. 여기에서 ἀγάπη에 근거한 예언의 올바른 사용법은 두 가지 측면으로 설명된다.

첫째, 8:1의 ἡ ἀγάπη οἰκοδομεῖ는 14:26에서 반향된다. 여기에서 바울은 모든 은사들을 교회의 덕을 세우기 위해서 사용하라고 권면한다(πάντα πρὸς οἰκοδομὴν γινέσθω). 예언과 관련해서, 이것은 14:29-30에서 설명된다. 예언과 분별이 교회의 덕을 세운다. 이러한 점에서 14:22은 14:26이하와 통일성을 이룬다. 예언이 분별을 받을 필요가 없다면 예언은 불신자에게 말하는 은사가 될 수 있을 것이다.

그러나 예언과 분별의 듀엣의 기능을 고려할 때, 14:22b이 14:26 이하와 통일성을 이룬다. 바울은 예언하는 자가 둘이나 셋이서 말하고 다른 이들은 분별할 것을 권면한다. 예언은 신자에게 말하는 것이다(14:22b). 그러면 동료 신자가 그를 위해서 분별해줄 것이다(14:29의 οἱ ἄλλοι διακρινέτωσαν). 다 같이 예언을 말하면 신자들 중에서 분별해줄 사람이 없게 되어서 불신자가 분별을 해주게 될 것이다(ἀπαγγέλλων ὅτι ὄντως ὁ θεὸς ἐν ὑμῖν ἐστιν[하나님이 참으로 너희 가운데 계신다 선언하리라]). 그래서 14:22b에서 '예언은 신자들에게 말한다'고 한 것은 예언의 분별을 통해서 교회의 덕을 세우기 위한 것으로 설명된다.

둘째, 바울은 12:31에서 καθ' ὑπερβολὴν ὁδὸν ὑμῖν δείκνυμι(내가 가장 좋은 방법을 너희에게 보이리라)라고 말한다. 이것은 분명 성령의 은사와 관련되어서 설명될 것이라는 것을 알 수 있다. 왜냐하면 앞에서 이미 설명한 바와 같이, 12:31과 14:1이 13장을 사이에 두고 a(12:31의 '더욱 큰 은사') – b(12:31의 '가장 좋은 방법') – b'(14:1의 'ἀγάπη') – a'(14:1의 'πνευματικά')의 패턴을 보여주기 때문이다. 따라서 바울은 ἀγάπη에 근거해서 고린도교회에게 πνευματικά의 올바른 사용법을 설명한다. 그것은 12:31의 καθ' ὑπερβολὴν ὁδὸν ὑμῖν δείκνυμι에 의해서 설명된다. 이것은 방언과 관련해서 14:27(κατὰ δύο ἢ τὸ πλεῖστον τρεῖς καὶ ἀνὰ μέρος)에서 그리고 예언과 관련해서 14:31(καθ' ἕνα πάντες προφητεύειν)에서 설명된다.

14장에서 은사의 올바른 사용과 관련한 바울의 진술을 담고 있는 14:22에 반영된 ἀγάπη의 개념은, 특별히 예언과 관련해서 14:31의 καθ' ἕνα πάντες προφητεύειν, ἵνα πάντες μανθάνωσιν καὶ πάντες παρακαλῶνται(너희는 다 모든 사람으로 배우게 하고 모든 사람으로 권면을 받게 하기 위하여 하나씩 하나씩 예언할 수 있느니라)를 통해서 설명될 수 있다. 바울이 예언을 신자들에게 말하는 은사로 설명한 이유는, 예언과 분별의 듀엣 기능을 통해서 온 교회가 그리스도 안에서 한 몸을 이루게 하기 위함이다. 고린도교회의 분열과 분쟁의 상황에서, 바울은 그들에게 서로 시기하지 말고(ἡ ἀγάπη, οὐ ζηλοῖ) 대신에 더 큰 은사들을 사모할 것(ζηλοῦτε δὲ τὰ πνευματικά)을 권면한다. ἀγάπη에 근거한 예언의 올바른 사용에 의해서 드러나는 πνευματικά의 개념은 예언과 분별을 통한 교회의 연합이다.

고린도교회 신자들이 말한 예언은 동료 신자들의 제재를 받아야 한다. 왜냐하면 γνῶσις의 교육적 혜택을 받은 여성 예언자들이, 적어도 그들 중의 일부가(8:7; 13:2; 14:36) 바울의 고린도 제재 시에 스스로 교만하여졌고 γνῶσις를 가지지 못한 약한 신자들보다 γνῶσις를 가진 신자들에게 더 큰 명예를 줌으로써 교회의 분열의 문제를 야기했기 때문일 것이다. 설령 그 여성 예언자들이 연설과 γνῶσις에 있어서 다른 신자들보다 우월하였고, γνῶσις가 τὰ πνευματικά에서 높은 곳에 위치하며(12:8; 14:1, 6)

그래서 그들이 스스로를 다른 이보다 더 우월한 그리스도의 증인으로 여겼을지라도, 그들은 여전히 사도 바울의 φρεσὶν에 근거한,

ἀγάπη 중심의 교회론과 은사론을 받아들이지 않았다. 최근에 버즈(Mary Katherine Birge)는 고린도전서에서 사도 바울이 제시하는 교회관은 '율법에 대한 충실성'이라기보다는 '그리스도 안에서의 유대감'에 근거해서 그레꼬-로마의 위계질서를 해체하는 것이라고 주장한다.[191]

그러므로 고린도교회 방언 말하는 자들뿐만 아니라 예언자들 역시 사도 바울이 그들에게 가르친 τὰ πνευματικά를 완전히 이해하지 못한 자들로 평가되어야 할 것이고 바울의 질책은 그의 지침을 받아들이지 않은 고린도교회의 엘리트 그룹을 향한 것으로 해석되어야 할 것이다. 그럼에도 불구하고, 14:25의 πεσὼν ἐπὶ πρόσωπον προσκυνήσει τῷ θεῷ(엎드리어 하나님께 경배하며) 표현은 유대 전승에서 긍정적인 의미로 사용된 것으로 보인다.

불신자와 초신자가 14:23에서는 복수형으로 사용된 반면에 14:24에서는 단수형으로 사용되었다. 고린도교회가 τὰ πνευματικά와 γνῶσις의 사용에 있어서 어린 아이 수준에 머물렀고(3:1-3; 8:8-13; 14:20) 심지어 2 동료 신자들 사이에서 지혜롭게 판단할 사람이 없었던 상황에서(6:5), 유대교 γνῶσις를 가진 어느(지혜로운) 불신자나 초신자가(τις ἄπιστος ἢ ἰδιώτης) 신자들의 예언을 판단하고 그들 중에서 엘리트를 식별해내서 그들에게 깊은 감탄의 표현으로 평가를 해주는 경우에('하나님이 참으로 너희 가운데 계신다'), 그 엘리트 고린도교인들은 상대

191 Mary Katherine Birge, *The language of belonging: a rhetorical analysis of kinship language in first Corinthians* (Leuven: Peeters, 2002), passim.

적으로 큰 명예를 얻을 것이다.

그 지혜로운 불신자의 판단은 기독교 γνῶσις를 통해서 계시되는 하나님을 유대교의 γνῶσις의 하나님과 동일시시키는 것일 뿐만 아니라 또한 그것을 통한 하나님의 γνῶσις의 풍부함의 깊이를 배울 수 있게 됨을 장려하는 것이다. 이와 같은 방식으로 고린도교회 엘리트 신자들은 그 지혜로운 유대인의 승인을 받아서 세상을 판단할 수 있는 공인기관으로서 인준을 받기 위한 발판을 마련할 수 있을 것이라고 생각했을 것이다(6:2; 또한 14:25의 ἀπαγγέλλων을 보라). 이것이 버즈가 지적한 고린도교회의 문제일 것이다.

그러나 하나님이 불신자의 판단을 통해서 계시되는 것은 지양되어야할 것이고 게다가 고린도교회의 분열의 상황에서 약한 신자들이 소외될 수 있는 문제가 있었다. 그에 더하여 고린도교회의 방언에 대한 불신자들의 평가인 μαίνεσθε가 바울의 용어를 반영하지 않듯이(바울이 불신자들로부터 기대한 것은 ἀμὴν이었다), 고린도교회 신자들의 예언에 대한 분별 역할을 하는 '하나님이 참으로 너희 가운데 계신다'는 불신자의 평가 역시 분별과 관련한 바울의 용어 중에서 비슷한 용례를 찾을 수 없다. 왜냐하면 바울이 설명하는 분별은 그리스도 중심의 φρήν/φρεσὶν의 지혜에 근거한 것으로서 교회 내에서 강자와 약자 사이의 연합을 이루기 위한 것이기 때문이다(4:10; 14:20을 참조하라).

여하튼 이것은 교회의 식탁교제의 질서를 어지럽힐 수 있었다. 바울이 설명하는 주의 식탁의 질서에 의하면, 바울은 신자들이 불신자에 의해서 '하나님이 참으로 너희 가운데 계신다'라고 분별되기 보다는 동료 신자에 의해서 분별 받기를 기대했을 것이다(2:13; 4:10; 11:19을 참조하라). 반면에 고린도교회는 엘리트 불신자들이나 초신자들이 교회에 들어올 때 그들에 의해서 판단 받고자 했다. 이 가정은 고린도교회가 모두 방언으로 말하고 예언을 하는 이례적인 예배를 가졌던 이유를 설명해 줄 수 있을 것이다.

이러한 무질서 속에서, 사도 바울은 방언의 통역과 예언의 분열이 없음을 개탄한다. 그러므로 고린도전서 14:21-22의 순차적 읽기는 14:20-25을 14장의 첫 번째 파트의 마지막 단락에 포함시키기 보다는 두 번째 파트의 첫 번째 단락에 포함시킬 것을 제안할 뿐만 아니라, 또한 바울의 진의를 보여주는 것은 23-25절이 아니라 22절임을 제안한다. 이 첫 번째 단락에서(14:20-25), 바울은 약한 신자가 강한 신자에 의해서 소외당하지 않고 대신에 신실한 성도의 교제 안에서 그들이 동등하게 대우 받을 수 있게 하도록 성령의 은사를 지혜롭게 사용할 것을 권면한다.

나. 완전한 지혜: 방언의 통역과 예언의 분별(14:26-31)

고든 피는 32-33절을 그가 제시하는 두 번째 파트의 첫 번째 단락(26-33절)의 결론적인 권면에 해당하는 마지막 구절에 위치시킨다.[192] 그리고 33절에서 언급된 무질서(ἀκαταστασίας)를 알아들을 수 없는

192 Fee, *The First Epistle to the Corinthians*, p. 689.

방언에 의해서 야기된 악습으로 이해한다.[193] 그러나 앞에서 이미 설명했듯이, 이 해석은 22절에 모순으로 남는다. 씨셀튼은 무질서가 하나님의 말씀을 전달하는 문제에 있어서 자가당착적이고 무질서한 삶의 방식에 의해서 야기된 시기와 분쟁을 반영한다고 올바르게 지적한다(28-32절).[194] 그럼에도 불구하고, 그 역시 32–33절이 본 저서가 제안하는 두 번째 파트의 세 번째 단락의 머리말이라는 것을 발견하지 못한다.

두 번째 단락은 다음과 같은 구조를 가진다: 머리말(26절) - a(27절) - b (28a절) - c(29b절) - a(29절) - b(30절) - c(31절). 이 구조 안에서 사도 바울이 설명하는 완전한 지혜는 신자들의 연합을 위한 성령의 은사의 올바른 사용으로 설명된다.

두 번째 단락의 서두 질문은(26a절의 Τί οὖν ἐστιν, ἀδελφοί;) 고린도교회가 한 장소에 모두 모여서 다 같이 방언을 말하고 예언을 할 때 신자들 중에서 통역을 해주고 분별을 해 줄 사람이 없게 되는 어리석은 은사 사용법에 의해서 야기되는 문제를 화두로 삼는다. 26절은 전체 단락의 전체 주제를 요약한다. ἕκαστος … ἔχει(각 사람이 … 가진다)의 문구는 고린도교회의 어리석은 획일적인 은사 사용에 대조되는 올바른 은사 사용법을 명확히 설명한다.

26절의 헬라어 ἕκαστος는 27, 29절의 δύο ἢ τρεῖς καὶ ἀνὰ μέρος로

---

193 Fee, *The First Epistle to the Corinthians,* p. 697

194 Thiselton, *The First Epistle to the Corinthians*, pp. 1145-1146.

연결된다. 모든 고린도교회 신자들은 방언-통역의 듀엣을 통해서 하나님을 찬양하는 것을 배울 수 있다(14:15f., 22, 26, 31). 26절의 'συνέρχησθε…πάντα πρὸς οἰκοδομὴν γινέσθω' 표현은 그 내용에 있어서 23절의 'Εὰν οὖν συνέλθῃ ἡ ἐκκλησία ὅλη ἐπὶ τὸ αὐτὸ'와 대조된다. 23-25절은 다 같이 방언으로 말하고 다 같이 예언을 말할 때 신자가 말한 것이 불신자나 초신자에 의해서 판단 받게 되는 문제를 지적하고, 두 번째 단락에서는(14:26-31) 올바른 은사 사용법을 설명한다.

사도 바울은 모든 은사는 ἀγάπη에 근거해서 교회를 세우기 위해서 사용되어야 한다고 말한다. 두 a 구절들은(27, 29절) 듀엣 은사들에 대해서 설명한다: 방언-통역의 듀엣과 예언과 분별의 듀엣. 고린도교회의 시기와 분쟁의 상황에서 그리고 자신의 동료 신자의 입장에서 그 분쟁의 문제를 올바르게 판단해 줄 수 있는 지혜로운(엘리트) 신자가 없는 상황에서(6:5), 사도 바울은 이 듀엣 은사들을 통해서 은사 사용과 관련해서 야기된 그 주요 문제를 해결하려고 한다.

이 두 a 구절들은 22절의 바울의 지도 원칙을 완전하게 만든다. 방언의 통역과 예언의 분별은 불신자가 기독교로 개종하는 것과 교회와 세상 사이의 온건한 소통 둘 다를 가능하게 한다. 방언은 한 지혜로운 신자에 의해서 통역되어야 한다.

그래서 방언 말하는 자들이 예언자들과 동등해질 수 있게 된다. 예언은 모든 동료 신자들에 의해서 분별을 받는다. 그래서 약한 신자들이 엘리트 신자들과 동등해질 수 있다. 이것은 γνῶσις(8:1)를 통해서가 아니라 바울이 설명하는 그리스도 중심의 φρεσὶν의 지혜(4:10;

14:20)를 통해서 가능하다. 두 b 구절들은(28a, 30절) 방언과 예언을 말하는 사람은 다른 사람의 유익을 위해서 양보하고 잠잠해야 함에 대해서 말한다. 바울은 교회의 덕을 세우기 위해서 가르치는 말씀, 계시, 방언과 통역과 같은 은사들의 적합한 사용을 설명한다.

반-독점 원칙(antimonopoly principle) (12:24의 ὁ θεὸς συνεκέρασεν τὸ σῶμα; 또한 14:31을 보라)에 근거해서, 가르치는 말씀은 다른 이에게 계시가 있는 경우에 양보하고 잠잠해야만 한다(30절). 방언은 불신자 구원을 위한 그리스도의 복음 선포에 장애가 되지 않기 위해서 알아들을 수 있는 은사에 양보하고 통역이 없는 경우에는 잠잠해야 한다(28절; 또한 9:12,19-22; 14:22을 보라).

교회 안에서 겸손한 침묵의 미덕은 모든 신자들이 한 몸에 참여하게 만드는데 공헌한다(28, 30, 34절). 두 c 구절들은(28b, 31절) 신자들에게 유익이 되는 방언과 예언의 본래적 사용법에 대해서 설명한다. 방언 말하는 자는 교회를 향해서는 하나님의 축복을 말하고 하나님께는 감사의 찬양을 말한다(14:15-17). 모든 고린도교회 신자들은 예언자가 되어서 서로 가르치고 권면할 수 있다. 이러한 방법으로 교회가 ἀγάπη에 근거해서 세워질 수 있다.

다. 고린도교회 여성 예언자들의 교만에 대한 바울 사도의 경고 (14:32-40)

와이어는 34-35절에 관한 학자들의 견해를 세 범주로 분류한다.[195] 첫째, 이 구절들은 고린도 여성들의 말할 권리와 요구에 대한 사도 바울의 답변이다. 와이어에 의하면, 하인리히 메이어(Heinrich A. W. Meyer)는 '성령의 은사와 관련해서, 가부장적 질서로부터 해방을 선호하는 경향을 가진 고린도교회 여성들은 그 권리를 이용했을 것이다. 바울은 종교적인 것들과 관련해서 여성들의 모든 지나친 자만과 억측에 반대해서 결정을 내린다. 그리고 그것은 고린도교회에서 악폐에 해당되었다.'[196]

보다 많은 학자들에 의해서 지지를 받는 두 번째 견해에 의하면, 고린도교회 여성들의 침묵은 바울이 진정으로 의도한 것이 아니었다. '그는 이미 여성들에게 기도하고 예언할 때 그들의 머리를 가릴 것을 가르쳤기 때문에(11:5), 그가 여기에서 여성들에게 제재를 가하는 것은 다른 경우, 다른 종류의 모임, 혹은 다른 종류의 결혼 신분을 얻게 된 여성들을 가리키는 것일 것이다.'[197]

최근에 고전 11장의 여성들의 κεφαλή의 해석과 관련해서 학자들은 기존의 남녀 차별적 관점을 반영하는 '근원'(source)으로부터 '(예

---

195 Wire, *The Corinthian Women Prophets*, pp. 229-232를 참조하라.

196 Wire, *The Corinthian Women Prophets*, p. 229; H. A. W. Meyer, *Critical and Exegetical handbook to the Epistles to the Corinthians* (New York and London: Funk & Wagnalls, 1890) (from 5th German ed., 1870), pp. 333-335.

197 Wire, *The Corinthian Women Prophets*, pp. 229.

언적) 권위'로 전환하였다.[198] 그래서 이 두 번째 견해는 바울이 여기에서 고린도교회 여성들에게 제재를 가한 것은 영감에 의한 말이 아니라 가르침의 말에 관한 것이라고 가정한다.

세 번째 견해는 사도 바울이 34–35절을 기록하지 않았고 그 구절은 후대의 삽입일 것이라고 가정한다. 다우쩬베르그(G. Dautzenberg)는 그 삽입 이론이 the Nestle-Aland 26th edition of the Greek New Testament의 단락 구조에 반영되어 있다고 주장한다.[199] 그러나 와이어는 2 가지 질문을 제기하며 다우쩬베르그의 주장에 반대한다.

첫째는 사본에서 발견되는 삽입의 문제는 단지 그 해당 구절에만 국한되지 않아 보인다. 그리고 해당 구절의 삽입은 아마도 고대 동방교회의 영향을 받은 것일 수 있다.

둘째는 다우쩬베르그가 제안하는 삽입 순서로 14:33b–38을 읽을 때(34-35절, 33b절, 36절 그리고 나서 37-38절) 34–35절의 삽입이 최초의 본문에 삽입되었다는 것을 증명해주지 못한다.[200] 윤철원 역시 일부 사본들이(예를 들면, D, F. G, Old Latin manuscripts 그리고 Ambrosiaster

---

198 고전 11장의 여성들의 κεφαλή에 관한 최근에 논의에 관해서 A. C. Perriman, 'The Head of a Woman: The Meaning of κεφαλή in 1 Cor. 11.3,' *JTS* 45 (1994), pp. 610-617; D. G. Horrell, *The Social Ethos of the Corinthian Correspondence* (Edinburgh: T&T Clark, 1996), pp. 170-173; Garland, *1 Corinthians*, pp. 511-513,525 등을 참조하라.

199 G. Dautzenberg, *Urchristliche Prophetie, ihre Erforschung, ihre Voraussetzungen im Judentum und ihre Struktur im ersten Korintherbrief* (Stuttgart, Berlin, Köln, and Mainz: Kohlhammer, 1975), pp .257-274, 290-300.

200 Wire, *The Corinthian Women Prophets*, pp. 230-231.

Sedulius Scotus) 그 구절을 현재의 40절 뒤에 위치시키지만, 대부분의 사본들에 이 구절들이 포함되어 있다는 것을 고려해야함을 지적한다.[201] 와이어는 고린도교회 여성의 두건을 고대 세계의 관습적 상황에서 명예로운 상징으로 이해하고(11:1-16)[202]

그리고 그들의 영들에 의한 감동에 의한 영성과 그에 의한 권위가 교회 예배 안에서 과용되고 심지어 교회를 바울이 의도하지 않은 다른 방향으로 이끌고 가는 위험이 있어서 그들에게 잠잠할 것을 명령하였다고 주장한다.[203] 기존의 고린도교회 여성 예언자들의 바울의 제재에 관한 학자들의 다양한 견해들 중에서 와이어의 주장은 가장 개연성 있어 보인다. 그러나 위의 모든 견해들은, 심지어 와이어의 주장까지도, 11:5과 14:12 그리고 14:34-35 사이의 모순의 문제를 여전히 완전히 해결하지 못한 가정 위에서 발전한 것으로 보인다.

첫째, 앞에서 이미 설명한 바와 같이 다수의 학자들의 가정과 달리, 본 저자는 14:12의 복수형 πνευμάτων이 천사들을 가리키는 것이라고 생각하지 않는다. 그래서 여성들의 두건이 천사들의 영감의 교류를 통한 영적 권세를 부여하는 기능으로 작용한다는 가정은 여전히 논의가 필요해 보인다.

둘째, 11:4은 두건을 한 남자는 기도나 예언을 하는 것이 허용되

201 윤철원, 『고린도전서 다시 읽기』 (한국성서학연구소, 2011), p. 270. 또한 B. M. Metzger, *A Textual Commentary on the Greek New Testament* (Stuttgart: Deutsche Bibelgesellschaft, 1994), pp. 499-500을 보라.

202 Wire, *The Corinthian Women Prophets*, pp. 130-131

203 Wire, *The Corinthian Women Prophets*, pp. 181-188

지 않는다고 말하는 것으로 보인다.

왜냐하면 머리에 무엇을 쓰고 기도나 예언하는 남자는 그의 머리를 욕되게 하는 것이기 때문이다. 그래서 11:5a는 다음과 같이 해석될 수 있다: '어떤 여자든지 머리에 쓰지 않고 기도나 예언을 하면, 그것이 그녀의 머리를 욕되게 하는 것이다.' 다시 말하자면, 11:4-5에서 설명하는 머리를 욕되게 하는 직접적 이유는 기도나 예언이 아니라 두건과 관련한 문제이다. 이런 점에서, 두건과 관련해서, 11장에서 여성의 수치와 관련한 바울의 논지는 14장의 여성의 침묵 문제와 연결될 수 있다. 만일 그들이 세례를 받은 여성 신자들이라면, 그들은 여전히 머리에 두건을 쓰지 않으면 교회 예배에서 기도하는 것이 허용되지 않는가? 그러나 비록 두건이 영적인 권세를 준다는 해석은 논쟁의 여지가 있어 보이더라도, 고린도교회 여성 예언자들의 영성이 천사들의 영감과 관련되어서 이해될 수 있고 바울이 그들의 잘못된 영적 권세 이해에 반대했다는 와이어의 견해는 논의할 가치가 있어 보인다.

그렇다면 만일 그들이 세례 받은 신자들이라면, 어떤 이유에 근거해서 교회에서 말할 권리에 대한 제재가 그 여성 예언자들에게 주어진 것인가? 왜 그들은 머리에 두건을 써야했는가? 11:9-10의 남자와 ἄγγελος 사이에 'διὰ + 목적격'을 통한 언어학적인 통일성이 발견된다. 남자가 여자를 위해서 지음을 받지 아니하고(οὐκ··διὰ τὴν γυναῖκα) 여자가 남자를 위하여 지음을 받은 것이다(ἀλλὰ γυνὴ διὰ τὸν ἄνδρα). 그러므로 여자는 'ἀγγέλους을 위하여'(διὰ τοὺς ἀγγέλους)

그 머리 위에 권세를 두어야 한다. 만일 이와 같이 11:10의 διὰ τοὺς ἀγγέλους의 'διὰ + 목적격'이 '~을 위하여'라고 번역된다면, τοὺς ἀγγέλους는 그리스도와 여자 사이의 남자를 가리킬 수 있을 것이다(11:3; 14:34-35).[204]

여하튼, 11:5이 14:34-35과 어떤 점에서 모순되고 어떤 점에서 통일성을 이루는지에 관한 논의와 상관없이, 본 저서는 고린도교회 안에 다양한 부류의 여성들이 있었을 것이고 그리고 34-35절은 사도 바울의 ἀγάπη와 τὰ πνευματικά의 지혜에 반대한 자들에게 주어진 일종의 금지명령이었을 것이라고 가정한다.

바울은 고린도에 부재 시에 자랑과 교만의 누룩이 교회 전체를 무질서한 상황으로 초래하였다는 소식을 들었을 때, 그는 교회의 가장 긴급한 문제를 해결하기 위한 목회적 지침으로서 특정 여성들에게 잠잠할 것을 명령했을 것이다. 36절을 통해서 바울이 그 다양한 부류의 여성들 중에서 특정 여성들을 가리킴을 알 수 있다. 그러므로 이 본문은 바울의 여성관과 관련되기 보다는 오히려 고린도교회 안에서 엘리트주의적 지식과 교만의 문제와 관련해서 이해되어야 할 것이다. 그리고 이 교만의 문제는 이미 온 교회를 무질서에 빠지게 만들었다(5:6).

---

204 고린도전서에서, 고린도교회의 분열과 판단의 문제를 해결하기 위한 바울의 목회적 권면에서 'διὰ+목적격'이 강조되는 것에 관해서 본 저서 p. 113을 참조하라. 그리고 11:10의 διὰ τοὺς ἀγγέλους에 관한 학자들의 다양한 견해에 관해서, Thiselton, *The First Epistle to the Corinthians*, pp. 839-841를 참조하라.

첫 번째 단락과 유사하게, 세 번째 단락은 다음과 같은 구조를 가진다: 머리말(32-33절) a(율법에 의한 증거 - 34절) - b(사도 바울의 명령 - 35절) - c(악과 교만의 문제 - 36절) - 결론(37-38절). 앞에서 설명한 바와 같이, 대부분의 주석자들은 14:20-25을 첫 번째 파트에 포함시킨다.

그래서 그들은 20절이 두 번째 파트의 머리말 역할을 한다는 것과 바울의 φρεσίν의 지혜에 대조되는 악이 여성 예언자들의 교만의 문제를 가리킨다는 것을 인식하지 못했다. 게다가 그들은 바울의 ἀγάπη와 성령론, 여성의 두건 문제와 그들의 침묵 문제, ψυχικὸς ἄνθρωπος와 πνευματικὸς 혹은 πνευμάτων 사이의 문제, 그리고 고전 14장의 구조 문제와 관련해서 14:34-36의 적합한 설명을 제시하지 못했다.

그러나 본 저서는 32-33절을 두 번째 파트의 세 번째 단락의 머리말에 위치시킨다. 왜냐하면 두 번째 파트의 머리말(20절)에서 언급된 악이 세 번째 단락(14:32-38)에서 주요 주제가 되고, 그리고 33절의 무질서는 바울의 완전한 지혜를 설명하는 두 번째 단락보다 악의 문제를 다루는 세 번째 단락에 일치하기 때문이다. 머리말은(32-33절) 한 문장으로 구성된다. 그 안에서 두 구절이 등위접속사 γάρ를 통해서 연결된다. 머리말은 순종에 관해서 말한다(32-34절의 ὑποτάσσω; 또한 15:27-28; 16:16; 롬 13:1-7을 보라). 고린도교회 전체는 그리스도 안에서 평등을 이룬다. 하지만 교회의 질서는 오직 사도 바울이 설명하는 새 덩어리의 윤리를 지키는 자들에게만 그 평등을 허락한다(5:7).

바울이 가르친(τὰ) πνευματικά의 윤리를 받아들이지 않는 교만한 ψυχικός 예언자들은 그들의 영이 그리스도와 연합했고 그리스도의 마음을 가지고 있어서 모든 것을 판단할 수 있는 동료 신자들에게 순종해야 한다(2:11-15; 6:17). 이 사례는 모든 성도의 교회들에 적용된다(33절). 그래서 바울은 여성 예언자들의 교만의 문제와 순종의 주제를 염두에 두고 '그리스도는 모든 남자의 머리이고, 남편은 그의 아내의 머리이며 하나님은 그리스도의 머리이시다'라고 말하는 것으로 보인다(11:3).[205] 만약 이 설명이 옳다면, 고린도교회의 교만과 자랑의 문제의 중심에 일부 여성 예언자들이 있었던 것으로 보인다.[206]

두 번째 파트의 머리말에서(20절) 악이 지혜와 대조를 이루듯이, 33절에서 무질서(ἀκαταστασίας)는 평화(εἰρήνης)와 대조를 이룬다. '평화의 하나님'(Ο θεὸς [τῆς] εἰρήνης)의 표현은 바울 서신에서 여러 번 사용된다(14:33; 고후 13:11; 롬 15:33; 16:20; 빌 4:9; 살전 5:23). 이 용어는 '하나님은 그를 믿는 신자들와 함께 하신다'는 의미를 내포한다(고후 13:11; 빌 4:9의 'ἔσται μεθ' ὑμῶν'을 보라; cf. 창 48:21; 암 5:14. 그리고 롬 15:33; 고전 16:24; 고후 13:13; 살후 3:16의 μετὰ πάντων ὑμῶν을 보라). 무질서는 신자들의 예언이 동료 신자에 의해서가 아니라 불신자에 의

205 고전 12:13을 갈 3:28과 비교할 때, 아마도 이러한 이유로 인해서 바울은 의도적으로 고전 12:13의 세례 공식문에서 남녀 사이의 평등을 생략한 것으로 보인다.

206 와이어에 의하면, 바울이 고린도교회 여성 예언자들의 권세에 반대한 이유는 그들이 받은 하나님의 영(God's spirit)을 공인하지 않았고 그리고 그들이 주장하는 영적 권세에 의해서 교회 안에서 지나치게 높아졌기 때문이었다. 이러한 점에서 와이어의 설명이 본 저자가 제시하는 바울의 성령론의 배경적 이해를 제공할 수 있다. Wire, *The Corinthian Women Prophets*, pp. 181-196. 반면에 그 고린도교회의 여성 예언자들과 상반되는 인물로서, 사도 바울의 중요한 여성 동역자 겐그레아 출신 뵈뵈가 고린도교회와 깊은 관련이 있었을 가능성을 고려해야 한다(롬 16:1).

해서 분별을 받게 되는 상식을 벗어난 예언의 사용을 가리킨다. 반면에 성도를 그의 아들 우리 주 예수 그리스도와의 사귐으로 부르신 평화의 하나님은 불신자를 통해서가 아니라 신자를 통해서 신실하시다(고전 1:3,9; 7:15; 14:22,29; cf. 6:1f.).

세 번째 단락의 중반에서 논쟁이 될 만한 구절이 나온다(34-36절). 사도 바울은 '여자는 교회에서 잠잠하라'고 명령한다. 21–22절이 λαλεῖν + 여격을 통해서 언어학적 통일성을 보여주듯이, 34b–35절 역시 그러하다(34b절의 λαλεῖν + αὐταῖς와 35절의 λαλεῖν + γυναικί). 바울은 14:34에서 율법을 증거를 통해서 여성들이 교회에서 잠잠해야만 하고 교회에서 말하는 것이 그들에게 부끄러움이 되는 논거를 제시한다. 바울은 22절에서와 같이 35절에서 그 율법에 근거해서 목회적 지침을 내린다. 그는 36절에서 질문을 제기하면서 그들의 불의한 자랑을 문제 삼는다.

와이어는 결론 구절을(37-38절) 조건적 경고성 저주(a conditional-warning curse)로 이해한다: '만일 누구든지 알지 못하면 그는 알지 못한 자니라.'[207] 사도 바울은 롬 7–8장에서 스스로를 모범으로 제시하면서 그리스도 안에서 사망에 대한 승리의 교리를 설명한다: '그러므로 내가 한 법을 깨달았노니 곧 선을 행하기 원하는 나에게 악이 함께 있는 것이로다'(7:21); '우리 주 예수 그리스도로 말미암아 하나님께 감사하리로다.

207 Wire, *The Corinthian Women Prophets*, p. 155.

그러므로 이제 그리스도 예수 안에 있는 자에게는 결코 정죄함이 없나니 이는 그리스도 예수 안에 있는 생명의 성령의 법이 죄와 사망의 법에서 너를 해방하였음이라(7:25-8:2).' 이와 유사하게 고린도전서에서 사도 바울은 스스로를 엘리트 그룹과 여성 예언자들과 같은 위치에 놓으면서 엘리트들에 대한 주의를 준다.

예언자 혹은 성령의 사람으로서 만일 그들이 주의 명령을 순종하지 않고 모든 것에 절제를 행하지 아니하면, 그들은 '시험을 견디지 못할' 것이다(고전 3:13의 ἑκάστου τὸ ἔργον ὁποῖόν ἐστιν τὸ πῦρ [αὐτὸ] δοκιμάσει; 9:27의 ἀδόκιμος; 고후 13:5-7; 고후 13:5-7; 롬 1:28; 또한 고전 14:38의 ἀγνοείτω를 보라). 선과 악에 대한 사도 바울의 전체적인 도식에서, 사망의 심판이나 저주는 마지막 날 그리스도 안에서 정복당할 것이다(15:50-58).

그럼에도 불구하고, 축복과 저주 사이의 긴장 상태는 신자들이 선을 행하도록 권장하기 위한 목적으로 기독교 윤리에 있어서 여전히 어느 정도 유효하다(고후 13:7의 'ἀλλ' ἵνα ὑμεῖς τὸ καλὸν ποιῆτε'). 이러한 방식으로 율법은 교회(하나님의 집)를 위한 전통을 세우는 데 있어서 역할을 할 것이다(고전 9:8-9; 14:21, 34; 또한 11:2를 보라). 그러므로 만약 와이어의 해석이 옳다면, 14:37-38은 20절의 악과 연결되면서 그리스도의 몸 된 교회의 선한 행실을 '더럽히고'(15:33의 φθείρουσιν) 하나님의 성전을 '더럽히는'(3:17의 φθείρει) 자들을 하나님이 '멸하실'(3:17의 φθείρει) 것이라는 조건적 경고로서 해석될 수 있을 것이다.

결론적 권면(14:39-40)

39절의 Ωστε, ἀδελφοί [μου]의 표현은(11:33; 15:58을 보라) 고린도교회가 판단과 비난을 받지 않고 견고히 설 수 있도록 사도 바울의 결론적 권면에 해당한다(1:8; 6:1-7; 10:32; 11:22; 14:23-25을 보라).

1절의 ζηλοῦτε δὲ τὰ πνευματικά, μᾶλλον δὲ ἵνα προφητεύητε 표현은 39절에서 ζηλοῦτε τὸ προφητεύειν으로 환언된다. 예언과 방언 둘 다 τὰ πνευματικά에 속하는 은사들이다.

예언은 방언보다 더 우월한 은사이다. 하지만 모든 성령의 은사는 합당하고 바르게 사용되어야 한다.

고린도교회의 분열의 상황에서 모두가 동시에 다 같이 방언을 말하고 예언을 하게 될 때, 엘리트 신자가 과도한 명예를 얻고 약한 신자들이 수치를 당하게 되도록 성령의 은사가 사용되는 것은 옳지 못하다(14:23-25은 12:22-24에 상반된다; 평등과 다양성에 대조되는 것으로서 '모두'에 함축되어 있는 획일성에 대한 사도 바울의 경고에 관하여 12:17, 29-30을 보라). 12:31의 καθ' ὑπερβολήν ὁδὸν(가장 좋은 길)은 14:40에서 κατὰ τάξιν로 환언된다(또한 14:27의 κατὰ δύο ἢ τὸ πλεῖστον τρεῖς καὶ ἀνὰ μέρος, καὶ εἷς διερμηνευέτω을 보라). 다양한 은사들이 사도 바울에 의해서 고린도의 하나님의 밭에 뿌려졌다. 하지만 은사에는 우열순서가 있다. 예언은 방언보다 우월하다(12:10, 28, 29-30; 14:1-19). 하지만 가장 좋은 방법은 모두 동시에 방언과 예언을 말하기 보다는 ἀγάπη에 근거해서 교회의 덕을 세우기 위해서 둘이나 셋이서 차례를 따라서 은사를 사용하는 것이다(14:26-31).

사도 바울은 교회 안에서 고린도교회 여성 예언자들의 말('잠잠하라')과 행동('복종하라')에 엄격한 규제를 가한다(14:32-38). 그리스도 안에서 약한 신자들의 평등을 보장하기 위해서 세워진 질서에 따라서, 사도 바울은 여성 예언자들에게 '그리스도 때문에' 스스로를 겸손해지는 법을 배우도록 권면한다(4:10의 διὰ Χριστόν; 또한 빌 2:8을 보라).

요약

본 저서가 제안하는 방식대로 고전 14:21-22을 새롭게 읽으면 14장에서 그 본문을 두 번째 파트(14:20-40)로 새롭게 위치시키게 되고 그러면 14장에서 ἀγάπη와 πνευματικά 개념을 새롭게 이해하게 된다. 그러면 14장에서, 특히 14:22에 반영된 바울의 진술에서, 방언-통역 그리고 예언-분별의 상관관계가 중요함을 알게 된다. 고전 12-14장에서 ἀγάπη와 πνευματικά가 중요한 주제이다. 바울은 12-14장을 시작하면서 τὰ πνευματικά의 소유격인 τῶν πνευματικῶν을 사용하면서 성령의 은사에 관하여 상술한다(12:1).

그리고 12-14장에서 ἀγάπη와 πνευματικά는 나란히 언급된다. 12:31의 '더욱 큰 은사'와 '가장 좋은 길'(τὰ χαρίσματα τὰ μείζονα 그리고 ὑπερβολὴν ὁδὸν)은 14:1에서 'τὴν ἀγάπην'와 'τὰ πνευματικά'로 설명된다. 12:31의 τὰ χαρίσματα τὰ μείζονα와 ὑπερβολὴν ὁδὸν 그리고 14:1

의 τὴν ἀγάπην와 τὰ πνευματικά는 13장을 사이에 두고 감싸면서 a(τὰ χαρίσματα τὰ μείζονα) – b(ὑπερβολὴν ὁδὸν) – b'(τὴν ἀγάπην) – a'(τὰ πνευματικά)의 언어학적 패턴을 보여준다. ἀγάπη가 πνευματικά 보다 더 상위의 개념이라는 것을 알 수 있다(12:31; 13:8-13). 바울은 13장에서 ἀγάπη에 관해서 상술한 다음 14장에서는 더욱 큰 은사들로 설명되는 복수형 형태의 πνευματικά에 관해서 상술한다. 14장은 ἀγάπη와 πνευματικά 그리고 성령의 은사들에 관해서 상술한다.

앞에서 설명한 바와 같이, 지금까지 학자들은 바울의 설명하는 τὰ πνευματικά는 고린도교회의 그것과 다른 것이며 그리고 고린도교회는 알아들을 수 없는 은사를 더 높게 평가하였을 것이라고 가정해왔다. 그리고 바울의 πνευματικά를 알아들을 수 있는 예언적 은사 개념으로 설명해왔다. 이 가정은 적어도 14:1–19에서는 어느 정도 유효한 것으로 보인다. 그러나 14:21–22의 회고적 읽기는 적어도 바울이 14:20–40에서 설명하는 ἀγάπη와 πνευματικά에 대해서 새롭게 분류할 것을 요구한다.

본 저서는 제 III장에서 고전 14:21–22의 새로운 읽기를 설명하였다. 그 새롭게 읽기에 의하면, 21절의 '다른 방언'과 22절의 '표적'이 긍정적인 의미로 해석될 수 있다. 그리고 본 IV장에서는 그 새로운 읽기에 의해서 14:20–25의 바울의 진의를 담고 있는 본문이 23–25절 아니라 22절임을 제안하면서, 그것에 의해서 바울이 14장에서 진술하고자한 것이 무엇인지 그리고 14장의 구조가 어떻게 바뀔 수 있는지에 관하여 논하였다. 1–19절은 통역되지 않은 방언에 관해서 주로 설명하고 그리고 예언의 분별의 필요성에 대해서는 설명하지 않는다. 그러나 20–38절은 방언의 통역 그리고 예언의 분별의 필요성을 강조한다.

ἀγάπη는 14장 전체에 걸쳐서 중요한 주제로 발견된다. 14:21–22의 새롭게 읽기를 통해서 드러나게 되는 ἀγάπη는 특별히 14:26이하에서 설명된다. 26절에서 언급되는 은사들은 모두 온전한 것이 아닌 부분적인 것인 것으로 설명된다(13:9-10). 이 다양한 은사들은 ἀγάπη에 근거해서 교회를 세우기 위해서 사용되어야 한다(14:26). 26절에서 8.1의 ἡ ἀγάπη οἰκοδομεῖ가 반향된다(πάντα πρὸς οἰκοδομὴν γινέσθω). 그리고 12:31의 καθ᾽ ὑπερβολὴν ὁδὸνὑμῖν δείκνυμι이 14:27의 κατὰ δύο ἢ τὸ πλεῖστον τρεῖς καὶ ἀνὰ μέρος, καὶ εἷς διερμηνευέτω에 의해서 설명된다(여기에서 바울이 κατὰ를 통해서 통일성을 보여주는 것은 의도적인 것으로 보인다). 그러므로 14:26이하에서 설명되는 ἀγάπη에 근거한 더 큰 은사들(πνευματικά)은 더 이상 예언 중심적인 개념을 보여주지 않는다.

통역이 없는 경우 방언 말하는 자가 잠잠해야 하듯이, 교회의 덕을 세우기 위해서 그리고 모든 사람이 서로 배우고 권면을 받기 위해서 다른 사람에게 계시가 있는 경우 예언 역시 잠잠해야 한다. 14:1–19에서 교회의 덕을 세우기 위해서 예언이 가장 합당한 은사로 설명되는 것과 달리, 14:20–40에서 분별이 되지 않는 예언은, 통역이 되지 않은 방언이 그러함 같이, 교회의 덕을 세우기 위해서 제재의 대상이 된다(14:22b, 29-38). 그러므로 26절 이하에서 설명되는 ἀγάπη와 πνευματικά의 개념과 관련해서, 바울은 예언을 방언보다 더 큰 은사로 설명하지 않고, 대신에 방언-통역 그리고 예언-분별을 강조한다. 이것이 본 저서가 제시하는 14:21-22의 새롭게 읽기와 특히 22절의 순차적 읽기와 통일성을 이룬다.

V

고린도전서 14장 결론

Ἀδελφοί,
μὴ παιδία γίνεσθε ταῖς φρεσὶν
ἀλλὰ τῇ κακίᾳ νηπιάζετε,
ταῖς δὲ φρεσὶν τέλειοι γίνεσθε.

본 저작의 동기는 고전 14:21–22의 통일성 있는 읽기를 위한 연구 간극을 메우는 것이었다. 그 연구 간극은 첫째, 14:21에서 인용되는 구약성서의 해석을 위해서 사 28:11 LXX와 고전 14:21 사이의 상호 텍스트성을 위한 회고적 읽기의 연구 간극과 둘째, 14:22의 'εἰς σημεῖόν εἰσιν'의 순차적 읽기의 연구 간극이다. 최근까지 이 연구 간극으로 인해서 14:21에서 바울의 구약성서 인용 이유를 고린도교회의 잘못된 방언 사용법을 지적하고 교정하기 위한 것이라고 가정해왔다.

그래서 14:21의 '다른 방언'에 바울의 오순절적 관점이 반영되었을 가능성이 배제되어왔다. 그리고 다수의 학자들은 14:22의 'εἰς σημεῖόν εἰσιν'을 역순으로 읽으면서 14:22을 14:20–25에서뿐만 아니라 또한 14:1–25에서 모순되는 본문으로 이해해왔다. 그러나 본 저서는 그 연구 간극을 메움으로써 14:21–22의 새로운 읽기를 시도하였고 14:21-22을 새롭게 번역하였다: '율법에 기록된 바 주께서 이르시되 "내가 다른 방언과 다른 사람들의 입술로 이 백성에게 말 할 것이다. 이로써 그들이 나의 말에 주의를 기울이지 않아도 될 것이다." 그래서 표적이 되는 방언은 신자들에게 말하는 것이 아니라 불신자들에게 말하는 것이고 예언은 불신자들에게 말하는 것이 아니라 신자들에게 말하는 것이니라.'

바울의 동시대의 유대-기독교 세계에서 '다른 방언'에 관한 적어도 두 가지 전통이 있었던 것으로 보인다. 하나는 다른 방언에 관한 부정적 이해(사 28:11 LXX와 3 호다욧 사이의 상호 텍스트) 그리고 다른 하나는 긍정적 이해. '다른 방언'에 관한 바울의 긍정적 이해는 초기 기독교의 오순절적 성령이해를 반영한다. 복음서의 증언에 의하면, 예수의 죽음은 유월절 어린양의 개념과 밀접하게 연관되어 묘사된다. 부활한 예수는 약 40일 동안 제자들에게 보이시며 그들에게 예루살렘을 떠나지 말고 약속한 성령을 기다리라고 말한다(행 1:3-4). 그리고 그 약속한 성령이 오순절에 제자들에게 임한다. 바울이 오순절을 예루살렘에서 기념하고자 한 것은 예수 중심의 오순절 사건이해를 반영하는 것이다(고전 16:8; 행 1:4; 2:1; 20:16). 바울은 자신에게 광대하고 유효한 문이 열린 것을 발견하였다. 그러나 대적자들이 그의 예루살렘을 향한 오순절 선교여행을 가로막았다. 만약 바울을 가로막고 있는 어려움이 없었다면, 그는 오순절 전에 고린도교회를 방문하기 원했던 것으로 보인다(고전 16:1-9). 그는 그들의 파송을 받은 후 예루살렘에서 오순절을 기념하거나 혹은 고린도에서 그들과 함께 오순절을 기념하기 원했을 것이다. 바울은 오순절을 준비하면서 고린도교회에게 편지를 보낸다. 이러한 점에서 바울의 오순절적 방언 이해가 자신의 편지 안에 반영되었을 것이라고 가정하는 것은 타당하다.

그러므로 초기 기독교의 오순절적 성령 이해를 반영하는 회고적 읽기는 고전 14:21의 새로운 이해를 요구한다. 그 새로운 이해에 의하면, 21절의 '다른 방언과 다른 사람들의 입술'에 방언과 통역 그리고 예언과 분별의 듀엣 기능이 반영되어 있다. 그래서 방언과 관련해서, 21b(καὶ οὐδ' οὕτως εἰσακούσονταί μου, λέγει κύριος)가 새롭게 번역될 수 있었다: '이로써 그들이 나의 말에 주의를 기울이지 않아도 될 것이다.' 그리고 이 새로운 읽기는 21절의 전향적 읽기에 의해서 야기된 22절의 'εἰς σημεῖόν εἰσιν + 여격'과 관련한 주석적 문제를 해결하였다.

이와 같이 본 저서가 제안하는 새로운 읽기는 14:21-22에서 바울의 논조가 바뀜을 설명한다. 14:20-25에서 바울의 진의를 반영하는 본문이 23-25절이 아니라 21-22절로 제안된다. 바울은 방언 자체든 통역 없는 방언이든 고린도교회의 방언사용을 어리석은 것으로 이해하거나 고린도교회의 방언의 사용법에 대해서 질타하고 교정할 의도가 없었다. 오히려 바울의 질책의 대상은 고린도교회의 분열의 상황에서 다 같이 방언을 말함으로써 알아들을 수 없는 방언을 통역으로 도와주지 않는 문제였다. 바울은 오순절을 준비하면서 자신이 세운 고린도교회에게 편지를 쓴다. 그는 고린도교회에서 알아들을 수 없는 '다른 방언'이 '다른 사람들의 입술'을 통해서 온전해지기를 원했을 것이다(14:20-21). 14:21-22에 대한 이 새로운 읽기는 더 큰 문맥적 상황에서, 특히 고전 14장에서 그것의 새로운 구조적 이해를 요구하였다. 이로써 14장에서 바울이 진술하고자 하는 것이 새롭게 설명되었다. 그것은 14:22에 반영된 ἀγάπη와 πνευματικά를 통해서 설명되었다. 바울은 다양한 은사들을 구비한 고린도교회가 다 같이 모일 때 분쟁이 발생하면서 은사를 획일적으로 사용하는 문제를 해결하기 위해서 ἀγάπη와 πνευματικά에 합당한 은사 사용법을 제안한다. 더 큰 은사들로 설명되는 πνευματικά는 방언-통역 그리고 예언-분별의 듀엣 기능으로 설명된다. 본 저서가 제안하는 새롭게 읽기를 선택한다면, 이제 다음과 같은 것을 주장할 수 있을 것이다.

첫째, 새로운 읽기를 통해서 14:21의 회고적 읽기와 14:22의 순차적 읽기에 관한 연구 간극이 메워진다. 사 28:11 LXX와 고전 14:21 사이의 상호 텍스트를 위한 전향적 이해는 그 전향적 읽기가 고전 14:21-22의 통일성 있는 읽기에 어떻게 언어학적으로 연결되는지를 설명하지 못하는 반면에, 본 저서가 제안하는 회고적 읽기는 사 28:11 LXX와 고전 14:21-22 사이의 통일성 있는 읽기를 가능하게 만든다. 그 안에서 '은사 + 여격'이 강조되고 'σημεῖόν εἰσιν + 여격'의 표현이 긍정적인 의미로 해석된다. 이러한 방식으로 방언은 불신자에게 말하는 케리그마적인 은사로 설명된다.

둘째, 그에 더하여 전향적 읽기는 14:20-25에서 21절의 오역과 22절의 모순을 야기하면서 20-25절을 14장의 첫 번째 파트(14:1-25)에 포함시키는 반면에, 회고적 읽기는 이 문제들을 해결하면서 20-25절을 14장의 두 번째 파트(14:20-40)로 새롭게 위치시킨다. 그 안에서 14:21의 바울의 구약성서 인용 이유가 새롭게 해석된다. 바울은 다양한 은사를 소유한 고린도교회가 다 같이 모여서 은사를 획일적인 방법으로 사용하면서 교회 안의 분쟁의 문제를 더 악화시키는 것을 해결하기 위해서 방언과 통역 그리고 예언과 분별의 은사의 듀엣 기능을 강조함으로써 교회의 연합을 이루도록 권면한다.

셋째, 본 저자가 제안하는 14장의 두 번째 부분(20-40절)에서 바울의 논조가 바뀌기 때문에, 더 큰 은사들로 설명되는 πνευματικά가 14:23-25을 통해서가 아니라 14:22을 통해서 더 잘 설명된다. 14:21-22의 새로운 읽기와 그것을 통한 14장에서 바울의 진술을 고려할 때, 14:22에 반영된 πνευματικά가 알아들을 수 있는 예언 중심의 은사로 설명되기 보다는 방언과 통역 그리고 예언과 분별의 듀엣 개념으로 설명된다. 이로써 전향적 읽기에 의하면 방언이 바울의 πνευματικά 범주 안에 포함되기 어렵지만 회고적 읽기에 의하면 방언이 그 πνευματικά 범주 안에 포함될 수 있다.

넷째, 방언과 관련해서, 바울이 알아들을 수 없는 방언 자체를 부정적으로 생각하지 않은 것처럼, 그는 교회가 다 같이 방언을 말하는 것 자체를 부정적으로 생각하지 않았다. 바울의 논지는 고린도교회의 분열의 상황에서 그들이 다 같이 모여서 통역의 도움 없이 다 같이 방언을 말할 때 발생하는 문제와 관련한 것이다(1:10-11; 3:1-3; 11:17-18; 12:25). 예언과 관련해서, 바울의 의도는 예언을 신자들에게만 말하는 것으로 제안하는 것이 아니었을 것이다. 고전 14:22에 반영된 방언과 예언에 관련한 바울의 논지는 고린도교회의 분열의 상황에서 은사를 획일적 사용하는 문제에 대한 바울의 목회적 지침으로 이해되어야 할 것이다. 그 안에 반영된 바울의 πνευματικά 개념을 통해서 가장 혜택을 입은 자들은 고린도교회의 방언 말하는 자들이었을 것이다.

비록 14:22에서 설명되는 바울의 주장이 고린도교회의 분열과 분쟁의 상황을 반영하는 그의 목회적 지혜라고 할지라도, 14:21-22의 새로운 해석은 그 안에 바울의 신학이 깊이 반영되어 있음을 보여준다. 바울은 자신이 성령의 계시로 받은 φρεσὶν의 지혜에 근거해서(14:20) 14:1-19에서 설명한 자신의 논지를 14:21-22에서 뒤집는다. 사 28:11 LXX와 3 호다욧에서 부정적으로 언급된 '다른 방언'은 바울의 공시적 이해에 의해서 그것의 의미변화가 긍정적으로 발생한다.

고전 14:21에서 바울이 구약성서를 인용한 이유는 14:22에서 더 구체적으로 설명된다. 표적이 되는 방언은 불신자들에게 말하는 것이고 예언은 신자들에게 말하는 것이다. 고린도전서에서 설명되는 방언의 은사 사용법에 관한 바울의 지혜는 오순절을 준비하는 그의 회고적 관점을 반영한다. 통역하는 자들이 방언 말하는 자들과 연합하여 한 몸을 이룰 때 방언 말하는 자들은 예언 말하는 자들과 동등해질 수 있다. 이로써 '다른 방언'을 통한 불신자들의 복음화가 가능해질 것이다.

VI

고린도전서 14장 더 생각해 보기

'다른 방언으로 말하다'(λαλεῖν ἑτέραις γλώσσαις)에 대한 공시적 이해: 바울과 누가의 전문 용어

Ἀδελφοί,
μὴ παιδία γίνεσθε ταῖς φρεσὶν
ἀλλὰ τῇ κακίᾳ νηπιάζετε,
ταῖς δὲ φρεσὶν τέλειοι γίνεσθε.

요약

최근까지 대부분의 학자들은 행 2:4의 '다른 언어(방언)'(λαλεῖν ἑτέραις γλώσσαις)를 언어적 관점(a language standpoint)에서 연구해왔다. 그러나 본 저자는 여기에서 그것에 관한 언어학적 접근방법(an linguistic approach)을 제시할 것이다. 고전 14:21-22의 새로운 읽기를 통해서 우리는 바울이 14:21에서 율법을 인용한 이유는 고린도 교회가 방언을 무분별하게 사용한 것을 비판하고자 함이 아니라 오히려 방언의 은사를 자신의 πνευματικά의 범주 안에 포함시키고자 함이었음을 알 수 있다. 이와 같이 고전 14:21의'다른 방언'에 대한 새로운 읽기는 이제 고전 14:21과 행 2:4 사이의 공시적 연구로 이어진다.

본 저자는 '다른 방언으로 말하다'가 초기 기독교 안에서 바울과 누가에 의해서 사용된 전문용어일 가능성을 제기할 것이다. 게다가, 본 저자는 사도행전의 방언 코텍스트에서(2:4; 10:44-46; 19:6) 2:4의 λαλεῖν ἑτέραις γλώσσαις가 예언적 범주 안에 포함되기 보다는 오히려 누가의 오순절 성령(πνεύματος ἁγίου)과의 언어학적 관련성을 가짐을 설명할 것이다. 그래서 본 저서는 초기 기독교 증거 안에서 '다른 방언'의 언어학적 의미를 고찰할 것이다.

고대 유대-기독교 세계 안에서 사 28:11에 대한 적어도 두 가지 전통이 발견된다. 이사야-호다욧의 상호 텍스트에서 '다른 방언'의 부정적인 의미가 발전된 반면에, 초기 기독교 내에서 바울-누가의 공시적 상호 텍스트에서 전자와 다른 '다른 방언'의 의미 변화(semantic change)가 발생한다. 따라서 본 논문은 행 2:4의 λαλεῖν ἑτέραις γλώσσαι가 '다른 방인으로 말하다'로 번역될 수 있고 이것이 기독교 전문 용어였을 가능성을 제안한다.

서론: 문제제기

1. 행 2:4의 λαλεῖν ἑτέραις γλώσσαις를 위한 기존의 연구 경향: 언어적 특성에 집중된 연구[208]

지금까지 다수의 학자들은 행 2:4의 λαλεῖν ἑτέραις γλώσσαι를 고전 14장과의 연관성을 고려하면서 사도행전 2장의 방언이 고린도교회의 방언과 유사한 알아들을 수 없는 언어적 특성을 가지는지 아니면 그들의 방언과 다른 알아들을 수 있는 성격의 은사인지에 관해서 논의해왔다. 먼저 행 2장의 방언과 고전 14장의 방언 사이의 상관성을 가정하는 학자들은 두 가지 근거를 제시한다.

첫째는 행 2장을 제외한 그 외의 누가의 방언 내러티브(10:44-46; 19:6)에서 ἑτέραις는 생략되고 약한 의미를 가지면서 바울의 표현과 유사한 통사 구조(a syntax structure)를 가진다(행 10:46과 19:6의 λαλεῖν γλώσσαι를 고전 12-14장의 그것과 비교하라).[209]

둘째는 행 2:13의 유대인들의 조소가 고전 14:21–23의 상황에 부합한다.[210] 이것을 고려하면서 일부 학자들은 오순절 초기 기독교 방

---

208 본 챕터에서 '언어적'이라는 표현은 '언어와 관련된'(pertaining to languages)의 의미를 가지고 '언어학적'은 '언어학과 관련된'(pertaining to linguistics)의 의미를 가진다.

209 BDF, § 480 (3).

210 Haacker, 'ἕτερος,' p. 66.

언을 알아들을 수 없는 황홀경의 언어로 이해했다.[211] 반면에 행 2:4의 λαλεῖν ἑτέραις γλώσσαις 해석을 위해서 고전 14장과의 상관성을 고려하기보다는 '다른'(ἑτέραις)의 의미 강조를 고려하는 학자들은 그것을 고전 14장의 알아들을 수 없는 방언(λαλεῖν γλώσσαις)과 다른 '알아들을 수 있는 언어'의 의미로 해석한다.[212]

그런데 한 가지 분명한 것은 제자들이 성령의 말하게 하심을 따라서 말하는 '다른 언어(다른 방언)'을 들은 회중은 놀람과 조소로 반응하였다는 것이다(행 2:5-13). 그래서 행 2:4의 λαλεῖν ἑτέραις γλώσσαις를 고린도전서의 λαλεῖν γλώσσαις와의 연결성을 고려하면서, 대부분의 주석가들은 행 2:4의 ἑτέραις γλώσσαις가 사 28:11 LXX로부터 빌려온 누가의 언어학적 표현으로서 '다른 언어'로 말하는 기적을 가리키는지 아니면 제자들의(알아들을 수 없는) '방언'을 각각 난 곳 언어로 듣게 된 기적을 의미하는지와 관련해서, 그것의 언어적 특성만을 논의해왔다.[213]

첫째, 일부 학자들은 행 2:4의 ἑτέραις γλώσσαις를 알아들을 수 없는

---

211 Haenchen, 『사도행전』 (I), 국제성서 주석, p. 271, n. 12를 참조하라.

212 Ben Witherington III, *The Acts of the Apostles: A Socio-Rhetorical Commentary* (Grand Rapids, Michigan: Eerdmans, 1998), pp. 133-134.

213 Haacker, , 'ἕτερος,' p. 66; Keener, *Acts*, pp. 821-823; E. J. Schnabel, *Acts*, p. 115; B. Witherington, III, *The Acts of the Apostles*, p. 133; D. E. Haenchen, 『사도행전』 (I), p. 272 등을 참조하라.

방언으로 가정하고 기적은 듣는 편에서 일어난 것으로 이해했다. 이 해석에 의하면, λαλεῖν ἑτέραις γλώσσαις와 2:13의 조롱 사이의 해석적 난제를 해결할 수 있을 것처럼 보인다. 그러나 최근에 이 주장은 많은 반대에 직면했다.

베이에(H. W. Beyer)는 이 가정이 행 2:4에서 ἑτέραις가 사용된 이유를 적절히 설명할 수 없다고 주장한다. 왜냐하면 바울은 고전 14:21을 제외하면 항상 γλώσσαις λαλεῖν의 표현을 사용하고 그리고 누가 역시 행 2:4을 제외하면, 바울과 같은 언어학적 표현을 사용하기 때문이다 (10:46; 19:6).[214] 게다가, 그는 고전 14장에서 바울이 설명하는 방언은 통역되지 않은 알아들을 수 없는 성격을 가진 반면에 행 2장에서 누가는 방언을 들은 청자들이 각각 자신들의 언어로 알아들을 수 있는 것으로 묘사한다고 설명한다(2:5-12).[215]

뒤퐁(J. Dupont) 역시 만일 ἑτέραις γλώσσαις를 알아들을 수 없는 방언으로 해석하고 그래서 기적은 청자 편에서 일어난 것이라고 가정한다면, 그 해석은 그 본문을 곡해하는 것이라고 주장한다. 그래서 그는 행 2장의 λαλεῖν ἑτέραις γλώσσαις를 고전 14장의 방언과 다른 성격을 가진, 알아들을 수 있는 언어로 말하게 되는 성령의 기적으로 해석한다.[216] 보크(D. L. Bock) 역시 헨헨(Haenchen)을 옹호하면서, 사

---

214 H. W. Beyer, 'ἕτερος,' *TDNT,* vol.2 (Gerhard Kittel ed) (Grand Rapids, Michigan: Eerdmans, 1964), p. 702, n. 3.

215 Beyer, 'ἕτερος,' p. 702.

216 Jacques Dupont, *Nouvelles Études Sur Les Actes Des Apôtres*, Lectio Divina 118 (Paris, Latour-Maubourg: Les Éditions Du Cerf, 1984), pp. 196-198.

도행전에서 각 사람이 자신의 난 곳 언어로 듣게 되는 그런 종류의 황홀경의 언어가 등장하지 않는다고 지적한다. 왜냐하면 성령은 오직 신자들에게만 임하기 때문이다.[217]

둘째, NRSV는 행 2:4의 ἑτέραις γλώσσαις를 알아들을 수 있음을 암시하는 '다른 언어'(other languages)로 번역하였고 이것은 상당수의 학자들에 의해서 지지를 받았다[218]. 그러나 이 가정이 가지고 있는 문제는 2:4의 λαλεῖν ἑτέραις γλώσσαις와 2:13의 조소 사이의 모순을 여전히 해결하지 못한다는 것이다. 이러한 주석적 난제를 해결하기 위한 다양한 시도들이 있었다. 먼저 베이에는 누가가 '알아들을 수 없는 방언'과 '제자들의 모국어와 다른 언어'의 두 가지 개념을 λαλεῖν ἑτέραις γλώσσαις의 표현에서 결합시켰을 것이라고 가정한다.[219]

오순절 신학자인 에버츠(J. Everts)는 헬라어 γλώσσαις는 '언어'와 '방언' 둘 다로 해석될 가능성이 있고, 게다가 사도해전 방언 내러티브(2:4; 10:44-46; 19:6)에서 문맥적 통일성이 발견되고 그리고 영어의 사전적 의미 안에서 'tongues'가 'languages' 보다 더 폭넓은 의미를 가지고 있다는 것을 고려하면서, 2:4의 ἑτέραις γλώσσαις를 '다른 언어'(other languages)보다는 '다른 방언'(other tongues)으로 번역하는 것

217 D. L. Bock, *Acts*, BECNT (Grand Rapids, Michigan: Baker Academic, 2007), p. 97.

218 F. F. Bruce, *The Book of the Acts*, NICNT (Grand Rapids, Michigan: Eerdmans, 1988), pp. 51-53; Witherington, III, *The Acts of the Apostles*, pp. 133-135; Bock, *Acts*, p. 99; Schnabel, A*cts*, pp. 115 등을 참조하라.

219 Beyer, 'ἕτερος,' p. 703.

이 최선일 것이라고 제안한다.[220] 최근에, 에슬러(Philip F. Esler)는 비록 19세기 후반의 영국의 신약학자들이 지금보다 더 누가의 기록에 대한 역사적 신뢰성에 호의적이었다고 할지라도, 현대 성서학 학자들 사이에서 특별히 행 15장과 그리고 그 이후의 안디옥에서의 베드로의 유대-이방인들의 식탁 교제에 대한 반감에 대한 모순(갈 2:11-14)으로 인해서 사도행전의 역사적 정확성에 대한 회의적인 견해가 지배적이라는 것을 지적한다.[221]

게다가 다우젠베르그(G. Dautzenberg) 또한 행 2:1-13의 오순절 방언 내러티브가 전설적인 방법으로 묘사되었다고 주장한다.[222] 페쉬(R. Pesch)는 행 2:4의 λαλεῖν ἑτέραις γλώσσαις의 표현에서 ἑτέραις를 편집으로 가정한다.[223] 이런 이유로 인해서 에슬러는 행 2장의 내러티브가 묘사하는 방언은 알아들을 수 있는 언어일지라도 그것의 역사적 방언은 알아들을 수 없는 방언이었을 것이라고 가정한다.[224] 그런데 더 최근에는 NRSV의 번역을 다소 다른 관점에서 옹호하는 경향

220 J. Everts, 'Tongues or Languages? Contextual Consistency in the Translation of Acts 2,' *JPT* 4 (1994), pp. 71-80. 헬라어 γλώσσαις와 영어의 tongues에 해당되거나 유사한 단어가 한국어에서는 발견되지 않고, 대신에 '방언' 혹은 '언어' 둘 중의 하나로만 번역되고 있다는 것을 유의하라.

221 P. F. Esler, *The First Christians in Their Social Worlds: Social-Scientific Approaches to New Testament Interpretation* (London and New York: Routledge, 1991), pp. 38-39.

222 G. Dautzenberg, 'γλῶσσα,' in *EDNT*, vol. 1 (H. Balz and G. Schneider eds) (Grand Rapids, Michigan: Eerdmans, 1990), pp. 254-255.

223 R. Pesch, *Die Apostelgeschichte*, 1 Teilband Apg 1-12, EKK (Zürich: Benziger Verlag, 1986), p. 101.

224 Esler, *The First Christians in Their Social Worlds*, pp. 49-50.

이 생겼다.

앞에서 이미 언급했듯이, NRSV의 번역은 고전 14:21-23과의 연관성을 고려할 때 행 2:13이 알아들을 수 없는 방언에 대한 반응으로 보는 것이 더 적절해 보인다는 모순에 직면한다. 그래서 이 문제를 해결하기 위해서, 키너(C. S. Keener)는 오순절 날 제자들이 말한 언어는 링구아 프랑카(lingua franca)[225]였을 것이라고 제안한다.[226] 그러나 이 견해는 또 다른 문제점에 맞닥뜨린다. 누가는 오순절 방언(γλώσσαις)을 성령의 능력의 언어로 묘사하기 때문에, 이 해석은 그러한 오순절 방언의 이미지에 부합하지 않는다. 헤이커(K. Haacker)는 행 2:4의 λαλεῖν ἑτέραις γλώσσαις를 고린도교회의 방언과 다른 알아들을 수 있는 언어의 기적으로 이해하더라도 이것이 여전히 고전 14장 사이의 상관관계 속에서 모순되지 않을 수 있음을 역설한다:

> '행 2:4의 Λαλεῖν ἑτέραις γλώσσαις는 바우어(F. C. Baur)까지는 언어의 기적 이라는 개념을 회피하기 위해서 종종 "생소한 방식의 언어"(혹은 그와 유사한 것)로 해석해왔다. 그럼에도 불구하고, 2:4, 8에서는 그러한 언어의 기적을 염두에 두고 있다는 것이 분명하다. 갈릴리 출신의 제자들은 자신들에게 생소한(strange) 언어로 말을 하지만 듣는

---

225 링구아 프랑카는 탄자이나의 스와힐리어, 서아프리카의 하우사어 그리고 파푸아 뉴기니의 톡 피진과 같이 공통 언어가 없는 집단이 서로 의사를 전달하기 위해 사용하는 보조 언어를 말한다.

226 Keener, *Acts*, pp. 821-23.

무리들은 그들 자신의 난 곳 언어로 듣게 된다. 13절에 등장하는 그 조소하는 ἕτεροι는 또 다른 계층의 사람들로 분류되지 않는다(그래서 보편적 견해로 간주될 수 있다). 그들의 반응은 제자들의 방언이 각각의 개별 청자에게 이해할 수 없는 언어였음을 설명한다(그 본문은 듣는 기적이 아니라 말하는 기적을 설명하고 있다). 이 장면은 전체적으로 고전 14:21-23과 일치하고 14:7f.에 모순되지 않는다.'[227]

헤이커의 가정은 비교적 온건한 것으로 보인다. 그러나 그의 가정의 한계는 행 2:4의 '다른 언어'(λαλεῖν ἑτέραις γλώσσαις)에 관한 언어학적인 설명(an linguistic explanation) 없이 그것의 언어적 측면만을 고려한다는 것이다. 먼저, 상호 텍스트성과 관련해서 사 28:11의 문맥적 상황에서는 '다른 방언'이 이스라엘의 불순종으로 인해서 주어진 부정적인 의미를 가지는 반면에, 행 2장에서 그것은 분명히 긍정적으로 묘사된다.

그는 '다른 언어'의 해석을 위해서 언어적 관심에 집중하면서, 사 28:11의 '다른 방언'으로부터 행 2장의 '다른 (생소한) 언어'로 그 문맥에서 어떻게 의미 변화가 발생하는지를 설명하는 언어학적인 증거(linguistic evidence)를 제시하지 않는다. 게다가, 코텍스트성(cotextuality)과 관련해서 누가는 행 2:4에서 λαλεῖν ἑτέραις γλώσσαις의 표현을 사용하지만, 10:44-46과 19:6에서는 ἑτέραις가 빠져 있는 구

227 Haacker, 'ἕτερος,' p. 66.

문을 사용한다. 이런 이유로 인해서, 사도행전의 방언 내러티브에서 언어적 관심만을 가진 학자들 중의 일부는 행 10:44-46과 19:6의 방언은 고린도전서에서 바울이 묘사하는 알아들을 수 없는 방언과 동일한 성격을 가지지만, 행 2장의 방언에 대해서는 논란이 있음을 지적한다.

예를 들면, 최근에 보크는 2:13의 '술 취함'[228]이 2:4의 λαλεῖν ἑτέραις γλώσσαις와 어떻게 연결될 수 있는지에 대한 난제를 지적한다. 헬라어 μεστόω(술 취함)은 신약성서에서 hapax legomenon일 뿐만 아니라, 게다가 폴힐(Polhill)이 언급했듯이, 행 2장의 오순절 사건이 그 자체로 진정성을 입증할 수 없고 그 사건에 대한 반응 역시 다양할 수 있다.[229]

지금까지 설명한 바와 같이, 행 2:4의 다른 방언(ἑτέραις γλώσσαις)을 사 28:11의 문맥적 상황과 느슨하게 연결을 지으면서, 행 2:1-12절과 13절의 조소 사이에서 발견되는 서로 다른 반응의 모순을 해결하기 위한 기존의 학자들의 연구는 방언의 언어적 성격에 대한 관심과 함께 진행되었다.

그러나 중요한 것은 누가의 전체 방언 내러티브에서 방언의 언어적 특성은 분명한 통일성을 보여주지 않는다는 것이다. 그래서 누

---

228 윌리엄스(D. J. Williams)는 행 2:13의 술이 '새 술'(new wine)이라기보다는 '감미주'(sweet wine)로 번역되어야 한다고 말한다. 왜냐하면 시기적으로 볼 때, 오순절에는 새 술이 있을 수 없기 때문이다.

229 Bock, *Acts*, pp. 105-106.

가의 λαλεῖν ἑτέραις γλώσσαις의 표현을 통해서 언어적 특성에 대한 정보를 얻는데 한계가 있다. 누가가 사 28:11의 표현을 인용할 때, 그의 주된 의도가 λαλεῖν ἑτέραις γλώσσαις의 표현 안에 방언 (γλώσσαις)의 언어적 특성을 담고자 했는지에 대한 근본적인 질문을 할 필요가 있다. 지금까지 대부분의 학자들은 바울과 누가가 '다른 방언(언어)'이라는 용어를 위해서 공통적으로 사 28:11을 인용했을 것이라고 가정하면서도, 사 28:11의 '다른 방언'(γλώσσης ἑτέρας)의 표현이 초기 기독교 저자들에 의해서 어떻게 사용되었는지 그리고 그 용어 인용법을 통한 방언에 대한 초기 기독교의 언어학적이고 게다가 신학적인 의미가 무엇인지에 대해서는 관심을 갖지 않았다. 본 저자는 3장에서 이것에 대한 새로운 언어학적 연구 방향을 제시 할 것이다.

고대 유대-기독교 문헌 안에서 '다른 방언'에 관한 이사야-호다욧의 인터텍스트와 이사야-바울-누가의 인터텍스트 사이에 서로 상반된 의미변화(semantic change)가 발생한다. 이 새로운 증거는 바울과 누가가 다소 언어적 특성과 상관없이 사 28:11의 '다른 방언'을 인용하였을 가능성을 보여준다. 이것에 근거해서, 본 연구자는 누가가 λαλεῖν ἑτέραις γλώσσαις를 초기 기독교 안에서 바울과 함께 전문용어로 사용하였을 가능성을 제기할 것이다.

2. 사도행전 방언에 대한 새로운 범주화: 예언적 유형의 범주에서 오순절 성령의 범주로

행 2:4의 λαλεῖν ἑτέραις γλώσσαις 연구를 위해서 고전 12-14장과의

연계성을 고려하면서 방언의 언어적 특성에 집중하는 경향은 바울의 πνευματικά를 예언 중심으로 이해하고 게다가 초기 기독교 방언을 예언적 범주 안에 포함시키는 경향과 무관하지 않다. 존슨은 방언에 관한 바울의 기록이 직접적이고 더 신뢰할만한 것으로 종종 받아들여지고 반면에 누가의 기록은 실제 사건을 재해석한 것으로 가정됨을 지적한다.[230] 게다가 대부분의 성서 해석자들은 바울이 방언을 자신의 πνευματικά의 범주 안에 직접적으로 포함시키기를 꺼려하였고 대신에 아마도 예언적 범주 안에 포함시켰을 것이라고 가정한다.

그러한 가정에 기초해서, 그들은 행 2장의 방언 또한 예언적 범주 안에 포함될 수 있다고 제안한다. 바울의 πνευματικός를 큰 범주로 이해하고 예언(προφήτης)을 그것의 특별한 유형으로 가정하는 슈바이처[231]를 지지하면서, 엘리스는 사도 바울의 은시 개념을 가장 잘 설명해주는 πνευματικά 혹은 πνευματικοί를 χαρίσματα보다 더 한정적인 범주에 해당하는 것으로서 이해한다. 그리고 πνευματικά가 주로 예언적 유형의 은사들을 지칭하고 방언이 이 예언적 범주 안에 속한다고 주장한다.[232] 그에 더하여, 엘리스는 고전 14:12과 14:32에서 πνεῦμα의 복수형이 사용된 것을 근거로, 바울이 설명하는 πνευματικά를 성령뿐만 아니라 또한 천사들의 영감에 의한 예언적 은사들로 설명한다. 그래서 그는 방언을 영들(성령과 천사들)이 사모하는 예언자들이 말

230 Johnson, 'Tongues, Gift Of.,' p. 596.

231 Schweizer, 'πνεῦμα, πνευματικός,' p. 423.

232 Ellis, *Prophecy & Hermeneutic in Early Christianity*, pp. 24-30.

하는 하늘의 언어로 지칭한다.[233] 그래서 그는 다른 방언으로 기도하고 노래하는 사람들뿐만 아니라 방언을 통역하는 사람들과 같은 다양한 부류가 영들을 사모하는 '영적인 사람들'(the pneumatics)의 범주 안에 포함된다고 말한다.[234] 이와 같이, 최근까지 고린도교회의 방언 말하는 자들을 영들을 사모하는 영적인 사람들의 범주 안에 포함시키고 방언을 예언 보다 열등한 은사로 분류하는 경향은, 초기 기독교 세계 안에서 바울의 적대자들이 천사들과의 영감을 통한 능력으로 사역했다는 사실을 고려할 때, 바울의 방언관을 긍정적으로 설명하지 않는 주석자들의 해석과 무관하지 않다. 왜냐하면 그들은 바울 자신의 πνευματικοῖς 이해와 그의 적대자들의 그것에 대한 이해가 상당부분 불가분의 관계에 있었던 것으로 가정하기 때문이다.

게다가 오순절 성서신학자 윌리엄 멘지스와 로버트 멘지스는 바울의 πνευματικά의 개념에 대한 엘리스의 전반적인 가정을 지지하면서 행 2장의 성령 세례와 바울의 πνευματικά 개념 사이의 중요한 교차점을 설명한다.[235] 그래서 그들은 바울의 πνευματικά와 누가의 오순절 방언 말함 둘 다 구원과 구별되는 성령 세례로서 지칭하지만 그것들을 예언적 유형의 은사들로 특징짓는다.[236] 이와 같이 바울과 누가 사이에 방언과 관련한 유사한 통사적 표현(λαλεῖν ἑτέραις γλώσσαις

233 Ellis, *Prophecy & Hermeneutic in Early Christianity*, pp. 30-36.

234 Ellis, *Prophecy & Hermeneutic in Early Christianity*, p. 25.

235 Menzies & Menzies, *Spirit and Power*, pp. 192-195.

236 Menzies & Menzies, *Spirit and Power*, pp. 194-197.

와 λαλεῖν γλώσσαις)이 발견되고 또한 사도 바울의 πνευματικά를 예언적 유형의 은사로 가정하는 경향으로 인해서, 행 2장의 방언 논쟁이 언어적 성격에 관한 논의로 모아졌다. 그러나 본 저서는 여기에서 기존의 초기 기독교 방언 연구 경향에 관하여 몇 가지 문제를 제기한다.

첫째, 기존의 바울의 πνευματικά에 대한 가정은 고전 14:20–25을 첫 번째 파트(14:1–25)에 포함시키는 기존의 구조에 근거한 것으로서, 그 구조는 고전 14:20–25에서 14:22의 모순의 문제를 해결하지 못했다. 내가 이미 이전에 이 문제에 관하여 심도 있게 논의하였듯이, 고전 14:22을 포함시키고 14:20–25을 순차적으로 읽을 때 고전 14장의 구조가 재구성되고(14:1–19; 20–38; 39–40) 그 안에서 바울이 비판한 것은 고린도교회의 잘못된 방언사용이 아니라 오히려 예언자들의 잘못된 은사 사용이다.[237] 따라서 그 새로운 구조에 의하면, 방언과 관련한 바울의 πνευματικά에 대한 가정이 어느 정도 수정될 필요가 있다.

둘째, 사도행전의 3 방언 코텍스트에서(2:4; 10:44–46; 19:6) 방언과 관련한 누가의 언어학적 표현은 방언과 예언과의 직접적인 관련

237 더 자세한 것은 Sungjong Kim, *Tongues, Prophecy and the Problem of Judgment by Outsiders: Reading 1 Corinthians 14:20-25 in Regular Order* (PhD thesis; Manchester: The University of Manchester, 2015)을 참조하라.

성을 보여주기 보다는 오히려 방언과 오순절 성령과의 직접적 관련성을 보여준다. 사도행전에서 λαλεῖν (ἑτέραις) γλώσσαις와 오순절 성령을 지칭하는 πνεύματος ἁγίου 사이의 직접적인 언어학적 연결을 통해서 3 내러티브가 방언 코텍스트(tongues-cotexts)로 모아진다(2:4; 10:44-46; 19:6). 게다가 대부분의 주석가들은 누가가 사도행전에서 오순절 날 제자들이 말한 성령의 언어를, 방언을 중심으로 묘사하고 있음을 간과하였다(행 2:3의 γλῶσσαι; 2:4의 λαλεῖν ἑτέραις γλώσσαις; 2:11의 γλώσσαις; 또한 10:46의 λαλούντων γλώσσαις; 19:6의 ἐλάλουν τε γλώσσαις를 보라).

셋째, 유대-기독교 문헌 안에서, 초기 기독교의 '다른 방언'의 언어학적 표현이 이사야-호다욧의 상호 텍스트와 상반된 의미를 가지면서 바울과 누가에 의해서 사용된 전문용어일 가능성이 제기된다. 그러므로, 본 저자는 기존의 가정과 달리 다음과 같은 주장을 제안한다. 바울은 자신의 은사 개념에서 방언을 예언적 유형의 범주에 포함시키기 보다는 오히려 바울 자신의 πνευματικά의 범주에 직접 포함된다. 누가는 방언을 예언의 범주 안에 포함시키기 보다는 오히려 방언을 중심으로 알아들을 수 있는 은사와 알아들을 수 없는 은사 둘 다를 설명하고 있다.

본 저자는 바울의 πνευματικά와 누가의 오순절 성령 세례 사이의 교차점을 가정하면서, 바울의 방언관과 누가의 방언관 둘 다 예언적 유형으로 특징짓기 보다는 오순절적 성령의 은사 유형으로 특징짓는다. 이것을 설명하기 위해서 먼저 본 저서는 다음의 2장에서 누가의 3 방언 코텍스트에서 λαλεῖν (ἑτέραις) γλώσσαις와 오순절 성령 세례 사이에 언어학적으로 긴밀한 연관성이 있음을 설명할 것이다.

사도행전의 3 방언 코텍스트에서 누가의 방언 이해

1. 방언으로 말하다(λαλεῖν γλώσσαις)를 통한 언어학적 통일성

다수의 학자들은 언어적 특성에 관심을 가지면서 행 2:4의 '다른 방언으로 말하다'(λαλεῖν ἑτέραις γλώσσαις)라는 누가의 용어를 이해한다. 그리고 그들은 제자들의 오순절 성령의 언어를 예언적 감동에 의한 것으로 이해하고, 반면에 오순설 싱령과 방언과의 직접적인 연결성은 중요하게 고려하지 않는다. 제임스 던은 누가가 초기 기독교 안에서 방언에 열정적이었던 집단에 공감하였을 것이라고 간주하는 것은 편향된 해석이라고 말한다.

그래서 비록 누가가 2:4에서 λαλεῖν ἑτέραις γλώσσαις의 표현을 사용하고 있지만, 누가의 의도는 방언과 성령 충만 사이의 직접적이고 항시적(恒時的) 연관성을 설명하는 것이 아니라 그 둘 사이의 간헐적 연관성 속에서 초기 기독교의 성령의 임재를 강조하는 것이라고 주장한다.[238] 제임스 던의 주장은 많은 학자들의 지지를 받았는데, 그

---

238 Dunn, *Jesus and the Spirit*, pp. 190-91. 그 외에도 *Jesus and the Spirit*, pp. 170-172; J. A. Fitzmyer, *The Acts of the Apostles*, 250을 참조하라.

중에서 키너는 행 2장의 알아들을 수 있는 방언 말함을 예언적 성령의 감동에 의한 언어로 이해한다.[239] 슈나벨(E. J. Schnabel) 역시 누가가 행 2:33-36에서 베드로의 입을 통해서 제자들의 오순절 방언 말함을 예언적 관점에서 설명한다고 주장한다.[240] 이러한 해석은, 앞에서 이미 설명한 바와 같이, 바울이 방언의 은사를 자신의 πνευματικά에 포함시키기 보다는 예언적 유형의 은사에 포함시켰을 것이라고 가정하는 슈바이처와 엘리스의 이론에 근거해서 초기 기독교의 통일성 있는 방언관을 해석하는 것이다.

λαλεῖν (ἑτέραις) γλώσσαις가 가지는 언어의 인지적 특성(알아들을 수 있는지 아니면 알아들을 수 없는지에 관한 언어적 특성)에 관한 논의와 관련해서, 이 독특한 표현은 유대-기독교 전통 안에서 주로 인지하기 어려운 방언을 지칭하는 것으로 이해되었다(사 28:11; 고전 14).

행 10:44-46과 19:6에서 묘사되는 방언이 인지하기 어려운 방언을 지칭한다는 데에 반론이 제기되지 않는다. 반면에 누가는 행 2장에서 묘사되는 다른 방언을 위해서 인지할 수 있는 언어적 성격을 강조한다. 따라서 사도행전 3 방언 내러티브에서, 누가는 방언의 언어적 특성을 강조하기 위해서 λαλεῖν (ἑτέραις) γλώσσαις의 표현을 사용하지는 않았을 것이다. 만일 그렇지 않다면, 누가는 행 2장의 오순절 사건 내러티브에서 알아들을 수 있는 그 성령의 언어와 상반된

239 Keener, *Acts*, pp. 823-824, 827.

240 Schnabel, *Acts*, p. 115.

의미를 내포하는 γλώσσαις(2:3, 11)와 λαλεῖν ἑτέραις γλώσσαις(2:4) 대신에 대체용어(a substitutive term)를 사용하였을 것이다. 그래서 사도행전의 3 방언 내러티브에서, 방언과 관련한 그 통일성 있는 언어학적 표현인 λαλεῖν (ἑτέραις) γλώσσαις을 회피하였을 것이다.

그러나 본 저서는 여기에서 언어학적인 방법에 근거해서 그 3 본문을 방언 중심의 코텍스트로 읽을 수 있는 가능성을 제시한다. 그 근거는 누가가 사도행전에서 일관되게 오순절 사건을 '방언'(γλώσσαις 혹은λαλεῖν γλώσσαις)의 용어를 중심으로 묘사한다는 것이다. 게다가 행 2장의 오순절 사건에 관한 누가의 묘사에서 성령 충만은 방언과 직접적 관련성을 보이는 반면에, 예언에 관한 직접적 관련성은 뚜렷하지 않다. 사도행전에서 '예언/예언자'라는 단어가 '방언/방언 말함'보다 상대적으로 더 많이 사용되지만, 오순절 사건에 이어지는 방언 내러티브에서 방언 말함이 중심주제로 발견되는 반면에 예언은 그러하지 않다. 누가의 3 방언 코텍스트에서 오순절 성령과 예언 사이의 유의미한 언어학적 정보가 발견되지 않는다. 예언은 단 한 번, 그마저도 마지막 코텍스트에서(19:6) 발견되는데 반해서, 헬라어 γλώσσαις는 그 3 본문에서 모두 발견될 뿐만 아니라 10:46과 19:5에서 항상 먼저 언급된다.

따라서 누가의 3 방언 텍스트가 보여주는 언어학적 계열적 관계(linguistic associative relations)에서 예언 말함은 방언 말함의 보조적 관계를 보여주거나 혹은 그것을 설명해주고 있을 뿐이다. 그에 더하여, 비록 γλώσσαις가 다양한 사전적 의미를 가질 수 있다고 하더라도, λαλεῖν ἑτέραις γλώσσαις의 표현은 유대-기독교 전통 안에서 알아들을 수 없는 언어라는 인식이 널리 통용되었을 것이다. 그러므로 사도행전의 방언 내러티브에서 예언은 오순절 사건에 관한 직접적인 유의미한 정보를 제공하지 않고 그래서, 행 2:4의 λαλεῖν ἑτέραις γλώσσαις를 예언과 직접 연결시킬 수 있는 근거가 빈약하다.

게다가, 바울에게서 방언을 지칭하는 표현인 '방언 말함'(λαλεῖν λώσσαις)과 '다른 방언 말함'(ἑτερογλώσσοις λαλήσω)이 사도행전 3 방언 내러티브에서도 발견된다(행 2:4; 10:44-46; 19:6). BDF에 의하면, 고전 12-14장에서 바울의 방언에 관한 언어학적 표현을 반영하는 행 10장과 19장의 λαλεῖν λώσσαις은 사도행전에서 방언이 처음으로 언급되는 행 2:4의 λαλεῖν ἑτέραις γλώσσαις에서 형용사가 생략된 축약표현이다.[241] 누가가 그 3 내러티브에서 방언을 강조하고 있다는 사실은 행 2:1의 오순절 사건에서 헬라어 γλώσσαις를 반복해서 사용하고 있고(2:3, 4, 11) 그리고 2:4의 다른 방언 말함(λαλεῖν ἑτέραις γλώσσαις)이 10:44-46과 19:6의 방언 말함(λαλεῖν γλώσσαις)과 오순절적 방언의 언어학적 연속성을 가진다는 것을 통해서 알 수 있다.

누가는 방언의 언어적 인지적 성격과 상관없이, 오순절 사건의 첫 번째 내러티브에서부터 방언을 오순절 사건의 중심적인 성령의 은사로 제시한다. 그러므로 사도행전 방언 코텍스트에서 방언 중심의 언어학적 통일성이 발견되고, 그래서 방언의 언어적 특성의 불일치

241 BDF, § 480 (3).

와 상관없이 λαλεῖν (ἑτέραις) γλώσσαις의 통일성 있는 언어학적 해석이 가능하다.

2. 방언은 오순절 성령의 언어

사도행전 3 방언 코텍스트에서 λαλεῖν (ἑτέραις) γλώσσαις의 표현과 누가의 오순절적 성령에 관한 표현 사이에 언어학적 직접적 관련성이 나타난다. 먼저, 그 3 코텍스트에서 오순절 성령을 가리키는 표현들이 발견된다. BDF의 정의에 의하면,

> 'τὸ ἅγιον πνεῦμα는 대체로 성령의 인격성을 의미한다. 누가에게 있어서, τὸ πνεῦμα τὸ ἅγιον은 오순절 성령을 가리키는 것이고 ἅγιον πνεῦμα는 알려지지 않은 신성한 능력을 가리킨다. 관사와 함께 사용되는 τὸ πνεῦμα는 오순절 성령의 대용어(an anaphora)이다 (2:4; 8:18 [cf. 8:17]). 10:44의 τὸ πνεῦμα τὸ ἅγιον는 이미 앞에서 설명한 오순절 성령 충만뿐만 아니라 또한 성령의 인격성의 의미도 함께 가지고 있다.'[242]

그리고 누가는 오순절 성령 충만을 설명하기 위해서 일관하여 전치사 ἐπί를 함께 사용한다(2:3-4; 10:44-46; 19:6). 10:44-45과 19:6의 'τὸ πνεῦμα τὸ ἅγιον ἐπὶ'는 2:3의 제자들의 오순절 성령충만의 경험을 반영하는 것이다. 그러므로 2:4의 누가의 성령의 소유격 표현

---

242 BDF, § 257 (2).

(πνεύματος ἁγίου)은 성령의 은사와 관련성을 보인다. 이것을 고려하면서 윌리엄스(D. J. Williams)는 10:45의 성령의 소유격적 표현(τοῦ ἁγίου πνεύματος)을 성령과 성령의 은사가 동일시되는 의미를 가지는 동격의 소유격이라고 주장한다.[243] 이러한 점에서, 사도행전 3 방언 코텍스트에서 오순절 성령을 가리키는 주격 형태의 τὸ πνεῦμα τὸ ἅγιον은 2:4의 오순절 성령의 소유격 형태(πνεύματος ἁγίου)와 동일시될 수 있다.

게다가, 오순절 성령과 방언 말함 사이의 언어학적 관련성이 발견된다. 누가는 사도행전에서 성령에 대한 다양한 표현을 사용한다: τὸ πνεῦμα, τὸ πνεῦμα τὸ ἅγιον, τὸ πνεῦμα κυρίου 그리고 τὸ πνεῦμα Ἰησοῦ(1:16; 2:4; 5:32; 8:18, 29; 10:19, 44; 11:12, 15; 13:2; 16:7; 19:6; 20:23, 28; 21:11; 28:25). 이 중에서 동사 λαλέω와 함께 사용된 경우는 2:4; 10:44–46과 19:6이다. 행 2:4뿐만 아니라 10:44–46과 19:6에서도 오순절 성령을 가리키는 πνεύματος ἁγίου, τὸ πνεῦμα 그리고 τὸ πνεῦμα τὸ ἅγιον은 방언 말함과 직접적 관련성을 가진다. 앞에서 이미 설명했듯이, 오순절 성령과 동사 λαλέω가 함께 사용된 경우 중에서 유일하게 예언이 언급된 19:6에서, 동사 λαλεῖν은 명사형 방언과만 연결되고 동사'예언하다'와는 직접적 연결성을 가지지 않는다(ἐλάλουν τε γλώσσαις καὶ ἐπροφήτευον). 이와 같이 3 방언 코텍스트의 통일성은 '오순절 성령과 예언'이 아니라 '오순절 성령과 방언'의 언어학적 유

243 D. J. Williams, *Acts, New International Biblical Commentary*, vol. 5 (Peabody, Mass.: Hendrickson, 1990), p. 196.

의미한 관련성을 통해서 설명된다. 그러므로 누가는 오순절 방언을 예언의 범주 안에 포함시키기 보다는 직접적으로 오순절 성령에 속하는 능력의 은사로 묘사하고 있음을 알 수 있다.

바울과 누가의 공시적 상호 텍스트에서 언어학적 통일성

1. '다른 방언': 바울과 누가에 의해서 사용된 전문 용어

NRSV의 번역이 보여주듯이, 최근에 행 2:4에서 누가가 설명하는 오순절 다른 방언을 고린도교회의 방언과 다른 성격을 가지고 사 28:11의 '다른 방언'과 유사한, 적어도 어느 정도 알아들을 수 있는 '사람의 언어'(cf. 고전 13:1의 ταῖς γλώσσαις τῶν ἀνθρώπων)로 해석하는 경향이 있다. 행 2:4의 '다른 방언'의 해석을 위해서 그것의 언어적 성격을 고려하는 벤 위더링턴(Ben Witherington III)은 행 2:4의 형용사 '다른'이 고린도교회의 방언과 다른 '다른 사람의 언어'(other human languages)를 가리키는 것이라고 가정한다.[244]

키너는 누가가 방언이 가지는 언어적 성격을 고려하면서 '다른 방언'의 표현을 위해서 사 28:11 LXX을 인용했을 것이라고 가정한다.

---

244 Witherington III, *The Acts of the Apostles*, pp. 133-34. 그는 (다른 언어로) 통역될 필요가 있는 언어를 지칭하는 '다른 방언'(εἰς ἑτέραν γλῶσσαν)의 출처를 위해서 Sirach Prologue 22을 참조한다['본래 히브리어로 표현된 것이 다른 언어(εἰς ἑτέραν γλῶσσαν)로 번역될 때 완전히 같은 의미를 가지지 않는다'].

사 28장과 행 2장 그 두 본문에서 '다른 방언'이 외국어의 개념으로 평행을 이룬다.[245]

그러나 이와 대조적으로, 초기 기독교 안에서 '다른 방언으로 말함'이 바울과 누가에 의해서 사용된 전문용어일 가능성이 제기되었다. BDF는 방언 현상이 처음 발생한 오순절 사건에서 초기 기독교 방언이 λαλεῖν ἑτέραις γλώσσαις라고 명시되었고, 행 10장과 19장 그리고 아마도 고전 14장의 λαλεῖν γλώσσαις는 그 누가의 오순절적 용어에서 형용사 ἑτέραις가 생략된 형태일 것이라고 설명한다.[246] 포브스는 사 28:11의 '다른 방언'이 초기 기독교의 방언 현상을 가리키는 것은 아니지만 그 둘 사이의 연결성이 있음을 지적하면서 거기에서부터 '다른 방언'의 용어가 파생되었다고 설명한다.[247] 한편으론 포브스의 주장은 설득력이 있다. 왜냐하면 그는 초기 기독교의 방언과 필적할만한 것이 그레꼬-로마 종교 제의에서 발견되지 않는다는 가정 위에서, 다른 학자들과 달리 기독교 방언을 천사의 언어와 관련해서 이해하는 것에 동의하지 않고 대신에 바울의 경우에 방언과 통역 사이의 긴밀한 관련성이 강조되었다고 주장하기 때문이다.[248] 그는 '다

---

245 Keener, *Acts*, p. 821.

246 BDF, § 480 (3).

247 Forbes, *Prophecy and Inspired Speech in Early Christianity and its Hellenistic Environment*, p. 46, n. 6.

248 Forbes, *Prophecy and Inspired Speech in Early Christianity and its Hellenistic Environment*, passim.

른 방언'의 용어가 초기 기독교에서 보편적으로 설명되는 신앙에서 파생되었다고 가정함으로써, 바울과 누가 사이에 발견되는 방언에 관한 통일성을 '학습을 통하지 않고 얻게 된 사람의 언어를 말하는 능력'(the miraculous power to speak unlearned human languages)으로 설명하고 그 용어를 초기 기독교의 전문 용어(technical terminology)로 제안한다.[249]

그럼에도 불구하고, 포브스는 사 28:11와 고전 14:21의 부정적 의미를 담고 있는 '다른 방언'이 어떻게 초기 기독교에서 바울과 누가에 의한 전문 용어로 사용되었는지에 대해서 설명하지 못한다. 그리고 다른 한편으로 내가 그의 주장을 부분적으로만 지지하는 이유는 대다수의 성서학자들과 같이 그 역시 고전 14:1-25의 기존의 구조 안에서 21-22절을 23-25절에 근거해서 해석하기 때문이다. 그는 14:20-25에서 바울의 진의는 방언보다 예언의 우월함이라고 설명하고[250] 그래서 누가가 바울과 같이 방언을 예언적 은사의 범주 안에 포함시켰을 것이라고 가정한다.[251]

바울과 누가에서 '다른 방언'이 통일성 있게 예언적 은사의 범주

249 Forbes, *Prophecy and Inspired Speech in Early Christianity and its Hellenistic Environment*, pp. 71-74, 100, 316-321.

250 Forbes, *Prophecy and Inspired Speech in Early Christianity and its Hellenistic Environment*, pp. 179-81, 319-20.

251 Forbes, *Prophecy and Inspired Speech in Early Christianity and its Hellenistic Environment*, pp. 51-52.

안에 포함된다고 주장하는 포브스와 달리, 본 저서는 '다른 방언'과 관련해서 고대 유대-기독교 세계에서 바울-누가의 공시적 상호 텍스트에서 '다른 방언'의 의미변화(semantic change)가 이사야-호다욧의 상호 텍스트에서 발견되는 그것의 의미변화와 다른 방향으로 발전했다는 해석적 증거를 제시하면서, 바울과 누가가 '다른 방언'을 예언적 범주가 아니라 오순절적 성령의 범주에 포함시켰다고 주장한다. 이것을 위해서, 본 저자는 누가의 '다른 방언 말함'과 바울의 '다른 방언 말함' 사이에 언어학적인 통일성을 설명함으로써, 그 용어가 바울과 누가에 의해서 사용된 초기 기독교 전문용어임을 설명할 것이다.

2. 바울과 누가 사이의 언어학적 통일성: 방언은 오순절 성령의 은사

바울과 누가 사이에 유사한 '다른 방언'의 의미 변화가 발견된다.

첫째, 바울에게서 발견된 '다른 방언'의 의미 변화를 통한 '다른 방언'의 언어학적 강조가 누가에게서도 발견된다. 행 2:4의 '다른 방언'(λαλεῖν ἑτέραις γλώσσαις)은 이사야-호다욧과 언어학적 유사성을 보여주기 보다는 바울의 것과 유사한 언어학적 통일성을 보여준다.

ἑτερογλώσσοις καὶ ἐν χείλεσιν ἑτέρων λαλήσω (고전 14:21)

λαλεῖν ἑτέραις γλώσσαις (행 2:4)

바울은, 사 28:11 LXX의 '이 백성에게 말하다'(λαλεῖν τῷ λαῷ τούτῳ)

와 언어학적 통일성을 이루기 위해서, 고전 14:21에서 동사 λαλέω를 뒤에 위치시켰지만 누가는 그럴 필요가 없었다. 이사야-호다욧에서 '더듬는/할례 받지 않은 혀'가 강조되는 것과 상반되게, 바울-누가의 공시적 상호 텍스트에서 '다른 방언'이 강조된다. 고전 14:21에서 '더듬는 혀'의 위치가 뒤로 옮겨지고 '더듬는 혀'는 '다른 혀'로 언어 변형이 발생한다.

그래서 고전 14:21에서 바울의 이사야 인용에서 '다른 방언'이 강조되고 있다. 이와 유사한 방법으로, 누가는 행 2:4에서 이사야-호다욧 상호 텍스트가 강조하는 '혀'를 완전히 생략하면서 '다른 방언'만을 인용한다. 이와 같이 바울-누가 공시적 상호 텍스트에서 '더듬는 혀'의 탈락과 '다른 방언'의 언어학적 강조가 발생한다. 누가가 오순절 방언 내러티브에서 혀(γλώσσαις)를 강조하는 것은(2:3, 4, 11) 확실히 이사야-호다욧의 증거와 상반되고 대신에 바울의 것과 유사성을 보여준다.[252] 이것은 누가가 방언 코텍스트에서 자신의 오순절 방언 중심의 성령의 은사(ἡ δωρεὰ τοῦ ἁγίου πνεύματος) 이해를 반영하는 것으로 보인다.

둘째, '다른 방언'과 관련해서 바울과 누가 사이에 통일성 있는 문맥적 의미가 발견된다: 오순절 성령의 범주 안에 속하는 '다른 방

252 행 2:3에서 인체의 한 기관인 혀 (γλῶσσαι)의 환상이 먼저 언급되고 그 뒤를 이어서 4절에서 γλώσσαις가 언급되는 것은 의미의 유사에 의한 은유 (metaphor)로 보인다.

언.' 이사야-호다욧의 인터텍스트의 문맥적 의미와 상반되는, 고전 14:21의 '다른 방언'의 의미 변화는 행 2:4의 '다른 방언'(행 2:4의 λαλεῖν ἑτέραις γλώσσαις)의 의미 변화와 평행한다. 앞에서 설명한 바와 같이, 바울은 '다른 방언'을 자신의 πνευματικά에 포함시키면서 의미 변화를 발생시킨다. 그리고 누가는 방언 중심의 오순절 사건을 설명하면서 다른 방언의 의미 변화를 발생시킨다.

초기 기독교 문헌에서 바울과 누가에 의한 '다른 방언'의 유사한 언어학적 사용법은 방언을 예언적 유형 안에서 하위 은사로 분류하기 보다는 오순절 성령의 은사로 설명하면서 상위 은사로 분류한다. 그러므로 비록 누가-행전에서 바울의 언어학적 표현인 πνευματικά가 발견되지 않지만, 바울과 누가의 공시적 상호 텍스트는, 이사야-호다욧의 상호 텍스트에서 발견되는 의미 변화와 상반된, 서로 유사한 의미 변화를 보여준다. 바울과 누가 둘 다 방언의 은사를 오순절적 성령의 은사로 설명한다.

바울의 '다른 방언'이 그의 πνευματικά에 속한 것처럼, 누가의 '다른 방언'이 오순절 성령(πνεύματος ἁγίου)에 속한다. 행 2장에서(또한 10장과 19장에서도) 누가가 설명하는 오순절적 성령의 은사 개념은 바울의 πνευματικά와 동일시될 수 있다. 그러므로 누가의 오순절적 λαλεῖν (ἑτέραις) γλώσσαις는 그 보다 더 넓은 범주인 바울의 πνευματικά에 속할 수 있고 누가의 성령 충만(ἐπλήσθησαν πάντες πνεύματος ἁγίου)은 바울의 πνευματικοῖς와 동일시될 수 있다. 이와 같이 바울과 누가가 '다른 방언 말함'(λαλεῖν ἑτέραις γλώσσαις)을 오순절 성령의 범주 안에 포함시키면서 초기 기독교에서 전문 용어로 사용한 것은 이사야–호다욧의 상호 텍스트와 상반되게 발전된 언어학적 사용법을 보여준다.

결론

이 챕터에서 주요 논쟁은 키너가 가정하듯이 행 2:4의 '다른 방언'이 오순절 방언의 외국어로서의 언어적 의미를 강조하면서 사 28:11을 인용한 것인지 아니면 포브스가 제안하듯이 '다른 방언'이 초기 기독교 안에서 적어도 바울과 누가에 의해서 전문 용어로 사용되었는지에 관한 것이다. 본 저자는 후자를 선호한다. 하지만 본 저서는 이것을 설명하기 위해서 포브스가 언어적 접근방법을 선택한 것과 달리 최초로, 유대–기독교 세계 안에서 '다른 방언'에 관한 새로운 언어학적 연구를 하였다. 이사야–호다욧의 상호 텍스트에서 발견되는 '다른 방언'과 상반된 의미 변화가 바울–누가의 공시적 상호 텍스트에서 발생한다.

이 언어학적 증거는 기존에 행 2:4의 λαλεῖν ἑτέραις γλώσσαι에 대한 언어적 특성에 집중된 연구 경향으로부터 어느 정도 자유롭게 만들면서 누가가 방언을 예언적 범주에 포함시키지 않고 그 보다 더 상위의 범주인 오순절 성령의 은사에 포함시켰음을 보여준다. 따라서 이 새로운 증거는 행 2장에서, 누가가(알아들을 수 없는) 방언의 용어를 중심으로 오순절 성령의 알아들을 수 있는 언어를 묘사하는 그 이유를 설명해준다. 누가의 '다른 방언으로 말하다'(λαλεῖν ἑτέραις γλώσσαι) 표현은 고전 12-14장의 그것과 평행선에 서 있는 초기 기독교의 전문 용어이다. '다른 방언'의 용어를 통한 초기 기독교의 공통된 신학적 의미는 오순절 성령에 근거한 선교와 교회성장으로 설명된다.

참고 문헌

1차 문헌

· 『성경전서. 개역개정판.』 2005. 대한성서공회.

· Martínez, Florentino G. and Tigchelaar, Eibert J. C. eds. 1997. *The Dead Sea Scrolls Study Edition Vol 1, 2*. Leiden: Brill.

· Metzger, B. M. 1994. *A Textual Commentary on the Greek New Testament*. Stuttgart: Deutsche Bibelgesellschaft.

· *The Novum Testamentum Graece*. Nestle-Aland 28th Edition. 2012. Deutsche Bibelgesellschaft.

· *The Greek New Testament*, 4th Revised Edition. 1993. Kurt Aland, Matthew Black, Carlo M. Martini, Bruce M. Metzger, and Allen Wikgren. Deutsche Bibelgesselschaft.

2차 문헌

A. 주석서

1. 번역서적

· Carson, D. A. 2017. 『요한복음』 PNTC. 박문재 옮김. 서울: 솔로몬.

· Haenchen, D. E. 1987. 『사도행전』 (I), 국제성서 주석. 이선희, 박경미 역. 서울: 한국신학연구소.

2. 외국서적

· D'Aquin, T. 2002. *Commentaire de la Première Épître aux Corinthiens*. Paris: Les Éditions du Cerf.

· Barrett, C. K. 1968. *The First Epistle to the Corinthians*, BNTC. London: Adam & Charles Black.

· Bock, D. L. 2007. *Acts*, BECNT. R. W. Yarbrough and R. H. Stein eds. Grand Rapids, Michigan: Baker Academic.

· Bruce, Frederick. F. 1988. *The Book of the Acts*, NICNT. Grand Rapids, Michigan: Eerdmans.

· Collins, R. F. 1999. *First Corinthians*, SPS. Collegeville, MN.: The Liturgical Press.

· Conzelmann, H. 1975. *1 Corinthians*, H-CHCB. Philadelphia: Fortress Press.

· Dupont, J. 1984. *Nouvelles Études Sur Les Actes Des Apôtres*,

Lectio Divina 118. Paris, Latour-Maubourg: Les Éditions Du Cerf.

· Fee, G. D., 1987. *The First Epistle to the Corinthians*. Michigan: Eerdmans.

· Fiztmyer, J. A. 1998. *The Acts of the Apostles*, ABC. New York: Doubleday.

· ______________. 2008. *First Corinthians*, ABC 32. New Haven: Yale University Press.

· Garland, D. E. 2003. *1 Corinthians*. Grand Rapids, Michigan: Baker Academic.

· Gromacki, R. G. 1977. *Called to Be Saints, An Exposition of 1 Corinthians*. Grand Rapids.

· Hays, R. B. 1997. *First Corinthians*, IBCTP. Louisville: John Knox Press.

· Héring, J. 1962. *The First Epistle of Saint Paul to the Corinthians*. London: The Epworth Press.

· Johnson, A. F. 2004. *1 Corinthians*, IVP NTCS. Downers Grove, IL.: IVP.

· Keener, C. S. 2005. *1-2 Corinthians*. Cambridge University Press.

· ____________. 2012. *Acts*, EC, vol. 1: Introduction and 1:1-2:47. Grand Rapids, Michigan: Baker Academic.

· MacArthur, J. F. 1984. *1 Corinthians,* MANTC. Chicago, Illinois: Moody Pub.

· Marshall, I. H. 1980. *The Acts of the Apostles*, TNTC. Grand Rapids, Michigan: Eerdmans.

· Moffatt, J. 1938. *The First Epistle of Paul to the Corinthians*, MNTC 7. London: Hoddetr&Stoughton.

· Morris, L. 1985. *The First Epistle of Paul to the Corinthians*, TNTC. Grand Rapids, MI: Eerdmans.

· Oster, R. E. Jr. 1995. *1 Corinthians*, CPNIVC. Missouri: College Press.

· Oswalt, J. N. 1986. *The Book of Isaiah, Chapters 1-39*, NICOT. Grand Rapids, MI: Eerdmans.

· Perkins, P. 2012. *First Corinthians*. Paideia: CNT. Grand Rapids, Michigan: Baker Academic.

· Pesch, R. 1986. *Die Apostelgeschichte.* 1 Teilband Apg 1-12, EKK. Zürich: Benziger Verlag.

· Schnabel, E. J. 2012. *Acts*, ECNT. Grand Rapids, Michigan: Zondervan.

· Schrage, W.. 1999. *Der erste Brief an die Korinther.* 3 Teilbd, EKK. Zürich: Benziger Verlag.

· Senft, C. 1979. *La Première Épitre de Saint Paul Aux Corinthiens*. Lausanne: Delachaux & Niestlé.

· Talbert, C. H. 1987. *Reading Corinthians: A Literary and Theological Commentary on 1 and 2 Corinthians*. New York: Crossroad.

· Thiselton, A. C. 2000. *The First Epistle to the Corinthians: a Commentary on the Greek Text*, NIGTC. Carlisle: Paternoster.

· Weiss, J. 1910. *Der erste Korintherbrief. Kritisch-exegetischer Kommentar über das Neue Testament*. 9th edition. Göttingen: Vandenhoeck&Ruprecht.

· Williams, D. J. 1990. *Acts*, New International Biblical Commentary, vol. 5. Peabody, Mass.: Hendrickson.

· Witherington III, B. 1995. *Conflict & Community in Corinth: A Socio-Rhetorical Commentary on 1 and 2 Corinthians*. Grand Rapids, Michigan: Eerdmans.

· ________________. 1998. *The Acts of the Apostles: A Socio-Rhetorical Commentary*. Grand Rapids, Michigan: Eerdmans.

B. 일반 서적

1. 국내서적

· 김동수. 2009. 『신약이 말하는 방언』. 용인: 킹덤북스.

· 윤철원. 2011. 『고린도전서 다시 읽기』. 서울: 한국성서학연구소..

2. 번역서적

· Cicero. 2006.『수사학: 말하기의 규칙과 체계』. 안재원 편역. 서울: 도서출판 길.

· Fee, G. D. 2013.『성령: 하나님의 능력 주시는 임재 (상권)』. 박규태 옮김. 서울: 새물결플러스.

· Grudem, W. 2013.『신약성경이 가르치고 지금도 사용되는 예언의 은사』. 김동수 · 김윤아 옮김. 서울: 솔로몬.

· Hays, R. B. 2017.『바울서신에 나타난 구약의 반향』. 이영욱 옮김. 서울: 여수룬.

3. 외국서적

· Barclay, J. 2001. '1 Corinthians,' *in The Oxford Bible Commentary*. Barton, J. and Muddiman, J. eds. Oxford: Oxford University Press.

· Barr, J. 1961. *The Semantics of Biblical Language*. Oxford: Oxford University.

· Beker, J. C. 1980. *Paul the Apostle*. Edinburgh: T&T Clark.

· Best, E. 1955. *One Body in Christ: A Study in the Relationship of the Church to Christ in the Epistles of the Apostle Paul.* London: S.P.C.K.

· Birge, M. K 2002. *The Language of Belonging: A Rhetorical Analysis of Kinship Language in First Corinthians.*

Leuven: Peeters.

· Brodie, T. L. 2006. 'The Triple Intertextuality of the Epistles: An Introduction' in *The Intertextuality of the Epistles: Explorations of Theology and Practice*. T. L. Brodie, D. R. MacDonald and S .E. Porter eds. NTM, 16. Sheffield: Sheffield Phoenix Press.

· Brooke, J. G. 2005. '4Q500 1 and the Use of Scripture' in *The Dead Sea Scrolls and the New Testament*. Minneapolis, MN: Fortress Press.

· Carson, D. A. 1987. *Showing the Spirit: A Theological Exposition of 1 Corinthians 12-14*. Grand Rapids, Michigan: Baker Books.

· ____________. 2004. 'Mystery and Fulfillment: Toward a More Comprehensive Paradigm of Paul's Understanding of the Old and the New' in *Justification and Variegated Nomism*, Vol, 2. D. A. Carson, P. T. O'Brien, and M. A. Seifrid eds. Tübingen: Mohr Siebeck.

· Chester, S. J. 2003. *Conversion at Corinth: Perspectives on Conversion in Paul's Theology and the Corinthian Church*. London: T&T Clark.

· Chiu, J. E. A. 2007. *1 Cor 12-14: Literary Structure and Theology*, AB 166. Roma, Italia: Editrice Pontificio Istituto

Biblico.

· Crook, J. A. 1984. *Law and Life of Rome.* New York: Cornell University Press.

· Dautzenberg, G. 1975. *Urchristliche Prophetie, ihre Erforshung, ihre Voraussetzungen im Judentum und ihre Struktur im ersten Korintherbrief.* Stuttgart, Berlin, Köln, and Mainz: Kohlhammer.

· De Jonge, C. C. and van Ophuijsen, J. M. 2010. 'Greek Philosophers on Language,' in *A Companion to the Ancient Greek Language.* E. J. Bakkered. Oxford: Wiley-Blackwell.

· De Saussure, F. 2011. *Course in General Linguistics.* W. Baskin trans.; P. Miesel and H. Saussy eds. New York: Columbia University Press.

· Dunn, J. D. G. 1975. *Jesus and the Spirit.* London: SCM Press.

· ______________. 1998. *The Theology of Paul the Apostle.* Cambridge: Eerdmans.

· Ellis, E. E. 1978. *Prophecy and Hermeneutic in Early Christianity.* Tübingen: J. C. B. Mohr.

· Esler, P. F. 1991. *The First Christians in Their Social Worlds: Social-Scientific Approaches to New Testament Interpretation.* London and New York: Routledge.

· Fee, G. D. 1994. *God's Empowering Presence.* Peabody, Massachusetts: Hendrickson.

· Forbes, C. 1995. *Prophecy and Inspired Speech in Early Christianity and Its Hellenistic Environment.* Tübingen: Mohr.

· Gale, H. M. 1964. The Use of Analogy in the Letters of Paul. Philadelphia, PA: Westminster Press.

· Garnsey, P. 1970. 'The Civil Suit' in *Social Status and Legal Privilege in the Roman Empire.* Oxford: Clarendon Press.

· Gillespie, T. W. 1994. *The First Theologians: A Study in Early Christian Prophecy.* Grand Rapids, Michigan: Eerdmans.

· Gorman, M. J. 2004. *Apostle of the Crucified Lord: A Theological Introduction to Paul and His Letters.* Cambridge: Eerdmans.

· Hall, D. R. 2003. *The Unity of the Corinthian Correspondence.* London: T&T Clark International.

· Harris, W. V. 1989. *Ancient Literacy.* Cambridge, Massachusetts: Harvard University Press.

· Hays, R. B. 2014. *Reading Backwards: Figural Christology and the Fourfold Gospel Witness.* Waco, Texas: Baylor University Press.

· Hill, D. 1979. *New Testament Prophecy.* Atlanta: John Knox

Press.

· Hiu, E. 2010. *Regulations Concerning Tongues and Prophecy in 1 Corinthians 14.26-40.* London: T&T Clark.

· Holm-Nielsen, S. 1960. *Hodayot: Psalms from Qumran.* Aarhus: Universitetsforlaget I Aarhus.

· Horrell, D. G. 1996. *The Social Ethos of the Corinthian Correspondence.* Edinburgh: T&T Clark.

· ______________. 2000. *An Introduction to the Study of Paul.* London: T&T Clark.

· Hughes, J. A. 2006. *Scriptural Allusions and Exegesis in the Hodayot.* Leiden: Brill.

· Hurd Jr., J. C. 1983. *The Origin of 1 Corinthians.* Macon, GA: Mercer University Press.

· Kim, Mitchell. 2012. 'Respect for Context and Authorial Intention: Setting the Epistemological Bar' in *Paul and Scripture: Extending the Conversation.* C. D. Stanley ed. Atlanta: SBL.

· Kim, Sungjong. 2015. *Tongues, Prophecy and the Problem of Judgment by Outsiders: Reading 1 Corinthians 14:20-25 in Regular Order. Ph*D thesis submitted to the University of Manchester.

· Kuck, D. W. 1991. *Judgement and Community Conflict: Paul's*

Use of Apocalyptic Judgment Language in 1 Corinthians 3:5-4:5. NovTSup 66; Leiden: Brill.

· Lang, F. 1994. *Die Briefe an die Korinther*, NTD 7. Göttingen and Zürich: Vandenhoeck & Ruprecht.

· Longenecker, R. N. 1975. *Biblical Exegesis in the Apostolic Period.* Grand Rapids: Eerdmans.

· Martin, D. B. 1995. *The Corinthian Body.* New Haven and London: Yale University Press.

· Martin, R. P. 1984. *The Spirit and the Congregation: Studies in 1 Corinthians 12-15.* Grand Rapids, Michigan: Eerdmans.

· Menzies, W. W. & Menzies, R. P. 2000. *Spirit and Power: Foundations of Pentecostal Experience* Grand Rapids, Michigan: Zondervan.

· Meyer, H. A. W. 1870. *Critical and Exegetical handbook to the Epistles to the Corinthians.* New York and London: Funk & Wagnalls, 1890. from 5th German ed.

· Meyer, M. W. ed. 1987. *The Ancient Mysteries.* Philadelphia, Pennsylvania: University of Pennsylvania Press.

· Mitchell, M. 1992. *Paul and the Rhetoric of Reconciliation: An Exegetical Investigation of the Language and Composition of 1 Corinthians.* Louisville, Kentucky: John Knox Press.

· Moon, B. 2005. *Rudolf Bultmanns Ausführungen zum*

Ersten Korintherbrief: Beiträge zur Rekonstruktion seiner Vorlesung. Frankfurt am Main: Peter Lang.

· Moyise, S. 2012. 'Latency and Respect for Context: A Response to Mitchell Kim' in *Paul and Scripture: Extending the Conversation.* C. D. Stanley ed. Atlanta: SBL.

· Müller, U. B. 1975. *Prophetie und Predigt im Neuen Testament,* SNT 10. Gütersloh: Mohn.

· Oakes, P. 2009. *Reading Romans in Pompeii: Paul's Letter at Ground Level.* Minneapolis, MN: Fortress Press.

· Pearson, B. A. 1973. *The Pneumatikos-Psychikos Terminology in 1 Corinthians: A Study in the Theology of the Corinthian opponents of Paul and its Relation to Gnosticism.* SBLDS 12; Montana.

· Poirier, J. C. 2010. *The Tongues of Angels: The Concept of Angelic Languages in Classical Jewish and Christian Texts.* Tübingen: Mohr Siebeck.

· Robbins, V. K. 1996. *The Tapestry of Early Christian Discourse: rhetoric, society and ideology.* London and New York: Routledge.

· Robins, R. H. 1997. *A Short History of Linguistics.* London: Longman.

· Stanley, C. D. 1992. *Paul and the Language of Scripture:*

Citation Technique in the Pauline Epistles and Contemporary Literature, SNTSMS 74. Cambridge: Cambridge University Press.

· Stendahl, K. 1976. *Paul Among Jews and Gentiles*. Philadelphia: Fortress.

· Thiselton, A. C. revised 1979. 'Semantics and New Testament Interpretation' in *New Testament Interpretation*. I. H. Marshall ed. Carlisle: Paternoster Press.

· ______________. 2004. 'Realized Eschatology at Corinth,' in *Christianity at Corinth*. E. Adams and D. G. Horrell eds. London: Westminster John Knox Press.

Vielhauer, P. 1939. *Oikodome: das Bild vom Bau in der christlichen Leteratur vom Neuen Testament bis Clemens Alexandrinus*. Heidelberg.

· Wire, A. C. 1990. *The Corinthian Women Prophets*. Minneapolis, MN.: Fortress Press.

C. 학술지와 사전

1. 국내 학술지

· 김동수. 2006. '바울의 방언관: 고전 12.30b과 14.5a를 중심으로,' 『신약논단』 13권 1호, 169-191.

· 문병구. 2008. 봄. '종교사적 관점에서 본 고린도전서의 신학,'

『신학사상』 140권 140호, 181−205.

· 윤철원. 2009. '분쟁의 모티브로 읽는 고린도교회의 불일치와 가난한 사람들에 대한 배려를 통한 교회일치의 실천,' 『신약논단』 16권 2호, 461−494.

2. 외국 학술지와 사전

· Balz, H. 1990. 'εἰμί' in *EDNT*, vol. 1. H. Balz and G. Schneider eds. Grand Rapids, Michigan: Eerdmans, 392-393.

· Balz, H. and Schneider, G. eds. 1990. 'εἰσακούω' in *EDNT*, vol. 2. Grand Rapids, Michigan: Eerdmans. 400.

· ______________________________. 1993. 'φρήν, φρενός, ἡ' in *EDNT*, vol. 3. Grand Rapids, Michigan: Eerdmans. 438.

· Barclay, J. 2001. '1 Corinthians' in *OBC*. Barton, J. and Muddiman, J. eds. Oxford: Oxford University Press. 1108-1133.

· Bauer, W., Arndt, W. F., Gingrich, F. W., and Danker, F. W. 1979. *Greek-English Lexicon of the New Testament and Other Early Christian Literature.* 2d ed. Chicago.

· Bertram, G. 1974. 'φρήν' in *TDNT*, vol. 9. Kittel, G. and Friedrich, G. eds. Grand Rapids, Michigan: Eerdmans. 220-235.

· Betz, O. 1993. ‘σημεῖόν’ in *EDNT*, vol. 3. H. Balz and G. Schneider eds. Grand Rapids, Michigan: Eerdmans. 238-241.

· Beyer, H. W., ‘ἕτερος,’ in *TDNT*, vol. 2. Kittel, G. ed. Grand Rapids, Michigan: Eerdmans, 702-704.

· Blass, F. and Debrunner, A. 1961. *A Greek Grammar of the New Testament and Other Early Christian Literature*(R.W. Funk trans). Chicago.

· Chester, S. J. 2005. ‘Divine Madness? Speaking in Tongues in 1 Corinthians 14.23,’ *JSNT* 27.4. 417-446.

· Dautzenberg, G., 1990. ‘γλῶσσα,’ in *EDNT*, vol. 1. H. Balz and G. Schneider eds. Grand Rapids, Michigan: Eerdmans, 251-255.

· Derrett, J. D. M. 1991. ‘Judgment in 1 Cor 6,’ *NTS* 37. 22-36.

· Everts, J. 1994. ‘Tongues or Languages? Contextual Consistency in the Translation of Acts 2,’ *JPT*, 71-80.

· Fee, G. D. 1993. ‘Gifts of the Spirit’ in *DPL*. Hawthorne, G. F., Martin, R. P., and Reid, D. G. eds. Leicester, England: IVP. 339-347.

· Friesen, S. J. 2004. ‘Poverty in Pauline Studies: Beyond the So-called New Consensus,’ JSNT 26. 323-361.

· Gladstone, R. J. 1999. ‘Sign Language in the Assembly: How are Tongues a Sign to the Unbeliever in 1 Cor 14.20-25?,' *AJPS* 2/2. 177-193.

· Grudem, W. 1979. '1 Cor 14.20-25: Prophecy and Tongues as Signs of God's Attitude,' *WThJ* 41. 381-396.

· Haacker, K. 1991. 'ἕτερος,' in *EDNT*, vol. 2. H. Balz and G. Schneider eds. Grand Rapids, Michigan: Eerdmans, 65-66.

· Hafemann, S. J. 1993. 'Corinthians, Letters to the' in *DPL*. Hawthorne, G. F., Martin, R. P., and Reid, D. G. eds. Leicester, England: InterVarsity Press. 164-179.

· Harris, G. 1991. 'Beginnings of Church Discipline: 1 Cor 5,' *NTS* 37. 1-21.

· Harrisville, R. A. 1976. 'Speaking in Tongues: A Lexicographical Study,' CBQ 38. 35-48.

· Hess, A. J. 1990. 'διά' in *EDNT*, vol. 1. H. Balz and G. Schneider eds. Michigan: Eerdmans. 296-297.

· Holladay, C. R. 2017. 'Acts as Kerygma: λαλεῖν τὸν λόγον,' *NTS* 63. 153-182.

· Johanson, B. C. 1979. 'Tongues, A Sign for Unbelievers? A Structural and Exegetical Study of 1 Corinthians XIV.20-25,' *NTS* 25. 180-203.

· Johnson, L. T. 1992. 'Tongues, Gift of' in *ABD*, vol. 6. D. N. Freedman ed. London: Doubleday. 596-600.

· Kim, S. 2016. '1 Cor 14:21, and its Intertexts of Is 28:11 and 3 Hodayot', *JYT* 37. 137-158.

· Lanier, D. E. 1991. 'With Stammering Lips and Another Tongue: 1 Cor 14.20-22 and Isa 28:11-12,' *CTR* 5:2. 259-286.

· Meyer, R. 1968. 'C. Prophecy and Prophets in the Judaism of the Hellenistic-Roman Period' in 'προφήτης' in *TDNT*, vol. 6. Kittel, G. ed. Grand Rapids, Michigan: 1968. 812-828.

· Michel, O. 1967. 'οἰκοδομέω' in *TDNT*, vol. 5. Kittel, G. ed. Grand Rapids, Michigan: Eerdmans. 137-159.

· Noll, S. F. 1993. 'Qumran and Paul' in *DPL*. G. F. Hawthorne, R. P. Martin, and D. G. Reid eds. Leicester, England: IVP. 777-783.

· O'Brien, P. T. 1993. 'Church' in *DPL*. G. F. Hawthorne, R. P. Martin, and D. G. Reid eds. Leicester, England: IVP. 123-131.

· Peremans, W. 1962. 'Égyptiens et étrangers dans l'Egypte ptolémaïque,' *EFH* 8. 121-155.

· Perriman, A. C. 1994. 'The Head of a Woman: The Meaning of κεφαλή in 1 Cor. 11.3,' *JTS* 45. 602-622.

· Robek, M. Jr. 1975. 'The Gift of Prophesying in Acts and Paul,' *SBeTh* 5. 39-54.

· Sandnes, K. O. 1996. 'Prophecy: A Sign for Believers (1 Cor 14,20-25),' *Bib* 77. 1-15.

· Schneider, S. 1990. 'ἀνά' in *EDNT*, vol. 1. H. Balz and G. Schneider eds. Michigan: Eerdmans, 1990. 74.

· Schweizer, E. 1968. 'πνεῦμα, πνευματικός' in *TDNT*, vol. 6. Kittel, G. ed. Grand Rapids, Michigan. 389-455.

· Smit, J. F. M. 1993. 'Two Puzzles: 1 Corinthians 12.31 and 13.3 A Rhetorical Solution,' *NTS*, 39. 246-264.

· ______________. 1994. 'Tongues and Prophecy: Deciphering 1 Cor 14,22,' *Bib* 75. 175-190.

· Sweet, J. P. M. 1967. 'A Sign for Unbelievers: Paul's Attitude to Glossolalia,' *NTS* 13.3. 240-257.

· Thielman, F. 1992. 'The Coherence of Paul's View of the Law: The Evidence of First Corinthians,' *NTS* 38. 235-253.

· Thiselton, A. C. 1979. 'The "Interpretation" of Tongues: A New Suggestion in the Light of Greek Usage in Philo and Josephus,' *JThS.* 15-36.

· Twelftree, G. H. 1993. 'Signs, Wonders, Miracles' in *DPL.* Hawthorne, G. F., Martin, R.P., and Reid, D. G. eds. Leicester, England: InterVarsity Press. 875-877.

고린도전서 14장
회고적 읽기와 성령의 은사

초판 1쇄 2019년 6월 20일
지은이 김성종

펴낸이 김명철
펴낸곳 도서출판 바울

주소 인천광역시 미추홀구 인하로 120번길 24-13(용현동)
영업부 (032) 431-7792 (032) 428-1928(팩스)
총무부 (032) 427-1719
편집부 (032) 423-9796
메일 cpcubook@hanmail.net
홈페이지 www.ubook.co.kr

ISBN 978-89-7286-000-6 03230

한국기독교출판공동체는 진리의 복음을 토대로한 도서출판 바울과 그리스도의 향기를 담은 도서출판 예향, 그리고 천국의 정원에 심겨진 사랑을 키우는 도서출판 하늘정원의 책들로 세상에 복음을 전합니다.